Die Beobachtungs- und Nachbesserungspflicht des Gesetzgebers im Strafrecht

Europäische Hochschulschriften

European University Studies
Publications Universitaires Européennes

Reihe II **Rechtswissenschaft**

Series II Law

Série II Droit

Band/Volume **5554**

Eda Tekin

Die Beobachtungs- und Nachbesserungspflicht des Gesetzgebers im Strafrecht

PL ACADEMIC RESEARCH

Bibliografische Information der Deutschen Nationalbibliothek
Die Deutsche Nationalbibliothek verzeichnet diese Publikation in der Deutschen Nationalbibliografie; detaillierte bibliografische Daten sind im Internet über http://dnb.d-nb.de abrufbar.

Zugl.: Heidelberg, Univ., Diss., 2013

Gedruckt auf alterungsbeständigem,
säurefreiem Papier.

D 16
ISSN 0531-7312
ISBN 978-3-631-64808-7 (Print)
E-ISBN 978-3-653-03673-2 (E-Book)
DOI 10.3726/978-3-653-03673-2

PL Academic Research ist ein Imprint der Peter Lang GmbH.
Peter Lang – Frankfurt am Main · Bern · Bruxelles · New York · Oxford · Warszawa · Wien

Dieses Buch wurde vor Erscheinen peer reviewed.

www.peterlang.com

Meiner Großmutter *Nahide*

Vorwort

Die vorliegende Arbeit wurde im Sommersemester 2013 von der Juristischen Fakultät der Universität Heidelberg als Dissertation angenommen. Schrifttum und Rechtsprechung wurden bis November 2012 berücksichtigt.

Mein Dank gebührt zunächst meinem Doktorvater, akademischen Lehrer und Vorbild, Prof. Dr. Dr. h.c. Thomas Hillenkamp. Er gab mir die Möglichkeit, an seinem Lehrstuhl das wissenschaftliche Arbeiten zu lernen. Zudem hat er sich selbst in einem Festschriftenbeitrag mit dem Thema dieser Arbeit beschäftigt und dadurch mein Interesse für die Beobachtungs- und Nachbesserungspflicht des Gesetzgebers geweckt.

Der Friedrich-Ebert-Stiftung danke ich für die finanzielle Förderung meiner Arbeit durch ein Stipendium.

Julia Müller, *Silvan Eppinger* und *Mesut Gürsoy* haben die Mühe auf sich genommen und weite Teile der Arbeit Korrektur gelesen. Dafür und für vieles andere gilt ihnen mein tief empfundener Dank.

Schließlich danke ich meiner Familie (insbesondere meinen Schwestern *Seda* und *Sanem Tekin*, meiner Tante *Sermin Tekin* und meiner verstorbenen Großmutter *Nahide Tekin*), Freunden (insbesondere *Dijana Lukovic*, *Katharina Thumeyer*, *Dr. Helene Bubrowski*, *Tillmann Böß* und *Ole Lucke*) und all denen, die sonst mein Leben begleiten und prägen. Alle hier namentlich zu nennen, würde den Rahmen dieser Danksagung wohl sprengen. Für das Gelingen der vorliegenden Arbeit war der Glaube dieser Menschen an mich von großer Bedeutung.

Berlin, im August 2013 Eda Tekin

Inhaltsverzeichnis

Abkürzungsverzeichnis

a. A.	anderer Ansicht
a. F.	alte Fassung
AG	Amtsgericht
ALR	Allgemeines Landrecht für die Preußischen Staaten
Anh.	Anhang
APuZ	Aus Politik und Zeitgeschichte
ARSP	Archiv für Rechts- und Sozialphilosophie
Art.	Artikel
AT	Allgemeiner Teil
BadWürttStGH	Staatsgerichtshof für das Land Baden-Württemberg
BayVerfGHE	Entscheidung des Bayerischen Verfassungsgerichtshofs
BGB	Bürgerliches Gesetzbuch
BGBl	Bundesgesetzblatt
BGE	Entscheidung des Schweizerischen Bundesgerichts
BGHSt	Entscheidungen des Bundesgerichtshofs in Strafsachen (amtliche Sammlung)
BMJ	Bundesministerium der Justiz
BR-Ds	Bundesratsdrucksache
BT-Ds	Bundestagsdrucksache
BtMG	Betäubungsmittelgesetz
BVerfGE	Entscheidung des Bundesverfassungsgerichts
BVerfGG	Bundesverfassungsgerichtsgesetz
bzgl.	bezüglich
ders.	Derselbe
d. h.	das heißt

dies.	dieselbe
DJT	Deutscher Juristentag
DÖV	Die Öffentliche Verwaltung
DVBl	Deutsches Verwaltungsblatt
DVJJ	Deutsche Vereinigung für Jugendgerichte und Jugendgerichtshilfen e. V.
EGMR	Europäischer Gerichtshof für Menschenrechte
EGOWiG	Einführungsgesetz zum Gesetz über Ordnungswidrigkeiten
EMRK	Europäische Menschenrechtskonvention
e. V.	eingetragener Verein
f.	folgende
ff.	fortfolgende
FAZ	Frankfurter Allgemeine Zeitung
FN	Fußnote
FR	Finanz-Rundschau
FS	Festschrift
GA	Goltdammer‘s Archiv für Strafrecht
GFA	Gesetzesfolgenabschätzung
GG	Grundgesetz
GGO	Gemeinsame Geschäftsordnung der Bundesministerien
GPS	Global Positioning System
HK-GS	Handkommentar – Gesamtes Strafrecht
HRRS	Höchstrichterliche Rechtsprechung im Strafrecht
Hrsg.	Herausgeber(in)
HWSt	Handbuch Wirtschaftsstrafrecht
InsO	Insolvenzordnung
i.S.d.	im Sinne der, des
i.V.m.	in Verbindung mit
JGG	Jugendgerichtsgesetz
JStVollzG	Jugendstrafvollzugsgesetz

JVA	Justizvollzugsanstalt
JVollzGB	Justizvollzugsgesetzbuch
JZ	Juristenzeitung
KrimJ	Kriminologisches Journal
KritJ	Kritische Justiz
LeGes	Mitteilungsblatt der Schweizerischen Gesellschaft für Gesetzgebung und der Schweizerischen Evaluationsgesellschaft
LG	Landgericht
LK	Leipziger Kommentar
LKV	Landes- und Kommunalverwaltung
MedR	Medizinrecht
MRM	MenschenRechtsMagazin
MSchrKrim	Monatsschrift für Kriminologie und Strafrechtsreform
MünchKomm	Münchener Kommentar
NJW	Neue Juristische Wochenschrift
NK	Nomos-Kommentar
NKR	Normenkontrollrat
NStZ	Neue Zeitschrift für Strafrecht
PKS	Polizeiliche Kriminalstatistik
Rdnr.	Randnummer
RGBl	Reichsgesetzblatt
RStGB	Reichsstrafgesetzbuch
S.	Seite
SchwKG	Schwangerschaftskonfliktgesetz
SFHG	Schwangeren- und Familienhilfegesetz
SK	Systematischer Kommentar
SSW	Satzger-Schmitt-Widmaier
StÄG	Strafrechtsänderungsgesetz
StGB	Strafgesetzbuch
StPO	Strafprozessordnung

StraFo	Strafverteidiger Forum
StV	Strafverteidiger
StVollzG	Strafvollzugsgesetz
VerwArch	Verwaltungs-Archiv
vgl.	vergleiche
VStGB	Völkerstrafgesetzbuch
z. B.	zum Beispiel
ZfL	Zeitschrift für Lebensrecht
ZfRS	Zeitschrift für Rechtssoziologie
ZfStrVo	Zeitschrift für Strafvollzug und Straffälligenhilfe
ZG	Zeitschrift für Gesetzgebung
ZParl	Zeitschrift für Parlamentsfragen
ZPol	Zeitschrift für Politikwissenschaft
ZRP	Zeitschrift für Rechtspolitik
ZSchwR	Zeitschrift für Schweizerisches Recht

I. Einführung

„Was damals Rechtens war, das kann heute nicht Unrecht sein“[1]. Die Zweifelhaftigkeit dieser These dürfte nicht erst während der Diskussionen um den früheren Ministerpräsidenten Baden-Württembergs Hans Filbinger bemerkt worden sein. Vielmehr steht bei einer Betrachtung früheren „Rechts“ fest, dass dieses teilweise nicht nur heute Unrecht wäre, sondern bereits „damals“ Unrecht war. Die Unrichtigkeit des eingangs genannten Zitats belegen einerseits Gesetze unter so genannten Rechtsordnungen, die zur Legitimation von praktiziertem Unrecht dienen sollen. Beispielhaft sei hier das nationalsozialistische Unrecht des 20. Jahrhunderts als grausamster Beleg menschlichen Versagens genannt.

Andererseits gilt die Prämisse, dass früheres Recht heute Unrecht sein kann, für zahlreiche Regelungsbereiche, die nicht aus systematischem staatlichen Unrecht auf Makroebene resultieren, sondern zum Beispiel auf geänderten Vorstellungen von Sittlichkeit oder Moral beruhen: Die Liberalisierung des so genannten Sittlichkeitsstrafrechts ist ein Resultat der Erkenntnis, dass von Teilen der Gesellschaft als unmoralisch oder unsittlich empfundene Verhaltensweisen, die keine Rechtsgutsverletzung verursachen, auch nicht strafwürdig sind[2]. Die fehlende Strafwürdigkeit der Gotteslästerung oder der Homosexualität[3] unter Erwachsenen beispielsweise wäre ohne die Wahrnehmung innergesellschaftlicher Wandlungsprozesse möglicherweise

---

1 So äußerte sich angeblich der ehemalige Ministerpräsident Baden-Württembergs Hans Filbinger in einem Gespräch gegenüber „Spiegel“-Redakteuren, vgl. Der Spiegel, 15. Mai 1978, S. 23 ff. Das Gespräch fand im Rahmen der zu jener Zeit intensiven Auseinandersetzung um die NS-Vergangenheit von Hans Filbinger statt. Filbinger selbst bestritt, diesen Ausspruch getätigt zu haben, vgl. dessen eigene Richtigstellung in: Die Zeit, 16. Juni 1978. Am 7. August 1978 trat Filbinger von seinem Amt als Ministerpräsident zurück. Eine sachliche Zusammenfassung der so genannten Filbinger-Affäre findet sich in: *Fischer/Lorenz*, Lexikon der „Vergangenheitsbewältigung“ in Deutschland, 2007, S. 202 ff.

2 Vgl. *Noll*, Gesetzgebungslehre, 1973, S. 60.

3 Homosexuelle Handlungen waren bis 1969 strafbar. *Roxin* bezeichnet dies als Paradebeispiel für die Pönalisierung von (mutmaßlich) unmoralischem oder unsittlichem Verhalten, bei dem es zu keiner Rechtsgutsverletzung kommt, vgl. *Roxin*, Strafrecht AT 1, 2006, § 2 Rdnr. 17.

verkannt worden. In jenen Fällen passte der Gesetzgeber das Recht den tatsächlichen Gegebenheiten an, weil er neue Anschauungen und freiheitlichere Ansätze in der Gesellschaft registrierte. Die Bedeutung des sozialen Wandels und der Veränderung der einem Regelungsbereich zugrundeliegenden Tatsachengrundlage führen zur Notwendigkeit, die Rechtslage unter Umständen nach Maßgabe jener Veränderungen zu korrigieren. Zwar müssen unantastbare Prinzipien der Gesellschafts- und Rechtsordnung bestehen, deren Berechtigung nicht anzuzweifeln ist[4]. Dennoch kann das Recht nicht ohne eine soziale und gesellschaftliche Tatsachengrundlage existieren. Falls Regelungsbereiche nicht prognostizierte und unerwünschte Wirkungen entfalten oder progressivere Strömungen in der Gesellschaft zu einem Bewusstseinswandel führen, müssen das gesetzte Recht und der Akteur, der dafür zuständig ist, nachziehen. Dieser Akteur ist der Gesetzgeber.

Wenn also die Notwendigkeit besteht, bei der Aufrechterhaltung von Gesetzen deren Anwendungsfolgen und Kompatibilität mit tatsächlichen Entwicklungen in der Gesellschaft ins Auge zu fassen, bleibt dennoch offen, wie diesem Bedürfnis zu entsprechen ist. In diesen Zusammenhang ist die Beobachtungs- und Nachbesserungspflicht des Gesetzgebers einzuordnen. Diese Pflicht könnte eine Möglichkeit für den Gesetzgeber darstellen, die Änderung tatsächlicher oder von ihm prognostizierter Bedingungen nach Erlass eines Gesetzes wahrzunehmen und darauf reagieren zu können. Die Beobachtungs- und Nachbesserungspflicht des Gesetzgebers, die wesentlich von der Rechtsprechung des Bundesverfassungsgerichts geprägt wurde, bildet den Gegenstand der vorliegenden Arbeit.

Der Bereich des Strafrechts kann besonders vom sozialen Wandel und damit einhergehender Überwindung bestehender Vorstellungen von „Recht“, von der Veränderung tatsächlicher Grundlagen verschiedener Regelungsbereiche und von nicht beabsichtigten Vollzugsfolgen betroffen sein. Die Bedeutung des sozialen Wandels gerade für das Strafrecht wird deutlich, wenn beispielsweise berücksichtigt wird, dass ein zunächst non-konformes Verhalten von Individuen unter bestimmten Umständen zur faktischen Entkriminalisierung führen kann. Zu den bestimmten Umständen gehört eine gewisse Häufigkeit bei der Ausübung des eigentlich tabuisierten Verhaltens durch Mitglieder der Gesellschaft[5]. Derartige Wandlungsprozesse sind vom Gesetzgeber nur erkennbar, wenn er die Legitimität seiner Gesetze weiter überprüft. Da das Strafrecht in besonderer Weise von Wandlungsprozessen betroffen ist, soll sich die vorliegende Arbeit auf die Beobachtungs- und Nachbesserungspflicht des Gesetzgebers auf diesem Rechtsgebiet konzentrieren.

---

4 Beispielsweise Art. 1 I GG.

5 Vgl. *Eisenberg*, Kriminologie, 2005, § 11 Rdnr. 1.

Die Beschränkung auf die Pflicht des Gesetzgebers im Strafrecht beinhaltet jedoch gleichzeitig eine Erweiterung des Untersuchungsgegenstands. Weil rechtspolitische Handlungen des Gesetzgebers im Strafrecht nicht ohne Aspekte menschlichen Verhaltens und Zusammenlebens auskommen, sind Erkenntnisse aus dem Bereich der Sozialwissenschaften mit heranzuziehen. Die Auseinandersetzung mit der Beobachtungs- und Nachbesserungspflicht des Gesetzgebers im Strafrecht ist folglich eine interdisziplinäre.

II. Gang der Arbeit

Ausgehend von der Vorstellung, dass Gesetze sowohl juristischen Gütekriterien entsprechen als auch faktische Geltung beanspruchen sollen, wird in dieser Arbeit die Beobachtungs- und Nachbesserungspflicht des Gesetzgebers im Strafrecht untersucht.

Hierzu soll im ersten Teil dieser Arbeit unter den Gliederungspunkten III. und IV. ein Qualitätsmaßstab für Gesetze ermittelt werden. Denn nur dieser Maßstab kann zu einem Verständnis hinsichtlich der Herkunft, Grundlage und Legitimation der gesetzgeberischen Pflicht führen. Dieser Maßstab, an dem sich eine Beobachtungs- und Nachbesserungspflicht des Gesetzgebers orientieren könnte, wird begleitet vom Anspruch, „gute Gesetze" zu schaffen. An der Realisierung dieser Vorstellung wäre die Beobachtung und Nachbesserung von Gesetzen auszurichten. Neben Überlegungen zur Berechtigung des Strafrechts, die bei einer Betrachtung gesetzgeberischer Aufgaben im strafrechtlichen Bereich unverzichtbar sind, sollen somit im ersten Abschnitt insbesondere die folgenden Fragen beantwortet werden: Existiert ein Maßstab für die Beobachtung im Sinne einer Wirkungskontrolle von Regelungsbereichen? Welche Schwierigkeiten sind mit diesem Maßstab verbunden? Und was ist eigentlich unter dem so genannten Gesetzgeber, der Wirkungen und Nebenwirkungen seines Produkts beobachten soll, zu verstehen?

Der zweite Teil der Arbeit, der den Gliederungspunkt V. umfasst, dient der Annäherung an die Grundlagen der Beobachtungs- und Nachbesserungspflicht des Gesetzgebers. Unter anderem wird erörtert, was die Beobachtungs- und die Nachbesserungspflicht jeweils bedeuten und in welcher Beziehung diese beiden Pflichten zueinander stehen. Neben dem Verhältnis zwischen der Beobachtungspflicht und Nachbesserungspflicht zueinander werden die rechtliche Grundlage sowie die Sinnhaftigkeit der Verpflichtung des Gesetzgebers, die von ihm erlassenen Gesetze zu kontrollieren, untersucht. Dabei gilt es auch Probleme der Beobachtungs- und Nachbesserungspflicht anzusprechen. Eine Schwierigkeit könnte beispielsweise die Identität zwischen Urheberschaft und Kontrollbefugnis darstellen, da der Gesetzgeber sein eigenes Werk zu beobachten und möglicherweise nachzubessern hat. Zudem ist das Verhältnis der gesetzgeberischen Pflicht zu den parlamentarischen Freiräumen bei legislativen Entscheidungen zu würdigen. Einen zusätzlichen Schwerpunkt dieses Teils der Bearbeitung machen die Überlegungen zur Herkunft und Sinnhaftigkeit der in Rede stehenden Pflicht aus.

Das theoretische Grundgerüst ermöglicht es, in einem anschließenden dritten Abschnitt unter dem Gliederungspunkt VI. die strafrechtlichen Regelungsbereiche, in denen das Bundesverfassungsgericht eine Beobachtungs- und Nachbesserungspflicht des Gesetzgebers anmahnt, zu untersuchen. Diese Untersuchung wird im Lichte des zuvor ermittelten Maßstabs erfolgen und soll zur Klärung der Frage dienen, in welchem Umfang eine Beobachtungs- und Nachbesserungspflicht des Gesetzgebers besteht, welche Beobachtungs- und Nachbesserungstendenzen des Gesetzgebers erkennbar sind und welche Schwierigkeiten und Widersprüche mit der Festlegung der Pflicht verbunden sind. Hierbei ist auch eine Auseinandersetzung mit dem so genannten symbolischen Strafrecht notwendig. Das symbolische Strafrecht umfasst Strafvorschriften, die nicht primär zur Entfaltung zielgerichteter Schutzwirkungen gedacht sind, sondern durch eine Positionierung zu Werten oder der Hervorhebung als schädlich etikettierter Handlungen eher der Inszenierung politischer oder weltanschaulicher Gruppierungen dienen[6]. Das symbolische Strafrecht wirft speziell im Hinblick auf die Beobachtungspflicht des Gesetzgebers zahlreiche Fragen auf. Die Notwendigkeit einer Beschäftigung mit symbolischem Strafrecht ist darauf zurückzuführen, dass die strafrechtlichen Regelungsbereiche, in denen das Bundesverfassungsgericht die Beobachtungs- und Nachbesserungspflicht des Gesetzgebers betont, dem Symbolismus-Vorwurf ausgesetzt sind. Das gilt insbesondere für den Regelungsbereich des Schwangerschaftsabbruchs. Dieser VI. Gliederungspunkt widmet sich deshalb insbesondere folgenden Fragen: In welchen Regelungsbereichen mahnt das Bundesverfassungsgericht eine Beobachtungs- und Nachbesserungspflicht des Gesetzgebers an? Mit welchen Besonderheiten ist die Ermahnung jeweils verbunden? In welchem Umfang ist der Gesetzgeber dieser Pflicht nachgekommen? Was bedeutet symbolisches Strafrecht und ist die Symbolik eine gemeinsame Eigenschaft der von der Beobachtungs- und Nachbesserungspflicht betroffenen Regelungsbereiche?

Auf diese an der Judikatur des Bundesverfassungsgerichts orientierte Darstellung der Beobachtungs- und Nachbesserungspflicht des Gesetzgebers folgt unter dem Gliederungspunkt VII. die Überlegung, ob die alleinige Ausrichtung der Pflicht an der Rechtsprechung des Bundesverfassungsgerichts genügt oder ob die Beobachtungs- und Nachbesserungspflicht des Gesetzgebers nicht auch auf andere strafrechtliche Regelungsbereiche auszudehnen ist. Ergänzt wird diese Überlegung von einer Auseinandersetzung mit der Frage, ob eine stetige Pflicht des Gesetzgebers zur Gesetzesbeobachtung zu befürworten ist. Die Frage nach dem Sinn einer ständigen Pflicht des Gesetzgebers zur Gesetzesbeobachtung im

6 *Roxin*, Strafrecht AT 1, 2006, § 2 Rdnr. 37.

Strafrecht wird anhand der Strafbarkeit des Beischlafs zwischen Verwandten nach § 173 StGB, einem kontrovers diskutierten Beispiel gesetzgeberischer Tätigkeit, und anhand einiger Tatbestände aus dem Wirtschaftsstrafrecht erörtert.

Die vorliegende Arbeit zielt nicht nur darauf ab, eine Positionierung im Hinblick auf die Beobachtungs- und Nachbesserungspflicht des Gesetzgebers zu erreichen. Gegenstand der Untersuchung ist auch die Frage, ob und wie der Gesetzgeber diese Pflicht erfüllen kann. Deswegen werden unter VIII. Möglichkeiten aufgezeigt, wie der Gesetzgeber seiner Pflicht nachkommen kann. Der Schwerpunkt des VIII. Abschnitts liegt auf den Ausführungen zur Erfüllung der Beobachtungspflicht des Gesetzgebers. Die Beobachtung der Wirkungen seines Produkts fällt dem Gesetzgeber erheblich schwerer als die Nachbesserung. Weil die Beobachtung der Gesetzeswirkungen und die Maßgabe der Beobachtungsergebnisse für die Nachbesserung bedeutend sind, benötigt der Gesetzgeber Instrumente, mit denen er seine Beobachtungspflicht erfüllen und die notwendigen Erkenntnisse sammeln kann: Der Gesetzgeber kann die Situation, die eine Nachbesserung der Gesetzeslage erforderlich macht, nur durch Beobachtung erkennen.

Als Möglichkeit zur Erfüllung der Beobachtungspflicht bildet die retrospektive Gesetzesfolgenabschätzung (GFA) auf parlamentarischer Ebene einen Schwerpunkt des VIII. Abschnittes. Die Systematik und Methoden der GFA, die mit ihr verbundenen Hindernisse und die Bedeutung der GFA für die Beobachtungspflicht des Gesetzgebers werden dargestellt, um anschließend Stellung zu der Frage nehmen zu können, ob die GFA eine Option für den Gesetzgeber zur Wahrnehmung der Beobachtungspflicht ist. In einem Unterpunkt wird zudem erörtert werden, ob für eine effektive Erfüllung der Beobachtungspflicht ein institutionalisiertes parlamentarisches Beobachtungsorgan notwendig ist und welche Bedeutung prospektiven Maßnahmen vor der eigentlichen Beobachtung durch den Gesetzgeber zukommt. Als weitere Optionen für den Gesetzgeber, seiner Beobachtungspflicht zu entsprechen, werden die Rückgriffsmöglichkeit auf Erfahrungen des Auslands sowie experimentelle Gesetze und Zeitgesetze in Erwägung gezogen und gewürdigt. Der VIII. Abschnitt findet mit Überlegungen zur Erfüllung der Nachbesserungspflicht seinen Abschluss.

Die Schlussbetrachtung unter IX. beinhaltet ein Fazit zur Beobachtungs- und Nachbesserungspflicht des Gesetzgebers im Strafrecht. Schließlich bildet der X. Abschnitt mit einer thesenartigen Zusammenfassung, in der die wesentlichen Erkenntnisse formuliert werden, den Abschluss der Bearbeitung.

III. Gedanken zur Berechtigung des Strafrechts

> „Das Strafgesetz ist ein kunstvolles Kulturgut. Die Kunst besteht darin, durch das Gesetz die Freiheit der strömenden Politik zu entziehen, die Freiheit des Bürgers durch das Gesetz zu einem absoluten Gut zu bestimmen und die Einigung zu stiften, dieses Gut trotz aller politischen Dynamik unangetastet zu lassen."[7]

Gesetzgeberische Akte, die zu beobachten und unter Umständen nachzubessern sein sollten, stellen uns vor die Frage, ob ein Maßstab für jene Beobachtung und Nachbesserung existiert und wie dieser ausgestaltet sein könnte. Unabhängig von deren näherer Ausgestaltung setzen Beobachtung und insbesondere Nachbesserung voraus, dass das Gesetz eine bestimmte Funktion erfüllen, einem bestimmten Zweck dienen soll. Denn insbesondere mit der Beobachtung kann nicht lediglich die dahingehende Tätigkeit gemeint sein. Vielmehr richtet sich eine Beobachtung auf ein Beobachtungsziel. Wozu und wie sollte ein Gesetz beobachtet oder gar nachgebessert werden, wenn der Sinn und die Absicht des Regelungsbereichs nicht feststehen? Eine Nachbesserung der Gesetzeslage, die angetrieben wird von der Vorstellung eines „besseren Gesetzes", ist bereits begrifflich nur erreichbar, wenn die Zielrichtung der Regelung feststeht. Ohne diesen Maßstab machen weder Beobachtung noch Nachbesserung Sinn. Folglich sind taugliche Kriterien für solch einen Maßstab zu finden. Hierbei sind Erkenntnisse der Gesetzgebungslehre[8] heranzuziehen.

Begleitet wird die Suche von einer wesentlichen Grundlage der Strafgesetzgebungslehre, deren Thematisierung nicht selten einer gewissen Müdigkeit begegnet. Dieser Müdigkeit gilt es entgegenzuwirken, indem einige Gedanken zur Existenzberechtigung des Strafrechts beziehungsweise der Strafgesetze unter Berücksichtigung der legislatorischen Tätigkeit angestellt werden. Eine Auseinandersetzung mit der Beobachtungs- und Nachbesserungspflicht des Gesetzgebers kommt ohne eine Sensibilisierung für den Bereich strafrechtlichen Wirkens und einer wiederholten Vergegenwärtigung des Ausnahmecharakters staatlichen Strafens nicht aus.

---

7 *Naucke,* Gesetzlichkeit und Kriminalpolitik, 1999, S. 259.

8 Zur Gesetzgebungslehre als juristische Aufgabe *Noll*, Gesetzgebungslehre, 1973, S. 9 ff. Zum Begriff der Gesetzgebungslehre auch *Bender*, ZRP 1976, S. 132 ff.; *Karpen*, Gesetzgebungslehre, 1989, S. 14 f.; *ders.*, Zum gegenwärtigen Stand der Gesetzgebungslehre in der Bundesrepublik Deutschland, 1998, S. 372 ff.

Auch wenn abolitionistische Tendenzen im Bezug auf strafrechtliche Regelungen gegenwärtig allenfalls vereinzelt in den Forderungen politischer Gruppierungen enthalten sind[9], sollen hier, wenn in der vorliegenden Arbeit schon eine Auseinandersetzung mit gesetzgeberischen Pflichten stattfinden soll, einige wenige Gedanken zum (Un-) Sinn gesetzgeberischer Tätigkeit angestellt und auf die Existenzberechtigung der Strafgesetze als Teil des Strafrechts eingegangen werden.

Abolitionistische Gedanken zum Strafrecht gehören wohl weitestgehend der Vergangenheit an[10]. Angriffe gegen das Strafrecht werden mit einem Hinweis auf die Notwendigkeit der Strafe zum Schutz des Rechtsfriedens unter Wahrung der Freiheit abgewehrt[11]. Dennoch ist die zweifelnde Hinterfragung strafrechtlicher Regelungen auch und gerade heute angebracht. Dem Hinweis auf die Notwendigkeit der Strafe zum Schutze unseres Rechtsfriedens könnte entgegnet werden, dass sich das Ziel, den Rechtsfrieden zu schützen, auch bei so genannten Abolitionisten findet, diese jenes Ziel jedoch auf nicht strafrechtlichem Weg verwirklichen möchten[12]. Zudem sind kritische Töne zur Qualität oder Berechtigung einzelner Tatbestände durchaus häufig von Strafrechtlern zu vernehmen, die kaum dem abolitionistischen Lager zugeordnet werden können und deren Vorbehalte nicht gegen das Strafen im Allgemeinen gerichtet sind[13]. Denn Bedenken gegen zahlreiche strafrechtliche Regelungsbereiche bestehen unstreitig, und zwar nicht nur erst im Hinblick auf das Gesetz als Produkt des Gesetzgebers, sondern schon früher. Bereits der Beginn des

9 Z. B. bei den so genannten JungdemokratINNen, ein politischer Jugendverband e.V. Nachweis unter http://www.jungdemokraten.de/grundsaz/programm.htm (zuletzt aufgerufen am 15. Oktober 2012).

10 Die Forderung nach Abschaffung und Ersetzung des Strafrechts durch ein „reines Maßnahmenrecht“ ist zu finden bei *Plack*, Plädoyer, 1974, S. 380 ff. Die Frage nach der Sinnhaftigkeit des Strafrechts stellt auch *Scheerer* und bejaht die Möglichkeit des Abolitionismus in der modernen Gesellschaft in KrimJ 1984, S. 90 ff., 108. Zum Abolitionismus *Mathiesen*, Gefängnislogik, 1989, S. 156 ff.; vgl. ferner auch die so genannten Arnoldshainer Thesen der Arbeitsgruppe „Alternativen zur Freiheitsstrafe“ zur Abschaffung des Strafrechts, in: Zeitschrift für Evangelische Ethik 1990, S. 218 ff. In den Thesen wird die Abschaffung der Freiheitsstrafe als Sanktion und nicht die des Strafrechts als Ganzes befürwortet.

11 *Jescheck/Weigend*, Lehrbuch des Strafrechts AT, 1996, S. 3 f.; *Roxin*, Strafrecht AT 1, 2006, § 2 Rdnr. 7.

12 Vgl. *Scheerer*, KrimJ 1984, S. 100 ff.

13 Beispielsweise *Hassemer*, der in seinem abweichenden Sondervotum entgegen der Senatsmehrheit eine Strafbarkeit des so genannten Geschwisterinzests nach § 173 II 2 StGB als verfassungswidrig würdigte, vgl. BVerfGE 120, 224, 255 ff.

Gesetzgebungsprozesses wirft vielfältige Fragen und Probleme auf. Warum werden bestimmte gesellschaftliche Erscheinungen beispielsweise als Regelungsprobleme erkannt, andere wiederum nicht? Welche Faktoren beeinflussen den Gesetzgeber bei seiner Entscheidung, legislativ tätig zu werden?

Freilich sind diese Fragen im Hinblick auf die institutionelle Berechtigung des Gesetzgebers zumindest aus juristischer Sicht weniger problematisch: Der Gesetzgeber ist verfassungsmäßig dazu berechtigt, freiheitsentziehende Tatbestände zu formulieren. Die Zusammensetzung des Bundestages aus gewählten und damit durch die Volkssouveränität legitimierten Abgeordneten macht das Parlament zur Stätte der Durchsetzung des „Volkswillens“. Insofern mag die Frage nach der Berechtigung strafrechtlicher Regelungsbereiche müßig, gar unnötig erscheinen. Warum sie es dennoch nicht ist, ergibt sich aus dem theoretisch omnipräsenten, praktisch hingegen nicht selten in Vergessenheit geratenen Ausnahmecharakter des Strafrechts. Strafe soll Ultima Ratio[14] sein und bedarf stets einer besonderen Rechtfertigung. Auch wenn die schwierige Greifbarkeit der Bezeichnung von Strafe als Ultima Ratio zuzugeben ist und dieses allgemeine Rechtsprinzip nur durch nähere Ausgestaltung praktische Relevanz entfaltet, ist eine Anknüpfung an den Kern dieser These möglich: Strafe und Strafgesetze dürfen aufgrund ihrer Eingriffsintensität nur Ausnahmecharakter besitzen. Ob gegenwärtig eine gesellschaftliche und politische Entwicklung stattfindet, die eine stetige Ausdehnung der strafrechtlichen Eingriffsmöglichkeiten und Hinwendung zur präventiven Zweckorientierung mit sich bringt und den Ausnahmecharakter des Strafrechts bedroht[15], kann und soll die vorliegende Arbeit nicht entscheiden. Festzuhalten ist an dieser Stelle, dass es diesen Ausnahmecharakter zu erkennen und zu bewahren gilt. Diese Vorgabe ist gerade für den Gesetzgeber im Rahmen seiner legislatorischen Tätigkeit von Bedeutung. Denn die Entscheidung, ob ein strafrechtlich relevanter Problemkreis vorliegt oder nicht, gebührt grundsätzlich ihm. Er hat die Definitionsmacht[16] darüber, welche sozialen Phänomene er als strafrechtlich regelungsbedürftig erachtet und welche nicht.

Auch wenn dem Gesetzgeber im Hinblick auf diese Definitionsmacht nicht ohne Weiteres Willkür vorzuwerfen ist, so ist doch auf die wenig kontrollierbaren Zufälligkeiten hinzuweisen, von denen der Beginn einer Gesetzesinitiative abhängen

---

14 BVerfGE 39, 1, 47.

15 Hierzu die nicht veröffentlichte schriftliche Äußerung von *Albrecht* zur Strafzumessung bei Aufklärungs- und Präventionshilfe (Kronzeugenregelung, BT-Ds 16/6268) vom 24. März 2009, S. 4.

16 *Eisenberg*, Kriminologie, 2005, S. 204.

kann[17]. Warum bestimmte Bereiche vom Gesetzgeber in Angriff genommen werden und andere wiederum nicht, ist kaum steuerbar. Dies mag zwar auch auf die Vielfalt sozialer Umwälzungsprozesse und einem sich stetig ändernden Bewusstsein strafrechtlicher Regelungsnotwendigkeit zurückzuführen sein. Doch diese Änderungsprozesse sind keine Besonderheit unserer Zeit. Die Bestimmung der Strafwürdigkeit gewisser Verhaltensweisen und die Festlegung einer Sanktionsart waren stets gesellschaftlichen und moralischen Veränderungen unterworfen und werden es auch in Zukunft sein.

Zudem ist die politische Dimension der Rechtsetzung durch Gesetze zu beachten. Gesetze und Gesetzesvorhaben werden insbesondere zu Wahlkampfzeiten nicht selten wegen eines scheinbaren Öffentlichkeitsinteresses und weniger wegen des tatsächlichen Regelungsbedarfs thematisiert[18]. Die von Roland Koch initiierte Debatte zum Jugendstrafrecht und zur Ausländerkriminalität beispielsweise ist ein Prototyp für politisches Kalkül abseits von tatsächlichen Anhaltspunkten, praktischer Notwendigkeit und wissenschaftlichen Empfehlungen[19]. Ein derartiges Vorgehen ist vielmehr an der allgemeinen gesellschaftlichen Stimmung oder Tendenz und an Machterhaltungsinteressen orientiert.

Derartige Zufälligkeiten sind besonders im Bereich des Strafrechts kaum hinnehmbar. Weil Strafe der letzte gangbare Weg ist, kommt dem Gesetzgebungsakt eine bedeutende Rolle zu. Durch diesen Akt wird die Idee der Strafwürdigkeit und der Strafbedürftigkeit realisiert.

Der Gesetzgeber hat damit nicht nur die schwierige Aufgabe, „Strafrecht zu setzen“, sondern trägt eine große Verantwortung, wenn er sich trotz ihres Ausnahmecharakters für eine strafrechtliche Regulierung entscheidet. Diese Verantwortung richtet sich sowohl auf die von der Regelung Betroffenen als auch auf das gesetzgeberische Produkt und rechtfertigt neben verfassungsrechtlichen Anforderungen an das Gesetz den Anspruch auf ein „gutes“ Gesetz. Doch wann sind Gesetze „gut“? Bildet das „gute Gesetz“ möglicherweise den Maßstab für die Beobachtungs- und Nachbesserungspflicht des Gesetzgebers? Der folgende Abschnitt dient der Bestimmung eines Maßstabs, an dem sich der Gesetzgeber orientieren kann.

---

17 *Bender*, ZRP 1976, S. 132; *Noll*, Gesetzgebungslehre, 1973, S. 73 ff. Begünstigt wird die Unkontrollierbarkeit zudem durch machtpolitische und mediale Beeinflussungen der zur Gesetzesinitiative Berechtigten, dazu *Schneider*, Gesetzgebung, 2002, § 5 Rdnr. 95.

18 Vgl. *Burghart*, Pflicht zum guten Gesetz, 1996, S. 25.

19 *Koch* plädierte als damaliger Ministerpräsident für eine Verschärfung des Jugendstrafrechts und für umfassende Abschiebungsmöglichkeiten bei (jungen) Straftätern ausländischer Herkunft, vgl. statt vieler FAZ vom 27.12.2007, S. 4; vom 28.12.2007, S. 4 oder vom 31.12.2007, S. 1. Am 27. Januar 2008 fanden in Hessen Landtagswahlen statt.

IV. Das „optimale“ oder das „wirksame“ Gesetz als Qualitätsmaßstab

Es besteht die Notwendigkeit, vor einer Auseinandersetzung mit der Herkunft, der rechtlichen Grundlage, den Voraussetzungen und der ratio der Beobachtungs- und Nachbesserungspflicht zunächst zu untersuchen, woran eine Überprüfung oder eine Korrektur von Gesetzen festzumachen sein könnte. Denn bereits jetzt kann ein Ziel im Hinblick auf die Qualität gesetzgeberischer Tätigkeit definiert werden: Es geht um die Schaffung des bestmöglichen, des „guten“ Gesetzes, welches verfassungsrechtlichen Anforderungen, der fragmentarischen Natur des Strafrechts und dem Grundsatz der Subsidiarität Rechnung trägt. Dieses Ziel ist auch Bestandteil einer möglichen Nachbesserungspflicht. Dies ergibt sich bereits aus dem Wortsinn: Nachgebessert wird ein Objekt, um sich dem Ideal zumindest so weit wie möglich anzunähern.

Die Grunderwartung, ein „gutes“ Gesetz zu schaffen, existiert unabhängig von der Frage, ob auch eine **Pflicht** zu solch einem Gesetz besteht[20]. Diese Erwartung beruht auch auf der Tatsache, dass das Parlamentsgesetz die bedeutendste Gestaltungsmöglichkeit der Demokratie zur Gewährleistung „richtigen“ Rechts ist[21]. Es gilt, ein Kriterium oder einen Maßstab zu bestimmen, welcher für die Qualitätskontrolle des jeweiligen Gesetzes taugt. Die den möglichen gesetzgeberischen Pflichten in Form von Beobachtung und Nachbesserung vorgelagerten Fragen lauten: Wann ist ein Strafgesetz gut oder richtig; derart gut und richtig, dass die Beobachtung zur Bejahung der Gesetzesqualität führt und eine Nachbesserung nicht notwendig ist? Welchen Anknüpfungspunkt bietet das jeweilige Gesetz, um seine Qualität zu kontrollieren? Anhand welchen Maßstabs lässt sich die Güte einer Strafnorm messen?

1. Kriterien einer optimalen Gesetzgebung als Maßstab

Den Maßstab könnten möglicherweise die Kriterien einer so genannten optimalen Gesetzgebung liefern. Dabei verleitet die Bezeichnung „optimal“ dazu, sich

20 Ausführlich zu dieser Pflicht *Burghart*, Pflicht zum guten Gesetz, 1996.
21 Vgl. *Schulze-Fielitz*, Theorie und Praxis, 1988, S. 156.

darunter die Schaffung makelfreier Gesetze vorzustellen, die diversen wissenschaftlichen, analytischen, methodischen und technischen Anforderungen gerecht werden[22]. Indes ist dieses Verständnis nicht zwingend: Das Optimum darf als der höchste erreichbare Wert[23], das Bestmögliche verstanden werden. Und bestmöglich bedeutet nicht perfekt im Sinne eines idealen Gesetzes, sondern „relativ“ gut[24]. Mit diesem Grundgedanken scheint die so genannte optimale Gesetzgebung einen plausiblen Maßstab für die in dieser Untersuchung maßgebliche Beobachtungs- und Nachbesserungspflicht darzustellen, geht es doch bereits nach dem Wortsinn um das Ziel, durch Beobachtung und gegebenenfalls Nachbesserung einen optimalen Zustand zu erreichen.

Doch bereits während des Versuches, optimale Gesetzgebung zu definieren, entsteht die Schwierigkeit, eine Kategorisierung in „gut“ oder „schlecht“[25] vorzunehmen. Zwar kann wohl das Gesetz, das auf präziser wissenschaftlicher Ausarbeitung beruht und sowohl verfahrenstechnisch, institutionell als auch methodisch einwandfrei zustande gekommen ist, gegebenenfalls als qualitativ gut eingestuft werden. Dennoch liefern diese sinnvollen und im Rahmen der Gesetzgebungslehre wichtigen Anhaltspunkte allenfalls Indizien und keinen klaren Maßstab[26].

---

22 *Karpen*, Zum gegenwärtigen Stand der Gesetzgebungslehre in der Bundesrepublik Deutschland, 1998, S. 373; *Smeddinck*, Integrierte Gesetzesproduktion, 2006, S. 214.

23 Duden, Das große Fremdwörterbuch, 2007, Stichwort Optimum.

24 *Karpen*, Zum gegenwärtigen Stand der Gesetzgebungslehre in der Bundesrepublik Deutschland, 1998, S. 374; in diese Richtung auch *Hotz*, Methodische Rechtsetzung, 1983, S. 101 f.

25 Das Definitionsproblem bzgl. der Qualität eines Gesetzes ist bereits anhand der unterschiedlichen Anforderungen an ein „gutes“ Gesetz erkennbar. Während *Hotz* die Vermeidung von Mängeln in der Gesetzgebung als Kriterium für eine „relativ gute“ Rechtsetzung bestimmt, vgl. *Hotz*, Methodische Rechtsetzung, 1983, S. 393 f., stellt *Hill*, ZG 1993, S. 2 auf die Funktionstauglichkeit der Norm ab. *Böhret* geht weiter, indem er das Gesetz dann als gut oder optimal erachtet, „wenn das Kodifikat sich genau so auswirkt, wie es der Gesetzgeber beabsichtigt; wenn die Normadressaten das Gesetz akzeptieren und es genau befolgen können; und wenn ein Gesetz genauso viel kostet, wie es kosten darf [soll]“, vgl. *Böhret*, ZG 1992, S. 193 FN 1.

26 Zur Schwierigkeit einer Schaffung des „idealen“ Gesetzes *Beyme*, Der Gesetzgeber, 1997, S. 58; *Steinberg*, Der Staat 1987, S. 175 f.

2. Die tatsächliche Wirksamkeit eines Gesetzes als Maßstab

Möglicherweise kann die tatsächliche Wirksamkeit der jeweiligen Regelung als Qualitätsmaßstab herangezogen werden. Hierfür ist vorab zu klären, was die Wirksamkeit von Normen impliziert.

Der juristische Ansatz kann die Geltung und die durch diese existierende Wirksamkeit einer Norm überschaubar bestimmen: Wirksam, da gültig im juristischen Sinn ist ein Gesetz dann, wenn es verfahrensmäßig in Kraft gesetzt und mit höherrangigem Recht vereinbar ist[27]. Bundesgesetze dürfen somit Geltung im juristischen Sinn beanspruchen, wenn sie vom Bundestag und – falls verfassungsrechtlich geboten – Bundesrat beschlossen, vom Bundespräsidenten nach Art. 82 I 1 GG ausgefertigt, im Bundesgesetzblatt verkündet und mit der Verfassung im Einklang sind. Diese Überschau- und Überprüfbarkeit reicht für den Zweck der vorliegenden Arbeit indes nicht aus.

Bei der Bestimmung eines möglichen Qualitätsmaßstabes soll es nicht nur um die Gültigkeit im Sinne der verfassungsrechtlichen Vereinbarkeit gehen. Denn die Überprüfung der Verfassungsmäßigkeit einer Norm obliegt ohnehin allein dem Bundesverfassungsgericht und über die Gültigkeit einer Norm im faktischen Sinne sagt ihre Verfassungsmäßigkeit wenig aus. Die Rechtswissenschaft hat zunächst vom Geltungsanspruch verfassungskonformen Rechts auszugehen, ohne jedoch von der rechtlichen auf die soziale Geltung schließen zu dürfen[28]: Ein Gesetz kann verfassungsmäßig und dennoch „ungültig“ sein. Diese für den Juristen vielleicht weniger greifbare These ist mit der unterschiedlichen Fragestellung einer rechtssoziologischen Herangehensweise erklärbar. Das rechtssoziologische Interesse betrifft die Frage, ob und wie ein Gesetz menschliches Verhalten beeinflusst und verursacht. Geltung im soziologischen Sinn bedeutet also Wirksamkeit im Sinne einer Seinsgeltung[29], nicht Rechtsgeltung[30]. Der juristische Geltungsbegriff ist auch in der Rechtssoziologie unverzichtbar, beispielsweise wenn es um empirische Untersuchungen geht, die im Wesentlichen auf das bestehende und mithin juristisch gültige Recht gerichtet sind. Doch die vorliegende Untersuchung stellt gerade auch die Frage, wann bestimmte Strafgesetze obsolet werden, da diese den

---

27 *Raiser*, Grundlagen, 2009, S. 237.

28 Vgl. *Grimm*, Grundrechte, in: Grundrechte und soziale Wirklichkeit, 1982, S. 41.

29 *Raiser*, Grundlagen, 2009, S. 239.

30 Vgl. hierzu *Garrn*, ARSP 55, 1969, S. 171 f., der diese Differenz als Unterschied zwischen faktischer und normativer Rechtsgeltung bezeichnet.

tatsächlichen gesellschaftlichen Verhältnissen, die ständigem Wandel unterworfen sind, nicht mehr entsprechen oder unerwünschte Nebenfolgen verursachen. Folglich bietet es sich an, den Qualitätsmaßstab an der Effektivität einer Rechtsnorm zu orientieren, die unabhängig von der juristischen Gültigkeit fraglich sein kann. Diese Orientierung ist sinnvoll, weil sich die vorliegende Arbeit mit dem – um es mit *Ehrlichs* Worten[31] zu sagen – „lebenden Recht“, also dem in der Gesellschaft tatsächlich ausgeübten Recht[32], beschäftigt.

Es bleibt zu erörtern, ob und wie die Wirksamkeit als Effektivitäts- und Qualitätsmaßstab messbar ist. Diese Erörterung erfolgt in den folgenden Absätzen und setzt eine weitere Aufspaltung des Wirksamkeitsbegriffes voraus, aus der eine Definition folgen soll. Die Definition bildet dann die Grundlage der weiteren Bearbeitung.

a) Die Gesetzesbefolgung

Als Maßstab dafür, ob ein Strafgesetz wirksam ist, könnte die Erfüllung der durch das jeweilige Gesetz auferlegten Pflicht zur Normkonformität dienen. Unter Pflichterfüllung im strafrechtlichen Sinne soll hier die Befolgung der durch die jeweilige Norm oktroyierten Verhaltenspflicht verstanden werden[33]. Aus der Befolgung oder Nichtbefolgung dieser Pflichten könnte gegebenenfalls auf die (fehlende) Wirksamkeit eines Gesetzes zu schließen sein.

Diese simpel anmutende Formel weist bereits beim weiteren theoretischen Versuch, zunächst die Normbefolgung zu untersuchen und empirisch zu erfassen, Mängel auf: Hier ist die Konfrontation mit dem so genannten Dunkelfeld[34] unausweichlich und das Erlangen verwertbarer Untersuchungsergebnisse mehr als schwierig.

Doch selbst bei der Annahme sicherer Ergebnisse über die Normtreue der Menschen fragt sich, ob an der Befolgung – und somit der Akzeptanz – oder Nichtbefolgung

---

31 *Ehrlich*, Recht und Leben, 1967, S. 19.

32 *Raiser*, Grundlagen, 2009, S. 74, 239.

33 Zu den Imperativen im Strafrecht siehe *Jescheck/Weigend*, Lehrbuch des Strafrechts AT, 1996, S. 236 f.; *Maihofer*, Funktion des Rechts, in: Jahrbuch für Rechtssoziologie und Rechtstheorie, 1970 Band 1, S. 27; *Voß*, Symbolische Gesetzgebung, 1989, S. 44 ff. Kritische Gedanken zu Imperativen in der (Straf-) Rechtsordnung bei *Nagler*, in: FS Binding, Band II, 1911, S. 308 ff.

34 Zur Bedeutung der Dunkelziffer im Rahmen einer Eignungsprüfung von Strafgesetzen vgl. *Driendl*, Strafgesetzgebungswissenschaft, 1983, S. 42 ff.

einer Strafnorm deren Wirksamkeit gefolgert werden kann[35]. Ist ein Strafgesetz bereits unwirksam, wenn es von einem bestimmten Bevölkerungsanteil missachtet wird? Dann, so wendet *Voß* richtigerweise ein, könnte das Strafrecht keine Bedeutung beanspruchen[36]. Denn die Missachtung einer Strafnorm von einem Teil der Bevölkerung wird nicht auszuschließen sein, außer die Norm verbietet ein Verhalten, welches ohnehin nicht durchführbar und somit nur Normkonformität möglich ist[37]. Die Normtreue ist folglich als Indikator für die Gesetzeswirksamkeit untauglich. Die Konsequenzen dieser Feststellung sind nicht eindeutig. *Driendl* und *Voß* gehen beispielsweise davon aus, dass die Übertretung einer Rechtsnorm dieser nicht die Wirksamkeit abspreche – diese bereits erwähnte These leuchtet ein -, sondern gerade den Beweis für die Notwendigkeit des Gesetzes erbringe[38]. Ob diese Folgerung uneingeschränkt übernommen werden kann, ist zweifelhaft.

Es trifft zu, dass erst die Normübertretung die Möglichkeit gibt, dem mit dem jeweiligen Gesetz intendierten Anspruch gerecht zu werden, da das Gesetz erst durch Übertretung verifiziert wird[39]. Doch hier dürfen die Überlegungen im Hinblick auf die Gründe der Normübertretung nicht aufhören. Die Nichtbefolgung einer Norm muss nicht zwangsweise die Notwendigkeit dieser, sondern kann gerade auch ihre Überflüssigkeit indizieren. Denn dass, wie bereits mehrfach erwähnt, die Normübertretung nicht unbedingt die Unwirksamkeit des Strafgesetzes bedeuten muss, rechtfertigt nicht umgekehrt, dass die Übertretung uneingeschränkt als Indiz für die Wirksamkeit herangezogen werden kann. Es überzeugt beispielsweise nicht, den Erwerb von Cannabis und die damit einhergehende Übertretung von § 29 I 1 Nr. 1 BtMG für sich genommen schon als Indiz für die Wirksamkeit der Norm zu werten. Dieses Beispiel zeigt, dass die Normübertretung gegen die Wirksamkeit im Sinne einer soziologischen Gültigkeit sprechen könnte – nicht zwingend muss – und die Norm gerade unwirksam ist, weil sie von Menschen unterschiedlichster Sozialisation und „Schichtzugehörigkeit" übertreten wird.

Und was mag gelten, wenn zwar Normkonformität herrscht, der strafrechtliche Imperativ somit befolgt wird, aber aus einer Motivation heraus, die in keiner

---

35 Laut *Garrn* ist eine Rechtsnorm wirksam, wenn sie befolgt oder durchgesetzt wird, vgl. *Garrn*, ARSP 55, 1969, S. 168.

36 *Voß*, Symbolische Gesetzgebung, 1989, S. 48;

37 So auch *Noll*, Gründe, in: Jahrbuch für Rechtssoziologie und Rechtstheorie, 1972 Band 3, S. 260; *ders.*, Gesetzgebungslehre, 1973, S. 64.

38 *Driendl*, Strafgesetzgebungswissenschaft, 1983, S. 41; *Voß*, Symbolische Gesetzgebung, 1989, S. 48.

39 *Noll*, Gründe, in: Jahrbuch für Rechtssoziologie und Rechtstheorie, 1972 Band 3, S. 260; *Voß*, Symbolische Gesetzgebung, 1989, S. 48.

Verbindung zum Gesetz und dessen Imperativ steht? Unter solchen Umständen ist die Wirksamkeit des Gesetzes schwer zu bejahen[40]. Einen klaren und damit tauglichen Wirksamkeitsmaßstab vermag die Normbefolgung folglich nicht zu liefern.

Unabhängig davon ist die Gesetzesbefolgung als Wirksamkeitsmaßstab nur im Rahmen von Gesetzen, die einen Verhaltensimperativ enthalten, anwendbar. Denn lediglich insoweit kann von einer Befolgung oder Nichtbefolgung – nämlich des Imperativs – gesprochen werden. Für die Beobachtung von Strafgesetzen, die keinen direkten Imperativ enthalten[41], stellt sie keinen geeigneten Maßstab dar, weil es dabei nicht um Normkonformität des Bürgers geht. Auch aus diesem Grund ist die Gesetzesbefolgung kein tauglicher Maßstab für die Beobachtung und Nachbesserung von Gesetzen.

b) Der Gesetzeszweck

Die Normbefolgung ist als Wirksamkeits- und Qualitätsmaßstab untauglich, doch möglicherweise bietet sich der Gesetzeszweck als solcher an. Die Beurteilung der Wirksamkeit würde dann an die durch das Gesetz beabsichtigten Ziele geknüpft. Die Norm würde somit einer Erfolgskontrolle unterzogen. Dadurch könnte man die am Gesetzeszweck festgemachte Effizienz[42] als Maßstab für die Wirksamkeit und Geltung verstehen.

Der Vorzug solch eines Vorgehens ist, dass die Effizienz als messbarer, empirisch überprüfbarer Wert gebraucht wird[43] und mithin aussagekräftige Indizien für die Wirkung des jeweiligen Gesetzes, also seine Wirksamkeit, erbringen kann. Diesen Vorteil hat der soziologische Geltungsbegriff im Unterschied zum

---

40 So auch *Voß*, Symbolische Gesetzgebung, 1989, S. 49. Anderer Auffassung ist *Hoerster*, in: Gedächtnisschrift für René Marcic, 1983, S. 589 f. Nach dessen Wirksamkeitsverständnis sind Motive für die faktische Normkonformität irrelevant: Die Existenz der Norm muss nach *Hoersters* Verständnis für das normkonforme Verhalten keine Ursache bilden, um eine Wirksamkeit der Norm bejahen zu können. Die Wirksamkeit sei vielmehr immer dann gegeben, wenn sich die Normadressaten faktisch normkonform verhalten.

41 Beispielsweise Regelungen aus dem Sanktionenrecht, die die Folgen der Straftat bestimmen.

42 Die Gleichsetzung zwischen Wirksamkeit und Effizienz findet sich auch bei *Ryffel*, Rechtssoziologie, 1974, S. 245; *Voß*, Symbolische Gesetzgebung, 1989, S. 55. Zur geringen Relevanz der Unterscheidung zwischen Wirksamkeit und Effektivität vgl. *Eisenberg*, Kriminologie, 2005, § 15 Rdnr. 1.

43 *Raiser*, Grundlagen, 2009, S. 240.

juristischen. Die juristische Geltung des Gesetzes wird nicht empirisch überprüft, sondern anhand der bestehenden Rechtslage auf die Vereinbarkeit des jeweiligen Strafgesetzes mit jener und kann lediglich vom Bundesverfassungsgericht abschließend beurteilt werden. Wenn in der vorliegenden Arbeit jedoch unter anderem untersucht werden soll, wie eine Beobachtung von Strafgesetzen und deren Wirkungen durchzuführen ist, kann dies nicht ohne einen empirisch fassbaren Maßstab gelingen.

Der Gesetzeszweck wirkt auf den ersten Blick geeignet, um an diesem einen Wirksamkeitsmaßstab festzumachen. Vereinfacht formuliert könnte dieser Maßstab dann folgendermaßen lauten: Ein (Straf-) Gesetz ist wirksam, wenn der mit dem Gesetz verfolgte Zweck erreicht wird.

Diese These bringt indes weitere Fragen mit sich, die – soll der Gesetzeszweck tatsächlich als Maßstab dienen – zu erörtern sind. Bevor eine Auseinandersetzung mit den Problemen bei der Heranziehung des Gesetzeszweckes als Wirksamkeitsmaßstab stattfinden kann, gilt es zunächst zu definieren, was „Gesetzeszweck" in diesem Sinne bedeutet und wem die Definitionsmacht im Hinblick auf diesen Zweck zusteht.

aa) Die Bestimmung des Gesetzeszwecks durch eine Analyse der gesetzgeberischen Absichten

Bei der Bestimmung des Gesetzeszwecks zur Erlangung eines Wirksamkeitsmaßstabs lässt sich nicht allein auf allgemeine Zielvorstellungen abstellen. Solche können aufgrund ihrer Weite und Abstraktheit nicht präzise genug gefasst und kaum operationalisiert[44] werden. Das „Wohl der Allgemeinheit"[45] beispielsweise ist als gesetzgeberisches Ziel wohl unumstritten. Es ist jedoch nicht als konkreter Gesetzeszweck geeignet, da das Ziel weder genau definierbar, noch empirisch überprüfbar ist. Die Zweckermittlung, die als Wirksamkeitsindex verstanden werden soll, kann vielmehr nur gesondert anhand der Absichten, die mit der jeweiligen Regelung verknüpft sind, durchgeführt werden.

Es bleibt zu klären, was genau als Gesetzeszweck verstanden werden darf und wie er ermittelt wird. Der Blick auf den Gesetzestext selbst gibt meist keine Auskunft darüber, welche Ziele verfolgt werden und wozu die Regelung dienen

44 Der Gesetzeszweck als zu überprüfendes Phänomen müsste derart gefasst werden, dass es empirisch festgestellt und beobachtet werden kann. Indes ist auch bei einer derartigen Operationalisierung eine bestimmte „Grobmaschigkeit" nicht zu vermeiden, vgl. *Ryffel*, Rechtssoziologie, 1974, S. 183 f.

45 Beispiel nach *Voß*, Symbolische Gesetzgebung, 1989, S. 55.

soll. Die Auswertung der Materialien bringt ebenfalls nicht immer die erhoffte Erkenntnis. Dies zum einen, weil Parlamentaria nur eine und nicht die einzige Möglichkeit darstellen, um hinter dem Gesetz stehende Absichten zu erforschen und damit keine Gewähr für Vollständigkeit gegeben ist. Zum anderen betont das Bundesverfassungsgericht in seiner ständigen Rechtsprechung, dass die Gesetzgebungsmaterialien zwar unterstützend berücksichtigt werden können, allerdings lediglich so weit, als sie auf einen „objektiven Gesetzesinhalt“ schließen lassen, der gesetzgeberische Wille also auch im Gesetzestext selbst erkennbar ist[46]. Der zunächst praktisch handhabbar scheinende Wirksamkeitsmaßstab in Gestalt des Gesetzeszweckes weist hier Schwächen auf[47].

Gerade aufgrund der soeben angesprochenen Schwierigkeit, den Gesetzeszweck an sich zu benennen, wird eine Begründungspflicht des Gesetzgebers gefordert. Die Begründungspflicht soll eine Offenlegung gesetzgeberischer Motive ermöglichen[48]. Gestützt wird die Forderung nach einer Begründungspflicht darauf, dass zwar ein allgemeiner Gesetzeszweck oft erkannt werden könne, dieser jedoch wegen seiner Allgemeinheit unklar und nicht praxistauglich sei[49]. Dass die Heranziehung allgemeiner Gesetzeszwecke für die Begründung eines empirisch überprüfbaren Wirksamkeitsmaßstabes nicht hilfreich ist, wurde bereits oben erwähnt.

Der ohne spezifische Begründung notwendige, von *Smeddinck* als „immens“ bezeichnete[50], Aufwand zur Klärung des eigentlichen Normgehalts spricht ebenfalls für eine Begründungspflicht. Zu berücksichtigen ist zwar, dass sich beispielsweise die Bundesministerien in § 43 GGO (Gemeinsame Geschäftsordnung der Bundesministerien) eine Art Obliegenheit auferlegt haben, Gesetzesentwürfe zu begründen. Indes werden diese und andere, in Geschäftsordnungen niedergelegte Selbstverpflichtungen als von unterschiedlicher Qualität und kaum ergiebig qualifiziert[51], sie würden in der Praxis sogar ignoriert[52].

Die Zweckermittlung kann somit wohl nur nach der juristischen Methodik über die klassischen Auslegungsmethoden präzise erfolgen: Wortlaut, Systematik, Historie und Zweck. Doch gerade die letzte der vier Auslegungsmethoden führt erneut zum Ausgangsproblem: Wie ist der Gesetzeszweck zu ermitteln?

---

46 Vgl. allein BVerfGE 54, 277, 298 f.; 64, 1, 45.

47 Vgl. *Deckert*, Folgenorientierung, 1995, S. 97.

48 Z. B. *Lücke*, Begründungszwang und Verfassung, 1987, S. 111; *Redeker/Karpenstein*, NJW 2001, S. 2825 ff.; *Smeddinck*, Integrierte Gesetzesproduktion, 2006, S. 226 ff.

49 *Redeker/Karpenstein*, NJW 2001, S. 2826.

50 *Smeddinck*, Integrierte Gesetzesproduktion, 2006, S. 227.

51 *Schneider*, Gesetzgebung, 2002, § 5 Rdnr. 112.

52 So *Smeddinck*, Integrierte Gesetzesproduktion, 2006, S. 227.

Der klassische Ansatz über die juristischen Auslegungsmethoden darf als die gängige Methode bezeichnet werden und wird auch vom Bundesverfassungsgericht, das auf den durch diese Methoden zu ermittelnden so genannten objektiven Willen des Gesetzgebers abstellt, aufrechterhalten. Gegen die in diesem Zusammenhang möglicherweise hilfreiche Begründungspflicht des Gesetzgebers wird von der als herrschend bezeichneten Ansicht[53] insbesondere die Besonderheit gesetzgeberischen Tuns vorgebracht, die sich gerade darin zeige, dass trotz möglicherweise unterschiedlicher Motive Abgeordnete in gleicher Weise abstimmen könnten[54]. Zudem schulde der Gesetzgeber nichts anderes als das Gesetz[55]. Ob dies mit solch einer Bestimmtheit gesagt werden kann, ist zweifelhaft. Dem Argument, dass Abgeordnete unter Umständen verschiedene Motive haben und dennoch einheitlich abstimmen, ist entgegenzuhalten, dass es nicht um die Beweggründe einzelner Abgeordneter geht, wenn nach dem Gesetzeszweck gefragt ist. Vielmehr soll der hinter der einzelnen Rechtsnorm stehende Gedanke, die Zielrichtung des Gesetzes ermittelt werden[56].

Abgesehen davon würde eine Begründungspflicht dem Gesetzgeber nicht nur eine zusätzliche Aufgabe oktroyieren, sondern auch zu mehr Klarheit bei der Normauslegung und -anwendung führen. Die Normauslegung und -anwendung könnte anhand der Begründung so erfolgen, wie es das Parlament tatsächlich wollte[57]. Und gerade bei Gesetzen mit prognostischen Elementen könnte eine Begründung die Grundlagen der Prognosen identifizierbar und vor allem nachprüfbar machen, was im Rahmen der vorliegenden Untersuchung von besonderer Bedeutung ist. Indes ist festzuhalten: Auch wenn zahlreiche Argumente für eine Begründungspflicht bestehen, existiert diese Pflicht nicht in gesetzlicher Form. Verfassungsrechtliche Anknüpfungspunkte bestehen teilweise[58]. Sie helfen bei der Suche nach dem Gesetzeszweck als tauglichem Wirksamkeitsmaßstab allerdings kaum weiter, da ihnen in der Rechtspraxis keine Bedeutung zukommt. So ist die Forderung nach einer Begründungspflicht zu unterstützen. Mehr Erkenntnis bringt sie auf

---

53 Vgl. *Kanzler*, FR 2007, S. 527 f.; *Kischel*, Die Begründung, 2003, S. 260 ff., 290 ff., 316; *Schneider*, Gesetzgebung, 2002, § 6 Rdnr. 130.

54 BadWürttStGH, NJW 1975, S. 1214.

55 *Schlaich/Korioth*, Das Bundesverfassungsgericht, 2012, Rdnr. 542.

56 So auch *Rixecker*, in: FS Ellscheid, 1999, S. 131 ff. (der jedoch im Ergebnis eine Begründungspflicht ablehnt und auf S. 133 f. mit dem Gedanken an eine Begründungs**obliegenheit** sympathisiert). Folglich könnte eine Trennung von gesetzgeberischen Motiven als rein subjektiven Elementen und gesetzgeberischen Zwecken angebracht sein. Dazu kritisch *Voß*, Symbolische Gesetzgebung, 1989, S. 56.

57 *Redeker/Karpenstein*, NJW 2001, S. 2827.

58 Eine zusammenfassende Aufzählung findet sich bei *Lücke*, Begründungszwang und Verfassung, 1987, S. 105.

der Suche nach dem Gesetzeszweck allerdings noch nicht, da sie als theoretisches und trotzdem erstrebenswertes Verlangen leider (noch) ohne praktische Relevanz bleibt. Die Forderung nach einer deutlicheren und besseren Begründung ist jedoch berechtigt und wird auch hier erhoben, damit sich das Gesetz an seinem eigentlichen Ziel messen lassen kann[59].

Dies allein bedeutet nicht, dass der Gesetzeszweck als Wirksamkeitsmaßstab untauglich oder verfehlt wäre. Die Schwierigkeit bei der Zweckermittlung führt zwar von vornherein zu einem Mangel an absoluten und sicheren Anknüpfungspunkten. Doch ob absolute Tatsachen, Ziele oder Zwecke überhaupt existieren können und erstrebenswert sind, ist fraglich. Möglich ist die sichere Festlegung zumindest kaum: Eine absolute Wirksamkeit in Form der vollständigen Zwekkerreichung können die wenigsten Gesetze beanspruchen[60]. Gesetzeszwecke sind dem Wandel und der Veränderung ausgesetzt[61]. Wenn ein Zweck als absolut angesehen und deswegen aufrechterhalten wird, kann dies dazu führen, dass Recht und Wirklichkeit auseinander klaffen.

Solange die Begründungspflicht nicht ausdrücklich normiert ist und nur als Selbstverpflichtung ohne praktische Durchsetzung besteht, darf und soll über die juristische Methodik, trotz ihrer Schwächen, eine Zweckermittlung stattfinden. Dabei ist der Zweck für jede Regelung gesondert zu ermitteln und nicht in allgemeinen, zu abstrakten Grundsätzen – wie dem „Wohl der Allgemeinheit“ – zu suchen. Zudem ist insbesondere bei der teleologischen Annäherung an den Normgehalt der Blick auf die soziale Wirklichkeit zu richten, die durch die Norm aufrechterhalten oder modifiziert werden soll[62]. Denn Sinn und Zweck einer Regelung können nicht ohne die Berücksichtigung der Wirklichkeit, die geregelt werden soll, ermittelt werden[63].

Die Anknüpfung an den Gesetzeszweck zur Wirksamkeitserforschung ist – über die Frage, wie der Gesetzeszweck ermittelt werden kann, hinaus – mit weiteren Schwierigkeiten konfrontiert. Die nun folgende kurze Darstellung dieser Schwierigkeiten dient neben ihrer Analyse gleichzeitig der Prüfung, ob sie der Tauglichkeit des Gesetzeszwecks als Wirksamkeitsmaßstab entgegenstehen.

---

59 So auch *Karpen*, ZRP 2008, S. 100.

60 *Beyme* schreibt knapp, aber treffend: „Es gibt keine absolut wirksamen Gesetze“, vgl. *Beyme*, Der Gesetzgeber, 1997, S. 367.

61 So auch *Krebs*, Die effektive Norm, in: Rationalisierung der Gesetzgebung, 1984, S. 122, indem er auf die Unmöglichkeit von 100%igen Wirksamkeitsergebnissen bei Gesetzen aufmerksam macht.

62 *Grimm*, Grundrechte, in: Grundrechte und soziale Wirklichkeit, 1982, S. 43.

63 *Grimm*, Grundrechte, in: Grundrechte und soziale Wirklichkeit, 1982, S. 43.

bb) Weitere Probleme des Gesetzeszwecks als Wirksamkeitsmaßstab

Neben die erörterten Schwierigkeiten bei der Ermittlung des Gesetzeszwecks tritt, dass unterschiedliche, gar widersprüchliche Gesetzeszwecke bestehen können oder das Gesetz nicht bedachte Zwecke erfüllt[64]. Dies muss jedoch nicht zur Untauglichkeit des Maßstabes führen. Denn auch wenn unterschiedliche Zwecksetzungen existieren, können diese ermittelt und ihre Realisierung überprüft werden. Die Existenz mehrerer Gesetzeszwecke ist somit nicht stets problematisch: Ein Gesetz kann und soll oftmals verschiedene soziale Verhaltensweisen tangieren. Tatsächlich werden durch ein Gesetz meist mehrere Zwecke verfolgt[65].

Was die Erfüllung nicht bedachter Zwecke angeht, ist die Wandlungsfähigkeit, ja gar die Wandlungsnotwendigkeit der Gesetzeszwecke zu beachten. Gesetzeszwecke sind keine fixen, starren Vorgaben, sondern von der Interaktion mit ihrer Tatsachengrundlage abhängig und müssen zu dieser passen. Daher ist auch die Geltendmachung von Absolutheitsansprüchen nicht zielführend. Der Zweck eines Strafgesetzes kann nicht losgelöst vom sozialen Sachverhalt, auf den es sich bezieht, betrachtet werden. Da sich das soziale Leben verändert, sind auch die gesetzgeberischen Zwekke unter Berücksichtigung möglichen Wandels zu suchen und zu finden[66].

Nach *Voß* ist der Gesetzeszweck selbst dann kein tauglicher Maßstab, wenn alle ermittelten Gesetzeszwecke fehlschlügen[67], was nach dem dieser Arbeit zugrunde gelegten Verständnis zu einer Unwirksamkeit des Gesetzes führt. Es sei möglich, so *Voß*, dass das Gesetz trotz des Fehlschlags der Gesetzeszwecke sinnvoll ist, weil es Aufgaben in der sozialen Realität nachkomme, die nicht beabsichtigt oder unvorhersehbar waren[68]. Es wurde erwähnt, dass es keine absoluten Maßstäbe mit hundertprozentigen Effizienzgarantien geben kann, besonders nicht im Bereich von Gesetzen im Allgemeinen und Strafgesetzen im Besonderen. Deren Erfolg kann selten bis überhaupt nicht mit formelhafter Sicherheit vorausgesagt werden. Folglich ist *Voß* insofern zuzustimmen, dass ein Gesetz, welches erst im Rahmen

---

64 *Blankenburg*, Rechtssoziologie und Rechtswirksamkeitsforschung, in: Empirische Rechtsforschung, 1984, S. 47 f.; *Deckert*, Folgenorientierung, 1995, S. 97; *Voß*, Symbolische Gesetzgebung, 1989, S. 57 f. Zu eventuellen Diskrepanzen zwischen formuliertem und tatsächlichem Gesetzesziel *Eisenberg*, Kriminologie, 2005, § 23 Rdnr. 28 ff.

65 Mit zivilrechtlichen Beispielen *Larenz/Canaris*, Methodenlehre, 1995, S. 151.

66 Zur fehlenden Statik bei Gesetzen und der Bedeutung des tatsächlichen Lebens für den inneren Gehalt der Gesetze siehe *Engisch*, Einführung, 2010, S. 163 f.

67 *Voß*, Symbolische Gesetzgebung, 1989, S. 58.

68 *Voß*, Symbolische Gesetzgebung, 1989, S. 58.

seiner Anwendung in der sozialen Welt Gestalt annimmt, andere Aufgaben erfüllen kann als ursprünglich bezweckt. Diese Aufgaben können unter Umständen sogar nützlich sein. Als Konsequenz jedoch deswegen den Gesetzeszweck als Maßstab zu verwerfen, überzeugt nicht. Das Argument, ein Gesetz könne nicht bezweckte und dennoch nützliche Ziele erreichen, ist gerade bei Strafgesetzen, die auf intensivste Weise unser soziales Gefüge durch Gebote bestimmen und ordnen, mutig. Der Ultima-Ratio-Charakter strafrechtlicher Regelungen ist hier ebenfalls zu beachten. Falls Gesetze, die – zumindest theoretisch – auf gründlichster Überlegung im Hinblick auf ihre tatsächliche Notwendigkeit basieren sollten, sich völlig unabhängig von ihrem eigentlichen Zweck entwickeln, so ist wieder der Gesetzeszweck der passende Maßstab, um diese Entwicklung zu beobachten und notwendige Schlüsse daraus zu ziehen. Falls nicht beabsichtigte, sondern unerwartete Zwecke durch das Gesetz erfüllt werden, so hat das Gesetz seine(n) eigentlichen Zweck(e) nicht erreicht und ist **insoweit** unwirksam. Gerade auch aufgrund der möglichen Änderung sozialer Verhältnisse ist hier erneut auf die Notwendigkeit eines dazu passenden, nicht starren Verständnisses des Gesetzes und seiner Zielrichtung hinzuweisen. Das bedeutet, dass auch Nebenfolgen und unbeabsichtigte Wirkungen der Norm in den Maßstab miteinzubeziehen sind[69].

Der beschriebene Maßstab zur Wirksamkeitsüberprüfung gesetzlicher Regelungen ist, zusammengefasst, wegen möglicher Unklarheiten gesetzgeberischer Zielvorstellungen nicht vor Problemen geschützt, vielleicht gar fehleranfällig. Dieser Umstand kann indes nicht zu dem Ergebnis führen, dass eine Wirksamkeitskontrolle anhand des Gesetzeszweckes generell untauglich ist.

Den Erfolg und die Qualität einer Maßnahme, eines Tuns oder Unterlassens an den auf diese bezogenen Zwecken zu messen, ist ein Ansatz, der grundsätzlich überzeugt. Dieser Ansatz schafft einen bei der Komplexität weitergehender Fragestellungen – beispielsweise, wie und von wem dieser Maßstab festzulegen oder zu überprüfen ist – eine überschaubare Ausgangsposition: Ein Gesetz ist wirksam, wenn es die mit ihm bezweckten Folgen entfaltet und unerwünschte Nebenfolgen ausbleiben. Trotz der Schwierigkeiten bei der Ermittlung gesetzgeberischer Zwecke bietet dieser Maßstab in gewissem Umfang Klarheit. Folglich darf die Wirksamkeitsüberprüfung an Zielen des jeweiligen Gesetzes festgemacht[70]

---

69 *Blankenburg*, Rechtssoziologie und Rechtswirksamkeitsforschung, in: Empirische Rechtsforschung, 1984, S. 49; *Deckert*, Folgenorientierung, 1995, S. 98.

70 Diesen Maßstab wenden auch *Eisenberg*, Kriminologie, 2005, § 15 Rdnr. 5; *Garrn*, ARSP 55, 1969, S. 166; *Leidig*, in: FS Weimar, 1986, S. 233 und *Zeh*, Vollzugskontrolle, in: Jahrbuch für Rechtssoziologie und Rechtstheorie, 1988 Band 13, S. 202 f. an. Auch *Noll* setzt ihn voraus, wenn er die Technik der Gesetzgebung als „Mittel zur

und jenes als qualitativ „gut“ bezeichnet werden, wenn es dem Gesetzeszweck entspricht[71].

Zu berücksichtigen ist ferner, dass der Gesetzeszweck selbst wie seine Tatsachengrundlage der Dynamik und dem Wandel der Verhältnisse unterworfen ist. Die Tatsachengrundlage kann sich aufgrund gesellschaftlicher Prozesse ändern und lässt weder den Gesetzeszweck, der auf bestimmten Tatsachen basiert und deshalb gerechtfertigt ist, noch dessen verfassungsrechtliche Legitimation unberührt. Ändern sich die Tatsachen und mit ihnen die Bedingungen einer Norm, so kann diese ihr normatives Ziel verfehlen und damit wirkungslos sein oder nicht beabsichtigte Wirkungen entfalten[72]. Verfehlt das einschlägige Gesetz seinen Zweck derart, weil sich die maßgeblichen Daten geändert haben, so ist es untauglich, schränkt Grundrechte legitimationslos ein und widerspricht dem Rechtsstaatsprinzip[73].

Die gesetzgeberische Zielsetzung selbst bedarf ebenfalls einer verfassungsrechtlichen Legitimation, wenn sie mit strafrechtlichen Instrumenten durchgesetzt werden soll[74]. Der „Staat“, folglich auch der Gesetzgeber, ist bei seiner Tätigkeit zweckgebunden: Er hat den Zweck der Rechtsgütergarantie und des Rechtsgüterschutzes zu Gunsten des Bürgers zu erfüllen[75]. Darauf basiert die Notwendigkeit, den mit einem Gesetz verfolgten Zweck weitestgehend zu erreichen und zugleich unerwünschte Nebenfolgen zu vermeiden[76]. Diese Notwendigkeit führt dazu, dass der Gesetzeszweck als Maßstab für die Beobachtung und Nachbesserung die Überprüfung der Zweckerfüllung und die Vermeidung zweckwidriger Folgen umfasst. Dabei müssen die Zwecke selbst verfassungskompatibel und ihre Vereinbarkeit mit der Tatsachengrundlage stets gegeben sein.

3. Zusammenfassung

Der Ultima-Ratio-Charakter des Strafrechts bürdet dem Gesetzgeber eine Verantwortung für Rechtsetzungsakte und deren Folgen auf. Gesetze müssen sowohl verfassungsrechtlich, als auch tatsächlich wirksam sein.

Erreichung des mit dem Gesetz verfolgten Zwecks“ definiert und betont, dass sich diese (die Technik) nach dem Zweck zu richten habe, vgl. *Noll*, Gestezgebungslehre, 1973, S. 169.

71 *Böhret*, ZG 1992, S. 193 FN 1; *Karpen*, ZRP 2008, S. 100.

72 *Grimm*, Grundrechte, in: Grundrechte und soziale Wirklichkeit, 1982, S. 43.

73 *Smeddinck*, Integrierte Gesetzesproduktion, 2006, S. 225.

74 *Roxin*, StV 2009, S. 549.

75 Vgl. *Burghart*, Pflicht zum guten Gesetz, 1996, S. 113.

76 Vgl. *Burghart*, Pflicht zum guten Gesetz, 1996, S. 113.

Die Befolgung oder Nichtbefolgung des Gesetzes ist kein tauglicher Maßstab für die Wirksamkeit. Die Frage, ob das Gesetz wirksam ist, kann der Gesetzgeber vielmehr anhand der mit dem Gesetz bezweckten Ziele beantworten. Erreicht das Gesetz seinen Zweck unter Vermeidung unerwünschter Nebenfolgen und basiert der Gesetzeszweck auf der prognostizierten Tatsachengrundlage, so ist das Gesetz wirksam. Der Gesetzeszweck beziehungsweise die Zwecke können dabei nur einzeln und konkret bestimmt werden. Zwecksetzungen wie das „Wohl der Allgemeinheit" sind einer Überprüfung nicht zugänglich und mithin kein tauglicher Maßstab.

Die Ermittlung und Festlegung der Zwecke begegnet zwar Schwierigkeiten. Diese stehen dem Gesetzeszweck als Maßstab jedoch nicht entgegen. Die Frage, ob ein Gesetz wirksam ist, ist unter Heranziehung der mit jenem Gesetz bezweckten Wirkungen zu beantworten.

4. Der Gesetzgeber

Es wurden bis zu diesem Punkt gesetzgeberische Zwecke und Ziele, eventuelle Begründungspflichten und mögliche Maßstäbe zur Wirksamkeitskontrolle von Gesetzen erörtert. Wer sich hinter dem so genannten Gesetzgeber, dem Adressaten der Aufgaben, verbirgt, ist noch offen und bedarf der Klärung. Diese soll im Folgenden herbeigeführt werden.

Eine rein normative und somit grundsätzlich für den Juristen maßgebliche Betrachtung könnte eine Antwort auf die Frage, wer der Gesetzgeber ist, liefern: Der Gesetzgeber ist die Institution, die verfassungsmäßig als Legislativorgan bestimmt ist. Das ist der so genannte formelle Gesetzgeber[77], also das Parlament. Indes beantwortet diese juristische Feststellung nicht die rechtstatsächliche Frage nach dem Gesetzgeber. Aus dem Bundestagsbeschluss, einen Entwurf als Gesetz zu verabschieden, lässt sich nicht entnehmen, inwiefern das Parlament selbst inhaltlich am Gesetz mitgewirkt hat. Eine empirische Betrachtung[78] faktischer gesetzgeberischer Tätigkeit zeigt, dass die Gesetze vom Parlament als formellem Gesetzgeber letztlich beschlossen, jedoch nicht gemacht, nicht inhaltlich erschaffen werden[79]. *Maihofer* bezeichnet die eigentlichen Gesetzesmacher als informelle

77 *Maihofer*, Gesetzgebungswissenschaft, in: Gesetzgebung, 1981, S. 20.

78 Beispielsweise von *Mengel*, Gesetzgebung und Verfahren, 1997, zusammenfassende Thesen auf S. 201 ff.; *Schulze-Fielitz*, Theorie und Praxis, 1988, S. 305 f., 568.

79 *Eisenberg*, Kriminologie, 2005, § 23 Rdnr. 37; *Maihofer*, Gesetzgebungswissenschaft, in: Gesetzgebung, 1981, S. 20; *Schneider*, Gesetzgebung, 2002, § 6 Rdnr. 131.

Gesetzgeber und nennt als solche die Gesetzgebungsreferenten der Gesetzgebungsressorts, die Verbands- und Wissenschaftsexperten und Experten in den wissenschaftlichen Diensten der Gesetzgebungsorgane selbst[80]. Auch der Umstand, dass die eigentlichen Gesetzesmacher in der Ministerialbürokratie zu finden sind[81] und Abgeordnete geringen Einfluss auf die Gesetzesgestaltung haben, scheint dem traditionellen rechtswissenschaftlichen Verständnis vom Gesetzgeber als einheitlich handelndem Organ nicht zu entsprechen. Und wenn an die Stelle der Abgeordneten als einzige unmittelbar demokratisch legitimierte Volksvertreter andere Personen als informelle Gesetzgeber treten, ist die Annahme eines Widerspruchs zwischen Verfassungsrecht und Verfassungswirklichkeit[82] nicht ganz fern liegend.

Maihofer sieht dabei den wesentlichen Missstand darin, dass im gesetzgeberischen Alltag nicht von Abgeordneten als Vertreter des ganzen Volkes, die an Aufträge und Weisungen nicht gebunden und nur ihrem Gewissen unterworfen sind, vgl. Art. 38 I GG, gesprochen werden könne[83]. Die Bestimmung des Abgeordneten als Volksvertreter, der auch bei Gesetzesentscheidungen weisungsfrei und nur dem eigenen Gewissen folgend handelt, gehe durch fremde Einflüsse, hinter denen wiederum Machtinteressen stehen, verloren[84].

Diese berechtigten Sorgen hängen auch mit der Perspektive des Juristen zusammen. Aufgrund seiner normativen Sicht versteht er den Gesetzgeber als einheitliches Organ mit einem einheitlichen Willen, selbst wenn die tatsächliche Situation eine andere ist[85]. Dies mag auch auf das Verständnis des Parlaments als Repräsentant des Volkswillens zurückzuführen sein. Indes kann der Gesetzgeber eben nicht als homogenes, sondern muss nach *Krüger* als heterogenes Gebilde verstanden werden[86]. Gerade die beschriebenen informellen Prozesse machen dies deutlich. Jene Prozesse müssen weder zwangsläufig negativ beurteilt werden, noch dürften sie zu der Schlussfolgerung führen, dass das aus der Gesamtheit der Abgeordneten bestehende Parlament die Gesetze nicht nur nicht ausarbeitet, sondern auch nicht beschließt[87]. Den Bedenken im Hinblick auf die Relevanz so genannter informeller Gesetzgeber kann – auch wenn sie nicht völlig von der Hand zu weisen sind – zumindest entgegnet werden, dass den Abgeordneten, die in

80 *Maihofer*, Gesetzgebungswissenschaft, in: Gesetzgebung, 1981, S. 20.
81 *Wank*, Grenzen richterlicher Rechtsfortbildung, 1977, S. 62.
82 So *Maihofer*, Gesetzgebunsgwissenschaft, in: Gesetzgebung, 1981, S. 21
83 *Maihofer*, Gesetzgebungswissenschaft, in: Gesetzgebung, 1981, S. 21.
84 *Maihofer*, Gesetzgebungswissenschaft, in: Gesetzgebung, 1981, S. 21.
85 *Beyme*, Der Gesetzgeber, 1997, S. 54.
86 *Krüger*, Der Adressat, 1969, S. 13 .
87 So aber *Maihofer*, Gesetzgebungswissenschaft, in: Gesetzgebung, 1981, S. 21 f.

verschiedensten Berufszweigen verwurzelt sind oder waren und die unterschiedlichste Ausbildung genossen haben, kaum die Fähigkeit zugesprochen werden kann, Gesetze innerhalb des Organs „Bundestag“ zu schaffen. *Schneider* bezeichnet die Vermutung solcher Fertigkeiten bei Abgeordneten als wirklichkeits- und demokratiefremd[88]. Abgeordnete als politische Willensträger können nicht Sachkundige in sämtlichen, als regelungsbedürftig erachteten Lebensbereichen sein. Dies gilt wegen der Zunahme von komplexen gesellschaftlichen Phänomenen insbesondere für Regelungsbereiche auf strafrechtlicher Ebene[89]. Folglich ist der Gesetzgebungsvorgang als heterogener Prozess zu betrachten: Nicht nur aus machtpolitischen Gründen besteht bei der Gesetzesschaffung eine Verzahnung des Gesetzgebers mit außerparlamentarischen Institutionen, sondern außerdem aus Notwendigkeit[90]. Das Parlament ist somit, wie *Schneider* formuliert, Gesetzgeber, nicht Gesetzesmacher.

Diese Funktion entspricht seiner Stellung als politischem Willensträger und zeigt, dass es zu pessimistisch ist, von einer „Denaturierung des Parlaments zum bloßen Ratifikationsorgan“[91] zu sprechen. Die Bezeichnung als „Ratifikationsorgan“ kann aufrecht erhalten werden, wenn man darunter die „Absegnung“ des jeweiligen Gesetzes fasst. Diese Entwicklung als Denaturierung, d. h. als einen Prozess des Verlustes ursprünglicher Eigenschaften[92], zu werten, überzeugt indes nicht. Gegen den Denaturierungsvorwurf lässt sich vorbringen, dass gegenwärtig politische Entscheidungen, und Gesetze sind solche[93], anders kaum zu treffen sind. Eine „Denaturierung“ wäre zu bejahen, wenn das Parlament nicht in seine Zuständigkeit fallend, nicht seiner „Natur“ entsprechend handeln würde. Dies kann zumindest im Hinblick auf die wesentliche Aufgabe, Entwürfe zu bearbeiten, zu ändern, zu kritisieren und sich diese durch die positive Annahme auch zu Eigen zu machen[94], nicht gesagt werden.

---

88 *Schneider*, Gesetzgebung, 2002, § 6 Rdnr. 131.

89 Vgl. auch *Eisenberg*, Kriminologie, 2005, § 23 Rdnr. 37 f.

90 *Schneider* bringt das Beispiel der Ministerialreferenten mit besonderer Sachkenntnis und Erfahrung, in Gesetzgebung, 2002, § 6 Rdnr. 131.

91 *Maihofer*, Gesetzgebungswissenschaft, in: Gesetzgebung, 1981, S. 22.

92 Der Begriff des Denaturierens ist wohl in den Naturwissenschaften üblicher und beschreibt den Vorgang, in dem Stoffe durch Zusätze so verändert werden, dass sie ihre ursprüngliche Eigenschaften verlieren, vgl. Duden, Fremdwörterbuch, 2006.

93 Vgl. *Noll*, Gesetzgebungslehre, 1973, S. 58.

94 *Engisch* bezeichnet die parlamentarische Verabschiedung als **Akzeptanz** dessen, was die eigentlichen Gesetzesverfasser erarbeitet haben, vgl. *Engisch*, Einführung, 2010, S. 171. Kritisch dagegen *Larenz/Canaris*, Methodenlehre, 1995, S. 150.

Zusammenfassend ist festzuhalten, dass der Gesetzgebungsprozess ein heterogener ist, dies jedoch dem Verständnis des Parlaments als Gesetzgeber nicht widerspricht. Die These *Schneiders*, wonach das Parlament vereinfacht gesagt die Gesetze nicht schafft, sondern gibt und deswegen Gesetzgeber ist, trifft mit seiner begrifflichen Klarheit den Kern und ist zustimmungswürdig.

V. Eine Annäherung an die Beobachtungs- und Nachbesserungspflicht des Gesetzgebers

Der Anknüpfungspunkt für die Beobachtungs- und Nachbesserungspflicht – namentlich die Erreichung des Gesetzeszweckes oder der -zwecke – steht fest, sodass nunmehr den Fragen, was unter den Pflichten zu verstehen ist, woher sie stammen, wie sie begründet werden und welche Probleme sie möglicherweise mit sich bringen, nachzugehen ist.

Hierbei werden zunächst die Begriffe der Beobachtung und Nachbesserung erläutert. Im Anschluss folgt eine Hinführung zur Beobachtungs- und Nachbesserungspflicht des Gesetzgebers unter Berücksichtigung der Judikatur des Bundesverfassungsgerichts.

1. Die „Beobachtung" und die „Nachbesserung": Eine Bestimmung der Begriffe

Was unter der Beobachtung von Gegenständen, Zuständen, Menschen oder eben auch Gesetzen und deren Wirkungen zu verstehen ist, scheint offenkundig. Indes kann eine Beobachtung unterschiedliche Verhaltensweisen umschreiben. So können Objekte, Subjekte oder Zustände beobachtet im Sinne von betrachtet werden, ohne dahinter stehende Absichten und Wertungen des Beobachtungsziels. Beobachten darf man hier als anschauen, zusehen, betrachten[95] verstehen.

Mit Beobachtung kann darüber hinaus auch die Erforschung und Kontrolle[96] des Beobachtungsobjekts gemeint sein. Dieses Verständnis von Beobachtung beinhaltet nicht nur ein Betrachten oder Ansehen des Beobachtungsobjekts ohne dahinterstehende Ziele. Eine Kontrolle beziehungsweise Erforschung von etwas oder jemandem kann vielmehr nur stattfinden, wenn ein Ziel besteht. Die Betrachtung des Beobachtungsobjekts wird dann zur Kontrolle, wenn ein bestimmter Prozess, Zustand, eine Veränderung oder ein sonstiger Zweck erforscht werden

95 Wahrig, Synonymwörterbuch, 2006, Stichwort „beobachten". Ausführlich im Duden, Das große Wörterbuch, 1999, Stichwort „beobachten".

96 Wahrig, Synonymwörterbuch, 2006, Stichwort „beobachten".

soll. Dieses Verständnis deckt sich mit der Bedeutungszuschreibung in den Sozialwissenschaften: Die „Beobachtung“ als sozialwissenschaftliche Methode bedeutet das direkte, unmittelbare Registrieren der für einen Forschungszusammenhang relevanten Sachverhalte[97].

Die Möglichkeit, den Begriff der Beobachtung unterschiedlich zu verstehen und zu gebrauchen, bedeutet für die vorliegende Arbeit zweierlei.

Zunächst ist festzustellen, welches Beobachtungsverständnis für die gesetzgeberische Pflicht gemeint sein kann. Um einer noch näher zu untersuchenden möglichen Beobachtungspflicht des Gesetzgebers im Strafrecht nicht von vornherein jegliche Sinnhaftigkeit abzusprechen, kann im Rahmen der vorliegenden Arbeit nur jenes Verständnis von Beobachtung maßgeblich sein, welches über ein bloßes Betrachten oder Anschauen hinausgeht. Die Beobachtung muss als Kontrolle verstanden werden, um die darauf bezogene Pflicht begreifen zu können.

Zudem zeigt die semantische Auseinandersetzung mit dem Begriff der Beobachtung an dieser Stelle die Relevanz der obigen[98] Festlegung eines Maßstabs. Eine Beobachtung in Form der Kontrolle kann nur stattfinden, wenn feststeht, was kontrolliert werden soll. Mit dem hier entwickelten Maßstab, dem Gesetzeszweck, könnte die Beobachtung im Sinne einer Kontrolle gelingen. Beobachtet werden würde der „Erfolg“ des jeweiligen Gesetzes – und der Erfolgsmaßstab wäre die Erreichung des Gesetzeszwecks.

Der Begriff der Nachbesserung umfasst eine nachträgliche Korrektur. Sie enthält, wie bereits die Zerlegung des Wortes in Präfix und Wortstamm zeigt, ein zeitliches Element. Die Nachträglichkeit der Korrektur bedeutet, dass sie auf einen eigentlich bereits abgeschlossenen Sachverhalt oder Gegenstand ex-post erfolgt.

2. Das Pflichtenprogramm in der Judikatur des Bundesverfassungsgerichts

Die Definition von „Beobachtung“ und „Nachbesserung“ dient neben dem Verständnis der Begriffe einer klaren, unbefangenen Herangehensweise an die nun darzustellende Pflichtenbegründung. Nach einigen Überlegungen zu der mit Pflichten verbundenen Verantwortung gilt es, die Beobachtungs- und Nachbesserungspflicht im Hinblick auf ihre Entstehung und die hinter dieser Pflicht stehenden Gedanken zu durchleuchten.

97 *Häder*, Empirische Sozialforschung, 2006, S. 297.
98 Vgl. oben IV., S. 13 ff.

a) Pflichten: Eine besondere Verantwortlichkeit

Pflichten sind für den Verpflichteten zumeist nicht angenehm. Die Bürde, die ihm aufgetragen wird, ist verbunden mit Verantwortung und Aufgaben, die es zu bewältigen gilt. Daher existieren Pflichten für gewöhnlich nicht einfach tatsächlich, sondern sind an eine besondere Verbindung geknüpft. Diese Verbindung ist ein zentraler Bestandteil rechtswissenschaftlichen Denkens. Die Pflicht zu einem Tun beispielsweise setzt in bürgerlich-rechtlichen Konstellationen eine Sonderverbindung zwischen den Beteiligten voraus. Lediglich wenn es diese freiheitlich selbst gewählte oder zu verantwortende Verbindung gibt, existieren damit verknüpfte aktive Verhaltenspflichten.

Der Imperativ strafrechtlicher Tatbestände, die letztlich auch eine Pflicht – die Pflicht, verschiedene, als sozialschädlich eingestufte Handlungen zu unterlassen – enthalten, steht dem grundsätzlichen Erfordernis einer Sonderverbindung nicht entgegen. Denn des Bürgers Pflicht ist es gerade, eine bestimmte pönalisierte Handlung nicht vorzunehmen, sodass kein aktives Tun erwartet wird, sondern ein konformes Verhalten zur Gewährleistung eines friedlichen Miteinanders. Anders verhält es sich nur im Bereich der Unterlassungsdelikte, die als eine Art Gegenstück zu den Begehungsdelikten wirken[99]. Hier wird der Einzelne zu einem Handeln verpflichtet, wenn er der Strafbarkeit entkommen möchte. Während bei den so genannten unechten Unterlassungsdelikten durch die Voraussetzung einer Garantenstellung wieder eine Sonderverbindung[100] zwischen dem unterlassenden Täter und dem Opfer verlangt wird, kommt es beispielsweise bei der Strafbarkeit wegen einer unterlassenen Hilfeleistung nach § 323c StGB gerade nicht auf solch eine Verbindung an. Die Gefahr einer Sanktionierung nach § 323c StGB besteht für jeden Bürger, der unter den in § 323c StGB aufgezählten Umständen keine Hilfe leistet. Bei Nichtberücksichtigung von humanen und solidarischen Gründen führt diese Inpflichtnahme ohne jeglichen besonderen Bezug zum in Gefahr

99 Diese Formulierung beinhaltet keine Stellungnahme zur Auseinandersetzung darüber, ob es einer Unterscheidung zwischen Tun und Unterlassen für das Strafrecht bedarf. Auch wenn man das Unterlassen nicht als seinsmäßigen Gegensatz zum Tun im strafrechtlichen Sinne erachtet (wie *Kaufmann*, Dogmatik der Unterlassungsdelikte, 1988, S. 87 ff. oder *Welzel*, Strafrecht, 1969, S. 200 f.) und der normativen, den strafrechtlichen Unterschied relativierenden Position folgt (wie *Roxin*, Strafrecht AT 2, 2003, § 31 Rdnr. 2 ff., 70 ff.), kann der strukturelle Unterschied zwischen einer Pönalisierung aktiven Tuns und der einer „Nicht-Handlung“ nicht völlig geleugnet werden.

100 *Freund* bezeichnet diese als „Sonderverantwortlichkeit“, MünchKommStGB/*Freund*, 2006, § 323 c Rdnr. 2.

stehenden Rechtsgut eventuell zu der Frage, warum diese Pflicht zur Hilfeleistung besteht. Die Pflicht, die durch § 323c StGB dem Bürger auferlegt wird, wird an dieser Stelle als Solidarpflicht bezeichnet, ohne jedoch das Fundament dieser Norm allein aus dem Gedanken einer humanitären Solidarität[101] zu bilden. Mit dieser Bezeichnung soll lediglich die Unabhängigkeit der durch § 323c StGB auferlegten Verhaltenspflicht von irgendeiner Konnexion zwischen dem Verpflichteten und dem Geschädigten verdeutlicht werden. Von den Tatbestandsvoraussetzungen abgesehen ist die Strafmündigkeit die einzige Voraussetzung, die dazu führt, dass wir bei Unglücksfällen oder gemeiner Gefahr oder Not Hilfe zu leisten haben. Folglich ist die Anknüpfung an die Solidarität, an einen Gemeinsinn, nicht verkehrt, auch wenn die von *Welzel* entwickelte Parallele zum Sozialstaatsgedanken und die Begründung der allgemeinen Pflicht zur Hilfe in Notfällen mit „der sozialen Verpflichtung des Bürgers in einer sozialen Demokratie“[102] problematisch ist, da sie die Demokratie – die Herrschaft des Volkes, die gerade der Machteinschränkung des Staates dienen soll – als Argument für eine Inpflichtnahme des Bürgers gebraucht. Abgesehen davon trifft die Solidarpflicht des § 323c StGB auch diejenigen, die keinen Anspruch auf alle Rechte in einer sozialen Demokratie haben, beispielsweise ausländische Mitbürger. Insofern ist es schwierig, aus dem Sozialstaatsgedanken eine Pflicht zu formulieren.

Die Ausführungen sollten nicht dazu dienen, der Rechts- und Solidarpflicht in Gestalt einer allgemeinen Handlungspflicht zur Hilfeleistung die Legitimität abzusprechen. Sie sollten zeigen, dass Pflichten nicht umsonst an Sonderverbindungen geknüpft sind. Wo diese wie bei § 323c StGB fehlen, werden zur Rechtfertigung einer eigentlich moralischen Pflicht, die durch die Normierung als Straftatbestand zur Rechtspflicht wird, höchste Verfassungsgrundsätze bemüht. Dies zeigt die Schwierigkeit bei der Festlegung von Pflichten.

Die Beobachtungs- und Nachbesserungspflicht des Gesetzgebers ist wie jede Pflicht dieser Herausforderung ausgesetzt. Warum sollte der Gesetzgeber verpflichtet sein, ein Gesetz zu beobachten und möglicherweise nachzubessern? Ist diese besondere Verantwortlichkeit mit der besonderen Verbindung des Gesetzgebers zum Gesetz zu rechtfertigen? Welche Bedeutung kommt verfassungsrechtlichen Grundsätzen bei der Annäherung an die Beobachtungs- und Nachbesserungspflicht des Gesetzgebers zu?

---

101 Dazu *Otto*, 56. DJT 1986, Band I, Gutachten, D 76 mit Gedanken zu einer Suizidsituation und ihrer Wertung als Unglücksfall i. S. d. § 323c StGB. *Otto* erachtet die „mitmenschliche Solidarität“ ausdrücklich als Rechtsgut des § 323c StGB.

102 *Welzel*, NJW 1953, S. 328.

Die Erkenntnis über die grundsätzlich nicht einfach begründbare Setzung von Pflichten prägt die weiteren Überlegungen zur Beobachtungs- und Nachbesserungspflicht des Gesetzgebers wesentlich. Denn eine Pflicht des Gesetzgebers zur Beobachtung und Nachbesserung „seines“ Gesetzes ist nicht direkt gesetzlich normiert. Die Beobachtungs- und Nachbesserungspflicht wurde und wird hinsichtlich politisch und verfassungsrechtlich umstrittener Gesetze vom Bundesverfassungsgericht erwähnt. Im Folgenden sollen die Entstehung der Pflichten aufgezeigt und mögliche Schwierigkeiten bei der Pflichtenbegründung diskutiert werden.

Gegenstand der vorliegenden Arbeit ist die Beobachtungs- und Nachbesserungspflicht des Gesetzgebers im Strafrecht, sodass die Entstehung dieser gesetzgeberischen Pflicht möglicherweise mit einer Anknüpfung an eine strafrechtliche Regelung darstellbar ist. So könnte der in der folgenden Entscheidung des Bundesverfassungsgerichts erörterte Regelungsbereich, der dem Strafrecht zuzuordnen ist, für eine erste Anknüpfung geeignet sein:

> „[...] Nach der Rechtsprechung des Bundesverfassungsgerichts gebührt dem Gesetzgeber bei in der Entwicklung begriffenen Komplexen, zu denen die **Problematik der lebenslangen Freiheitsstrafe** und ihres Vollzugs gehört, eine angemessene Frist zur Sammlung von Erfahrungen. Mängel einer Regelung geben erst dann Anlaß zum verfassungsgerichtlichen Eingreifen, wenn der Gesetzgeber eine spätere **Überprüfung** und **Verbesserung**[103] trotz ausreichender Erfahrungen für eine sachgerechte Lösung unterlässt [...]“[104].

Der zitierte Abschnitt könnte einen tauglichen Ansatz für die Entstehung der zu untersuchenden Pflichten bilden. Indes wird im vorliegenden Abschnitt historisch vorgegangen und hierbei die Pflichtenentstehung überhaupt, d. h. nicht ausschließlich auf den strafrechtlichen Bereich bezogen, untersucht. Denn die Beobachtungs- und Nachbesserungspflicht des Gesetzgebers besteht nicht nur im Strafrecht. Auch wenn diese Untersuchung auf strafrechtliche Regelungsgebiete gerichtet ist, wird hier zur Darstellung der Pflichtentstehung chronologisch vorgegangen, ohne sich auf das Strafrecht zu beschränken. Es werden die ersten Schritte auf dem Weg zur Beobachtungs- und Nachbesserungspflicht des Gesetzgebers und mögliche damit verbundene Probleme zuerst auf abstrakter Ebene aufgezeigt, um anschließend die Bedeutung im Strafrecht erörtern zu können.

---

103 Hervorhebungen durch die Verfasserin.

104 BVerfGE 45, 187, 252 (Lebenslange Freiheitsstrafe für Mord).

b) Die so genannte Werkverkehrsentscheidung als Ausgangspunkt

Das Ziel einer Verbesserung oder Optimierung von Gesetzen ist nicht neu. Schon *Montesquieu* bezeichnete in seinen Ausführungen zum „Geist der Gesetze" die gesetzgebende als eine von drei Gewalten[105] und stellte fest: „Vermöge der ersten[106] gibt der Fürst oder Magistrat Gesetze auf Zeit oder für immer, **verbessert**[107] er die bestehenden oder hebt sie auf"[108].

Das Bundesverfassungsgericht als die Institution, die die verfassungsrechtliche Qualität von Gesetzen abschließend beurteilt, griff den Gedanken der Gesetzesoptimierung auf und gebrauchte ihn erstmals in der Werkverkehrsentscheidung 1963 zur Entwicklung der in Rede stehenden gesetzgeberischen Pflichten. Die Beschwerdeführer versuchten in jener Rechtssache mit Hilfe einer Verfassungsbeschwerde die Verletzung ihrer Grundrechte durch die Erhöhung des Steuersatzes für den Werkfernverkehr geltend zu machen. Die Bedeutung einer möglichen Grundrechtsverletzung der Beschwerdeführer soll nicht missachtet werden, wenn sich das Augenmerk lediglich auf die Schlusssätze der Entscheidungsbegründung richtet. In diesen wird der Gedanke einer Beobachtung und Nachbesserung von Gesetzen erstmals[109] deutlich. Wörtlich heißt es an jener Stelle:

> „[...] Angesichts der besonderen Schwierigkeiten, denen eine rechtliche Ordnung des modernen Verkehrswesens vor allem deshalb begegnet, weil die technischen Gegebenheiten sich rasch ändern können, jede Regelung auch nur auf einem Teilgebiet aber den Blick auf das gesamte Gefüge der Verkehrswirtschaft und der Volkswirtschaft erfordert, muß auch dem Gesetzgeber eine längere Frist zugebilligt werden, innerhalb deren er die Wirkung einzelner von ihm versuchsweise getroffener Anordnungen **beobachten**[110] und für seine weiteren Entschließungen auswerten **darf**. Sollte allerdings die Eindämmung des Werkfernverkehrs auf die Dauer im wesentlichen nur dem Güterfernverkehr zugute kommen und sogar seine Ausdehnung ermöglichen, wäre erneut zu prüfen, ob die steuerliche Sonderbelastung des Werkfernverkehrs – zumindest in der

---

105 *Montesquieu*, Vom Geist der Gesetze, Übersetzung aus dem Jahre 1951, Buch XI Kapitel 6.

106 Der gesetzgebenden, Anmerkung der Verfasserin.

107 Hervorhebung durch die Verfasserin.

108 *Montesquieu*, Vom Geist der Gesetze, Übersetzung aus dem Jahre 1951, Buch XI Kapitel 6.

109 Auch *Steinberg* sieht diese Entscheidung als Ausgangspunkt für die weitere Judikatur zum Thema Beobachtungs- und Nachbesserungspflicht, vgl. *Steinberg*, Der Staat 1987, S. 162.

110 Sämtliche Hervorhebungen im zitierten Abschnitt durch die Verfasserin.

> jetzigen Höhe – noch weiter aufrechterhalten werden kann oder ob der **Gesetzgeber seine Ziele mit anderen Mitteln verfolgen muß**, bei denen die Ausgewogenheit des Eingriffs nach allen Seiten einwandfrei sichergestellt ist.“[111]

Von einer Pflicht zur Beobachtung oder zur Nachbesserung wird in der Entscheidung noch nicht gesprochen. Im Gegenteil: Das Bundesverfassungsgericht gewährt dem Gesetzgeber die Beobachtung als Recht, wenn es davon spricht, dass das Legislativorgan beobachten **dürfe**[112]. Doch in dieser Entscheidung ist die Idee der Beobachtung und Nachbesserung, die in den darauf folgenden Entscheidungen als Pflicht formuliert wurde, erkennbar. Die erste Entscheidung, die die Pflicht zur Nachbesserung tatsächlich wörtlich nennt, ist die so genannte Fluglärmentscheidung[113] des Bundesverfassungsgerichts aus dem Jahre 1981[114].

> „[...] Nach Ablauf dieser Frist und außerhalb der Anfechtung konkreter Vollziehungsakte kann eine Verfassungsbeschwerde wegen Unterlassung allenfalls noch unter dem besonderen, in neueren Entscheidungen herausgearbeiteten und noch zu erörternden Gesichtspunkt in Betracht gezogen werden, der Gesetzgeber habe durch seine Untätigkeit eine **verfassungsrechtliche Pflicht zur Nachbesserung** einer ursprünglich als verfassungskonform angesehenen Regelung verletzt [...]“[115].

Neben der erstmals wörtlichen Erwähnung der Nachbesserungspflicht enthält die Entscheidung eine Andeutung der rechtlichen Grundlage für diese. Dadurch, dass die Pflicht zur Nachbesserung als eine „verfassungsrechtliche“ bezeichnet wird, stellt das Bundesverfassungsgericht die Herkunft dieser neuartigen Pflicht dar. *Choi* vermag aus der betreffenden Stelle gar eine Definition des Bundesverfassungsgerichts für die Nachbesserung abzuleiten: Das Bundesverfassungsgericht verstehe unter Nachbesserung ein Vorgehen des Gesetzgebers nach dem

---

111 BVerfGE 16, 147, 188.

112 Nach *Huster* geht es in dieser Entscheidung nicht um eine Beobachtungs**pflicht**, sondern um die Einräumung einer Beobachtungs**möglichkeit** zur Begründung einer Regelungsfrist zugunsten des Gesetzgebers. Das Urteil gehöre folglich nicht in die Reihe der thematisch relevanten Entscheidungen, vgl. *Huster*, ZfRS 2003, S. 12 FN 36. Dass die Beobachtung in jener Entscheidung nicht als Pflicht festgelegt wurde, ändert jedoch nichts an der erstmaligen Formulierung des Gedankens einer Gesetzesbeobachtung durch das Bundesverfassungsgericht. Damit ist die Werkverkehrsentscheidung für den Eingang der Beobachtungs- und Nachbesserungspflicht in die Judikatur des Bundesverfassungsgerichts wesentlich.

113 BVerfGE 56, 54.

114 So auch *Choi*, Die Pflicht des Gesetzgebers, 2002, S. 81; *Mayer*, Die Nachbesserungspflicht, 1996, S. 19.

115 BVerfGE 56, 54, 71, 72. Hervorhebung durch die Verfasserin.

Erlass eines Gesetzes, um zu verhindern, dass ein Gesetz infolge veränderter Verhältnisse verfassungswidrig wird[116]. Dieses Verständnis beinhaltet eine zutreffende und knappe Umschreibung der Grundidee der Nachbesserungspflicht, lässt jedoch eine Besonderheit der Fluglärmentscheidung unberücksichtigt. In der Fluglärmentscheidung war die mögliche Verletzung der Nachbesserungspflicht des Gesetzgebers selbst Gegenstand der verfassungsgerichtlichen Kontrolle. Das Bundesverfassungsgericht wurde von den Beschwerdeführern mit dem Argument angerufen, der Gesetzgeber habe durch ein Unterlassen seine Nachbesserungspflicht verletzt[117]. Die Bezeichnung als Besonderheit ist angebracht, da das Bundesverfassungsgericht in den übrigen für das Thema dieser Arbeit relevanten Entscheidungen nicht die Verletzung einer Nachbesserungspflicht selbst prüfte. Vielmehr erwähnte es im Rahmen einer Verfassungsmäßigkeitskontrolle der jeweiligen Regelung die Existenz der Nachbesserungspflicht und ermahnte den Gesetzgeber.

Diese zusätzliche „Besonderheit“[118] der Fluglärmentscheidung hat jedoch für die Frage nach der Herkunft der Beobachtungs- und Nachbesserungspflichten keine Konsequenzen. Bevor in der Fluglärmentscheidung tatsächlich von einer Pflicht zur Nachbesserung die Rede war, wurde der Gedanke einer Beobachtung und Nachbesserung schon in der Werkverkehrsentscheidung erwähnt und in nachfolgenden Entscheidungen aufgegriffen[119]. Bezeichnenderweise gilt dies auch für die Entscheidung über die Verfassungsmäßigkeit der lebenslangen Freiheitsstrafe für Mord[120], die als erste Entscheidung aus dem strafrechtlichen Bereich von besonderer Bedeutung für diese Arbeit ist. In ihr wird nicht wörtlich von einer Beobachtungs- und Nachbesserungspflicht gesprochen, sondern ein verfassungsgerichtlicher Eingriff dann als notwendig erachtet, „wenn der Gesetzgeber eine spätere **Überprüfung** und **Verbesserung**[121] trotz ausreichender Erfahrungen für eine sachgerechte Lösung unterlässt“[122]. Diese zeitlich vor der Fluglärmentscheidung

---

116 *Choi*, Die Pflicht des Gesetzgebers, 2002, S. 81. Als Referenz für dieses Verständnis gibt er BVerfGE 56, 54, 72 an.

117 BVerfGE 56, 54, 64.

118 Dazu *Mayer*, Die Nachbesserungspflicht, 1996, S. 21; *Steinberg*, Der Staat 1987, S. 163.

119 Als Ausgangsentscheidung wird teilweise auch die Entscheidung zum Mühlengesetz (BVerfGE 25, 1, 12 f.) gesehen, vgl. nur *Choi*, Die Pflicht des Gesetzgebers, 2002, S. 89.

120 BVerfGE 45, 187.

121 Hervorhebungen durch die Verfasserin.

122 BVerfGE 45, 187, 252.

liegende Entscheidung beinhaltet die Beobachtungs- und Nachbesserungspflicht, ohne sie wörtlich zu nennen: Dadurch, dass das Bundesverfassungsgericht ein verfassungsgerichtliches Einschreiten für den Fall einer unterlassenen Überprüfung und Verbesserung „androht" oder zumindest anmahnt, wird die Überprüfung und mögliche Nachbesserung zur Pflicht. Welche rechtstatsächlichen Folgen diese mahnenden Worte des Gerichts hatten, wird bei der näheren Betrachtung der Regelung selbst und der Entscheidung des Bundesverfassungsgerichts zur lebenslangen Freiheitsstrafe an späterer Stelle untersucht werden.

Zudem sind die einzelnen Regelungsbereiche, in denen eine Beobachtung und Nachbesserung angebracht sein könnte, nicht allein anhand der wörtlichen Erwähnung einer Beobachtungs- und Nachbesserungspflicht in den Entscheidungen des Bundesverfassungsgerichts zu bestimmen. In der Entscheidung zur Verfassungsmäßigkeit der lebenslangen Freiheitsstrafe beispielsweise nimmt das Gericht Bezug auf die zweite so genannte Numerus clausus – Entscheidung[123]. In jener Entscheidung wiederum spricht das Gericht von der möglichen „Änderungspflicht" des Gesetzgebers, deren nähere Ausgestaltung der Gesetzgeber zu entscheiden habe[124]. Und in der zweiten Entscheidung zum Schwangerschaftsabbruch macht das Bundesverfassungsgericht auf eine mögliche Korrektur- oder Nachbesserungspflicht des Gesetzgebers nach hinreichender Beobachtungszeit aufmerksam[125]. Auch in dieser Entscheidung sind die Elemente der Beobachtung und Nachbesserung durch den Gesetzgeber enthalten. Die genannten Beispiele aus dem Strafrecht, deren Gehalt und tatsächliche Beobachtung oder gar Nachbesserung an späterer Stelle betrachtet werden, mögen als Indiz für die unpräzise Wortwahl des Bundesverfassungsgerichts in Bezug auf die gesetzgeberische Beobachtungs- und Nachbesserungspflicht gewertet werden.

Mayer setzt sich in seinem Werk zur Nachbesserungspflicht des Gesetzgebers mit den diversen Bezeichnungen des Bundesverfassungsgerichts für die Nachbesserungspflicht auseinander[126] und erläutert die seines Erachtens fehlende Präzision im Sprachgebrauch des Gerichts anhand einer Entscheidung, in der „Nachbesserungs- und Korrekturverpflichtungen des Gesetzgebers bei einer Fehlprognose"[127] formuliert werden. Ob dieser „Pleonasmus"[128] vom Bundesverfassungsgericht bewusst als sprachliches Stilmittel gebraucht wurde oder ob dem Gericht möglicherweise

123 BVerfGE 45, 187, 252.
124 BVerfGE 43, 291, 321.
125 BVerfGE 88, 203, 309.
126 *Mayer*, Die Nachbesserungspflicht, 1996, S. 22 ff.
127 BVerfGE 77, 85, 109.
128 *Mayer*, Die Nachbesserungspflicht, 1996, S. 25.

vorgeworfen werden kann, es sei sich nicht sicher, wie die „von ihm selbst erfundene Rechtsfigur“[129] zu bezeichnen sei, wird offen gelassen. Festzuhalten ist, dass eine eindeutige Terminologie in der Judikatur des Bundesverfassungsgerichts nicht existiert. Diese Feststellung ist keine Kritik. Vielmehr zeigt sie, dass der hinter der Pflicht stehende Gedanke für die weitere Auseinandersetzung wichtiger ist als die wortwörtliche und einheitliche Pflichtenbezeichnung. So gelangt letztlich auch *Mayer* zu dem Ergebnis, dass eine alleinige Orientierung an der wörtlichen Verwendung der „Nachbesserungspflicht“ verfehlt wäre[130]. Die Versuche diverser Autoren, eine Definition der Nachbesserungspflicht vorzunehmen[131], sind für die inhaltliche Präzisierung der Nachbesserungspflicht durchaus von Bedeutung und gerade auf verfassungsrechtlicher Ebene vielleicht auch unabdingbar. Indes dient die hier vorgenommene abstrakt-theoretische Auseinandersetzung mit der Judikatur der Ebnung des Weges, der zu den praktischen und rechtspolitischen Möglichkeiten und Schwierigkeiten der Pflichterfüllung führen soll. Folglich liegt der Schwerpunkt nicht auf einer verfassungsrechtlichen Inhaltsbestimmung, sondern auf Überlegungen zur Qualitätskontrolle im Bereich der Strafgesetzgebung.

Erst durch das Bundesverfassungsgericht wurde die Pflicht des Gesetzgebers zur Beobachtung und Nachbesserung Gegenstand wissenschaftlicher Überlegungen. Hierbei wird das Bundesverfassungsgericht nicht selten als Urheber der Rechtsfigur[132] bezeichnet. Dabei sprechen bereits der (uneinheitliche) Sprachgebrauch und die schon zuvor existierenden Gedanken zur gesetzgeberischen Qualitätskontrolle[133] dafür, dass das Bundesverfassungsgericht nicht Schöpfer der Pflicht an sich ist, sondern den Begriff (mit Variationen) erstmalig geprägt hat. Das Verfassungsgericht geht, wie an den bislang zitierten Urteilsstellen sichtbar, von der verfassungsrechtlichen Pflicht des Gesetzgebers als bereits vorhandene aus und mahnt diese an, nennt oder erinnert an sie[134]. Es ist somit nicht „Begründer“ der Pflicht, sondern macht auf die seiner Ansicht nach in der Verfassung verankerte Pflicht aufmerksam.

---

129 *Mayer*, Die Nachbesserungspflicht, 1996, S. 25.

130 *Mayer*, Die Nachbesserungspflicht, 1996, S. 25.

131 Ansätze beispielsweise bei *Choi*, Die Pflicht des Gesetzgebers, 2002, S. 78 f.; *Badura*, in: FS Eichenberger, 1982, S. 484.

132 *Choi*, Die Pflicht des Gesetzgebers, 2002, S. 78; *Mayer*, Die Nachbesserungspflicht, 1996, S. 25.

133 Vgl. allein die Darstellung bei *Schröder*, Zur Erfolgskontrolle der Gesetzgebung, in: Jahrbuch für Rechtssoziologie und Rechtstheorie, 1972 Band 3, S. 271 ff.

134 Ähnlich auch *Huster*, der den Begriff der Nachbesserungspflicht als Appell oder Warnhinweis an den Gesetzgeber versteht, vgl. *Huster*, ZfRS 2003, S. 11.

Die uneinheitliche Terminologie in der Judikatur des Bundesverfassungsgerichts wird in dieser Arbeit nicht übernommen. Die Überlegungen zur Kontrolle und Korrektur gesetzgeberischer Entscheidungen beruhen auf dem als Beobachtungs- und Nachbesserungspflicht bezeichneten Phänomen. Trotz der Zugrundelegung dieser einheitlichen Bezeichnung für die Pflicht des Gesetzgebers besteht die Beobachtungs- und Nachbesserungspflicht schon begrifflich aus zwei Pflichten. An dieser Stelle folgt deswegen eine in den bisherigen Ausführungen nicht vorgenommene Differenzierung zwischen der Beobachtungspflicht einerseits und der Nachbesserungspflicht andererseits. Die Differenzierung dient nicht der Aufspaltung der Pflicht des Gesetzgebers. Vielmehr soll sie die Verbundenheit und Abhängigkeit der in der Beobachtungs- und Nachbesserungspflicht des Gesetzgebers enthaltenen Einzelpflichten vergegenwärtigen.

c) Konnexion zwischen Beobachtung und Nachbesserung

Der geschilderte Entwicklungsbeginn der Beobachtungs- und Nachbesserungspflicht in den Entscheidungen des Bundesverfassungsgerichts und die Uneinheitlichkeit im Sprachgebrauch zeigen die fehlende Statik des Untersuchungsgegenstandes. Eine genaue Bezeichnung des Pflichtenprogramms fehlt, wobei die sprachliche Präzision von nachrangiger Bedeutung sein darf, wenn der inhaltliche Gehalt stimmt. Zur Festlegung dieses Gehalts gehört es, die Beobachtungspflicht näher zu betrachten und das Verhältnis zur Nachbesserungspflicht herauszuarbeiten.

In den bisherigen Ausführungen wurde die Beobachtungs- und Nachbesserungspflicht als Einheit erwähnt. Die semantische Auseinandersetzung[135] mit den Pflichten erforderte zwar naturgemäß eine Differenzierung, da Akte der Beobachtung andere Tätigkeiten umfassen als solche der Nachbesserung. Dabei offenbart eine Differenzierung nicht nur Unterschiede, sondern auch Zusammenhänge. So verhält es sich bei der Unterscheidung zwischen der Beobachtung und der Nachbesserung im Kontext der gesetzgeberischen Pflicht: Die Nachbesserung setzt voraus, dass der Pflichtadressat – also der Gesetzgeber – zunächst feststellen muss, ob die Situation, die eine Nachbesserung erforderlich macht, eingetreten ist[136]. Der Eintritt der Nachbesserungssituation wiederum hat durch die Beobachtung, Prüfung oder Kontrolle der betroffenen Vorschrift unter Zugrundelegung des Gesetzeszweckes als Maßstab zu erfolgen.

135 Vgl. oben V., 1., S. 31.

136 So auch *Huster*, ZfRS 2003, S. 11 f.

Die Nachbesserungspflicht darf trotz ihres schwerpunktmäßig verfassungsrechtlichen Gehalts im Rahmen der vorliegenden Arbeit nicht ausgeblendet werden, wenn eine Annäherung an die Beobachtungspflicht und insbesondere die praktische Möglichkeit zu ihrer Erfüllung gelingen soll. Abgesehen von der Schwierigkeit, die Beobachtungs- und Nachbesserungspflicht losgelöst voneinander sinnvoll aufrechtzuerhalten (warum sollte beobachtet werden, wenn bei Feststellung der Nachbesserungssituation nicht nachgebessert wird beziehungsweise wie sollte nachgebessert werden, wenn die Nachbesserungssituation nicht zuvor durch Beobachtung des Gesetzes und seiner Wirkungen erkannt wurde?), zeigt der Versuch einer abstrakten Darstellung der Beobachtungs- und Nachbesserungspflicht den interdisziplinären Charakter des Untersuchungsgegenstands.

Die Beobachtung von Gesetzeswirkungen gerade im Bereich strafrechtlich-legislativer Tätigkeit kann nicht ohne Berücksichtigung verfassungsrechtlicher, politischer, soziologischer und kriminologischer Einflüsse erfolgen. Dieses Element des Ineinandergreifens durchzieht die gesamte Thematik der Beobachtungs- und Nachbesserungspflicht: Neben der soeben erwähnten Verflechtung von Rechtswissenschaft, Soziologie und Politik sind auch die Beobachtungspflicht auf der einen und die Nachbesserungspflicht auf der anderen Seite miteinander verbunden. Um einer möglichen Nachbesserungspflicht gerecht werden zu können, muss zunächst die Nachbesserungssituation im Hinblick auf die jeweilige Regelung durch Beobachtung ermittelt werden[137]. Zwar kann eine Beobachtung der Gesetzeswirkungen auch ergeben, dass das Gesetz dem gesetzgeberischen Zweck entspricht und die tatsächlichen Verhältnisse weitestgehend unverändert geblieben sind, sodass die Nachbesserungssituation nicht eingetreten ist und die Norm aufrechterhalten werden kann. Dies spricht jedoch nicht für eine von der Nachbesserungspflicht isolierte Betrachtung der Beobachtungspflicht, sondern verdeutlicht die Beziehung zwischen beiden Pflichten.

Die Beziehung oder Konnexion zwischen der Beobachtungspflicht und der Nachbesserungspflicht ist lediglich mittelbarer Gegenstand anderer Abhandlungen. Den Ausführungen zur Beobachtungs- und Nachbesserungspflicht ist oftmals dieser Gedanke der Konnexität immanent, freilich ohne von einer solchen zu sprechen. So geht *Steinberg* bei seiner Auseinandersetzung mit der Nachbesserungspflicht von einem Vorgang „gestufter Anforderungen“[138] aus und stellt fest, dass die Nachbesserungspflicht zunächst einen „Prüfauftrag“[139] oder eine

137 *Hillenkamp*, in: FS Eisenberg, 2009, S. 308.
138 *Steinberg*, Der Staat 1987, S. 165.
139 *Steinberg*, Der Staat 1987, S. 165.

„Prüfpflicht"[140] voraussetzt. Gleichwohl bezeichnet er das Verhältnis zwischen ihnen nicht ausdrücklich als konnex.

Richtigerweise darf sogar eine faktische Abhängigkeit der Nachbesserung von der Beobachtung in diesem Zusammenhang angenommen werden. Die Umstände, die zum Eintritt der Nachbesserungssituation führen, sind zu ermitteln. Die Wahrnehmung einer Verbesserungswürdigkeit des Gesetzes kann dabei lediglich durch einen Beobachtungsprozess erfolgen: Eine Nachbesserung ohne vorherige Feststellung der Nachbesserungssituation ist nicht möglich. Insofern ist die Formulierung von *Choi*, nach der „nicht Beobachtungen, sondern von außen wirkende Umstände den Zeitpunkt" bestimmen, „an dem eine Nachbesserung erforderlich wird"[141], zumindest unvollständig, denn gerade die so genannten von außen wirkenden Umstände gilt es zunächst einmal zu erkennen.

Die Situation, in der das Nachbesserungserfordernis ohne Beobachtung festgestellt wird, existiert ebenfalls. Sie besteht jedoch lediglich im Rahmen eines Aufgabenbereichs, für den allein das Bundesverfassungsgericht zuständig ist: Die Feststellung der Verfassungswidrigkeit von Gesetzen oder der Verfassungswidrigkeit der Nicht-Regelung bestimmter Lebensbereiche. Wenn die Nachbesserungssituation ohne Beobachtung festgestellt wird, dann ist der gesetzliche Ist-Zustand regelmäßig nicht oder nicht mehr in der bisherigen Gestalt aufrechtzuerhalten. Die Durchführung einer Beobachtung erübrigt sich dann, weil die durch Beobachtung zu ermittelnden Tatsachen in dieser Konstellation dem Gericht bereits vorliegen. Es ist eine der ureigenen Aufgaben des Bundesverfassungsgerichts, die Unvereinbarkeit einer gesetzlichen Regelung oder auch Nicht-Regelung mit dem geltenden Recht festzustellen. Der Gesetzgeber hingegen kann die Nachbesserungssituation, die ihn nach dem Konzept der Nachbesserungspflicht zur Korrektur der Regelung verpflichtet, nicht ohne vorherige Beobachtung des Gesetzes und dessen Konsequenzen ermitteln.

Das Urteil des Bundesverfassungsgerichts zum Erfordernis einer gesetzlichen Grundlage für den Jugendstrafvollzug[142] ist ein Beispiel dafür, dass der Gesetzgeber beobachten muss, bevor er nachbessern kann und eine Nachbesserung der Gesetzeslage ohne vorherige Beobachtung nur durch das Bundesverfassungsgericht angeregt wird. Die Erforderlichkeit einer gesetzlichen Grundlage für den Jugendstrafvollzug wurde in jener Entscheidung mit der Regelungsverpflichtung als notwendige Konsequenz für den Gesetzgeber festgestellt, ohne von

140 *Steinberg*, Der Staat 1987, S. 166.
141 *Choi*, Die Pflicht des Gesetzgebers, 2002, S. 69.
142 BVerfGE 116, 69.

vorheriger Beobachtung zu sprechen. Es bestand gerade **keine** gesetzliche Regelung für den Jugendstrafvollzug, die hätte beobachtet werden können. Erst mit der Verabschiedung einer gesetzlichen Grundlage für den Jugendstrafvollzug schuf der Gesetzgeber seinen Beobachtungsgegenstand, auf den sich die Beobachtungs- und Nachbesserungspflicht bezog.

Die so genannte Jugendstrafvollzugsentscheidung wird an späterer Stelle noch genauer betrachtet werden. Soviel aber vorweg: Für die angenommene Konnexion ist relevant, dass das Bundesverfassungsgericht in jener Entscheidung erklärt, dass „der Gesetzgeber zur Beobachtung und nach Maßgabe der Beobachtungsergebnisse zur Nachbesserung verpflichtet“[143] sei. Auch in der Entscheidung zum Schwangerschaftsabbruch ist die Zugrundelegung einer gewissen Abhängigkeit gut erkennbar, wenn das Bundesverfassungsgericht die gesetzgeberische Beobachtung als zeitlich vorgelagertes Element der Nachbesserungspflicht bezeichnet. Das Gericht hält zwar eine ständige Kontrolle der Gesetze durch den Gesetzgeber nicht für notwendig[144], erachtet es jedoch aufgrund rechtsgutsbezogener Erwägungen als erforderlich, „dass der Gesetzgeber beobachtet, wie sich sein gesetzliches Schutzkonzept in der gesellschaftlichen Wirklichkeit auswirkt“[145].

Der Weg zur rechtlichen Grundlage und zur Analyse der Beobachtungs- und Nachbesserungspflicht im Strafrecht anhand der Rechtsprechung des Bundesverfassungsgerichts ist durch die bisherigen Überlegungen zum Umgang mit der Pflicht geebnet. Hier sei an die Begriffsbestimmung[146], an die Ausführungen zum Ausgangspunkt des Bundesverfassungsgerichts[147] und an die Darstellung des Zusammenhangs zwischen der gesetzgeberischen Beobachtung und Nachbesserung[148] erinnert.

d) Zwischenthesen

Bedeutend für die Beobachtungs- und Nachbesserungspflicht des Gesetzgebers ist nicht ihre wörtliche Nennung, sondern das Erfassen der dahinter stehenden Überlegungen und das Erkennen der Wechselwirkung zwischen der Beobachtungspflicht einerseits und der Nachbesserungspflicht andererseits. Bei einer

143 BVerfGE 116, 69, 91.
144 Vgl. BVerfGE 88, 203, 310.
145 BVerfGE 88, 203, 310.
146 Vgl. oben V., 1., S. 31.
147 Vgl. oben V., 2., b), S. 36 ff.
148 Vgl. oben V., 2., c), S. 41 ff.

abstrakten, noch nicht lediglich auf das Strafrecht bezogenen Herangehensweise gilt dies aufgrund der zahlreichen Entscheidungen zu den verschiedenen Lebensbereichen umso mehr.

Der Gesetzgeber kann die Nachbesserungssituation im Hinblick auf die jeweilige Regelung nur durch vorherige Beobachtung ermitteln. Dementsprechend besteht eine Konnexität zwischen der Beobachtungspflicht und der Nachbesserungspflicht des Gesetzgebers.

Ein tragender Grund für die Notwendigkeit der Beobachtungs- und Nachbesserungspflicht des Gesetzgebers im Strafrecht ist, dass Eingriffe, die einen sanktionierenden Charakter haben, besonders rechtfertigungsbedürftig sind. Um der Beobachtungs- und Nachbesserungspflicht des Gesetzgebers eine über ihre tatsächliche Notwendigkeit hinausgehende Existenzberechtigung zuzusprechen, bedarf es noch einer rechtlichen Verankerung der Pflicht.

Bereits die Gedanken zur Last von Pflichten[149] warfen unweigerlich die Frage auf, woran die Beobachtungs- und Nachbesserungspflicht rechtlich festzumachen ist. Dass das Bundesverfassungsgericht Schöpfer der Begrifflichkeit ist, ist insofern von erheblicher Bedeutung, da durch die Schaffung des Topos gleichzeitig ein Diskussionsgegenstand vorgegeben wurde. Doch bereits die Formulierung der Pflicht in den bisher genannten Entscheidungen zeigt, dass eine juristische Existenzberechtigung der Beobachtungs- und Nachbesserungspflicht nicht wegen ihrer Formulierung durch das Bundesverfassungsgericht gegeben ist, sondern das Gericht die Existenz der Pflicht in bestimmten Fällen bejaht und durch eine verfassungsrechtliche Herleitung zu begründen versucht. Dieser Ansatz ist nicht lediglich nachvollziehbar, sondern verfassungsrechtlich verpflichtend. Denn das Bundesverfassungsgericht selbst kann dem Gesetzgeber keine Pflichten auferlegen, die sich nicht aus der bestehenden Rechtsordnung herleiten lassen.

3. Die rechtliche Grundlage der Beobachtungs- und Nachbesserungspflicht

Nach der deutschen Verfassungsordnung besteht eine Bindung des Gesetzgebers an die Verfassung. Diese Bindung des Gesetzgebers ist in Art. 20 III GG normiert. Dort heißt es: „Die Gesetzgebung ist an die verfassungsmäßige Ordnung gebunden“. Folglich bietet die Verfassung die Möglichkeit, bei der Suche nach

149 Vgl. oben V., 2., a), S. 33 f.

einer rechtlichen Grundlage für die Beobachtungs- und Nachbesserungspflicht des Gesetzgebers fündig zu werden.

a) Die Bedeutung des Art. 20 III GG

Art. 20 III GG bedeutet für die Beobachtungs- und Nachbesserungspflicht des Gesetzgebers zudem, dass nur die Verfassung selbst und nicht das Bundesverfassungsgericht Pflichtgeber sein kann.

Die Feststellung, dass das Bundesverfassungsgericht als Rechtsprechungsorgan einem Rechtsetzungsorgan keine rechtlichen Pflichten auferlegen kann, ist auf die Gewaltenteilung als wesentliches Prinzip eines Rechtsstaates zurückzuführen. Das Gewaltenteilungsprinzip führt trotzdem nicht dazu, dass das Verhältnis des Bundesverfassungsgerichts zur Gesetzgebung reibungslos ist und die jeweiligen Kompetenzen klar abgegrenzt sind. Vielmehr ist das Verhältnis zwischen dem Bundesverfassungsgericht und dem Gesetzgeber nicht unproblematisch[150]. Insbesondere die dem Bundesverfassungsgericht teilweise vorgehaltene Kompetenzüberschreitung erschwert die Beziehung zum Gesetzgeber. Rufe gegen die Entscheidungspraxis des Bundesverfassungsgerichts sind oftmals vernehmbar, wenn das Gericht Regelungen als verfassungswidrig oder bedenklich erachtet, die gesetzgeberische Wertung als verfassungsrechtlich nicht tragbar würdigt oder dem Gesetzgeber sehr detaillierte Vorgaben macht. *Schlaich/Korioth* nennen hier unter anderem auch die Entscheidung des Gerichts zu § 218 StGB[151] und weisen darauf hin, dass die Autorität des Gerichts hingegen kaum in Frage gestellt wird, wenn es die Verfassungsmäßigkeit der zu beurteilenden Regelungen bejaht[152]. Die feine Grenze zwischen verfassungsgerichtlichem Kontrollauftrag und gesetzgeberischem Tätigkeitsfeld hat nicht nur Auswirkungen auf die Beobachtungs- und Nachbesserungspflicht und das Verhältnis der Pflicht zur so genannten Einschätzungsprärogative des Gesetzgebers. Zahlreichen Formulierungen bei der Auseinandersetzung mit gesetzgeberischen Pflichten ist auch eine Furcht vor den als Kompetenzverlust empfundenen Kontrollbefugnissen des Bundesverfassungsgerichts zu entnehmen.

150 Zu diesem Problem *Schlaich/Korioth*, Das Bundesverfassungsgericht, 2012, Rdnr. 502 ff., 530 ff.

151 *Schlaich/Korioth*, Das Bundesverfassungsgericht, 2012, Rdnr. 503.

152 *Schlaich/Korioth* nennen hier unter anderem das Urteil vom 1. März 1979 (BVerfGE 50, 290), das die Verfassungsmäßigkeit des Mitbestimmungsgesetzes bejaht und stellen fest, dass sich die Diskussion danach entspannte.

Steinberg argumentiert aufgrund der von ihm befürchteten Gefahr des Zuwachses an Kontrollkompetenzen des Verfassungsgerichts mit einem Erst-recht Schluss: Verfassungsrechtliche Anforderungen an das parlamentarische Verfahren, die nicht ausdrücklich aus dem Grundgesetz ableitbar sind, brächten schon bei der ursprünglichen Gesetzgebung beachtliche Gefahren mit sich; folglich müssten mangels verfassungsrechtlicher Bestimmungen geringere Anforderungen an ein Handeln des Gesetzgebers bei der Beobachtungs- und Nachbesserungspflicht gestellt werden[153].

Bei der Suche nach einer rechtlichen Grundlage für die Beobachtungs- und Nachbesserungspflicht hilft Art. 20 III GG dabei, das beschriebene schwierige Verhältnis zwischen dem Verfassungsgericht und dem Gesetzgeber zumindest ein Stück weit zu entschärfen. Denn in Art. 20 III GG ist die Bindung des Gesetzgebers nur an die verfassungsmäßige Ordnung bestimmt. Aus Art. 20 III GG ergibt sich, dass die Rechtsgrundlage für gesetzgeberische Pflichten an der Verfassung selbst festgemacht werden muss[154]. Wie diese Verankerung und damit eine gewisse rechtliche Absicherung jedoch zu gestalten sind, bleibt zu klären.

b) Die rechtliche Verankerung in der Verfassung

Es steht fest, dass die Beobachtungs- und Nachbesserungspflicht des Gesetzgebers ihre Grundlage in der Verfassung haben muss. Eine konkrete Verankerung der Pflicht in der Verfassung steht hingegen noch offen und soll in diesem Abschnitt erfolgen.

Da die Beobachtungs- und Nachbesserungspflicht nicht ausdrücklich in der Verfassung normiert ist, kann nur eine mittelbare Ableitung aus Grundrechten oder Grundprinzipien der verfassungsmäßigen Ordnung zu einer Verankerung der Pflicht in der Verfassung führen. Darüber, dass die Beobachtungs- und Nachbesserungspflicht des Gesetzgebers eine verfassungsrechtliche Pflicht ist, herrscht Einigkeit. Allerdings gibt es für die Frage, woher genau die Beobachtungs- und Nachbesserungspflicht abzuleiten ist, unterschiedliche Antworten. Die Ansätze zur Ableitung der Beobachtungs- und Nachbesserungspflicht aus der Verfassung sollen im Folgenden dargestellt werden. Im Rahmen dieser Darstellung ist es unschädlich, dass sich die Erklärungsansätze weitestgehend auf die rechtliche Grundlage der Nachbesserungspflicht beziehen. Wegen der bereits dargelegten

153 *Steinberg*, Der Staat 1987, S. 175 f.

154 So auch *Mayer*, Die Nachbesserungspflicht, 1996, S. 39 f., 149.

Konnexion[155] zwischen der gesetzgeberischen Beobachtung und der Nachbesserung beinhaltet die verfassungsrechtliche Herleitung der Nachbesserungspflicht zugleich eine Herleitung der Beobachtungspflicht. Denn die Situation, die eine Nachbesserung des Gesetzes erforderlich macht, ist lediglich durch Beobachtung feststellbar[156].

aa) Die Bindungswirkung verfassungsgerichtlicher Entscheidungen

Eine Möglichkeit, die rechtliche Grundlage der Beobachtungs- und Nachbesserungspflicht festzulegen, könnte die Bindungswirkung verfassungsgerichtlicher Entscheidungen gem. § 31 I BVerfGG darstellen.

Die Beobachtungs- und Nachbesserungspflicht aus der Bindungswirkung verfassungsgerichtlicher Entscheidungen abzuleiten bedeutet, die Pflicht als unmittelbare Folge der Entscheidung des Bundesverfassungsgerichts zu werten. Voraussetzung für diese Überlegung ist, dass man nicht nur den Entscheidungstenor, sondern auch die Entscheidungsgründe als bindend erachtet[157]. Zudem müsste angenommen werden, dass die in § 31 I BVerfGG getroffene Regelung, wonach die Entscheidungen des Bundesverfassungsgerichts die Verfassungsorgane des Bundes und der Länder sowie alle Gerichte und Behörden binden, auch imstande ist, die Legislative zu binden. Damit § 31 I BVerfGG als Rechtskraftregel jedoch eine derartige Bindungswirkung gegen den Gesetzgeber entfalten kann, müsste der Rechtskraftregel ein Verfassungsrang zugesprochen werden[158]. Denn der Gesetzgeber ist gem. Art. 20 III GG nur an die verfassungsmäßige Ordnung gebunden.

Die Beobachtungs- und Nachbesserungspflicht des Gesetzgebers aus der Bindungswirkung der jeweiligen Bundesverfassungsgerichtsentscheidung abzuleiten,

155 Vgl. oben V., 2., c), S. 41 ff.

156 Vgl. oben V., 2., c), S. 43 f.

157 Das Bundesverfassungsgericht selbst geht davon aus, dass auch die Entscheidungsgründe bindend sind, vgl. BVerfGE 1, 14, 37; 19, 377, 392; 40, 88, 93; a. A. *Schlaich/Korioth*, Das Bundesverfassungsgericht, 2012, Rdnr. 485 ff. *Ellwanger*, ZfL 2007, S. 87 leitet die „besondere Beobachtungspflicht“ des Gesetzgebers hinsichtlich der Regelungen zum Schwangerschaftsabbruch aus der Bindungswirkung verfassungsgerichtlicher Entscheidungen gem. § 31 I BVerfGG ab, da sich diese nicht nur auf die Entscheidungsformel, sondern auch auf die tragenden Gründe der Entscheidung erstrecke und die Ausführungen des Gerichts zur Beobachtungs- und Nachbesserungspflicht tragend seien.

158 Vgl. *Mayer*, Die Nachbesserungspflicht, 1996, S. 76. Für *Pestalozza* haben die Rechtskraft und Bindungswirkung von Bundesverfassungsgerichtsentscheidungen Verfassungsrang, vgl. *Pestalozza*, Verfassungsprozessrecht, 1991, § 20 Rdnr. 62, 65.

überzeugt aus mehreren Gründen nicht. Zunächst ist § 31 BVerfGG als einfaches Gesetz nicht geeignet, den Gesetzgeber wirksam zu binden. Der Rechtskraftregel ohne weiteres einen Verfassungsrang zuzusprechen, geht zu weit und findet keine Stütze im Gesetz. Die Rechts- und Gesetzeskraft des § 31 BVerfGG dient vielmehr dazu, die Erkenntnisse des Bundesverfassungsgerichts prozessrechtlich abzusichern. Sie bildet keine zusätzliche materiell-rechtliche Grundlage[159]. Folglich kann die Bindungswirkung verfassungsgerichtlicher Entscheidungen, die der prozessualen Absicherung der Entscheidung dient, keine materiell-rechtliche Grundlage für die Beobachtungs- und Nachbesserungspflicht des Gesetzgebers sein.

Das Bundesverfassungsgericht betont ebenfalls, dass etwa die Nachbesserungspflicht nicht an ein verfassungsgerichtliches Verfahren gebunden ist, sondern sich unmittelbar aus der Verfassung ergibt[160]. Dieses Ergebnis wäre nicht möglich, wenn die Beobachtungs- und Nachbesserungspflicht aus der Bindungswirkung verfassungsgerichtlicher Entscheidungen abzuleiten ist.

bb) Die grundrechtliche Schutzpflicht des Gesetzgebers

Die Nachbesserungspflicht des Gesetzgebers wird teilweise aus der grundrechtlichen Schutzpflicht des Gesetzgebers abgeleitet[161]. Nach den Befürwortern dieses Ansatzes kann die grundrechtliche Schutzpflicht den Gesetzgeber zur Nachbesserung verpflichten, wenn die vorhandene gesetzliche Regelung wegen veränderter Umstände zweifelhaft wird[162].

Die Rechtsfigur der grundrechtlichen Schutzpflicht ist Ausfluss der objektiv-rechtlichen Gewährleistungen von Grundrechten[163]. Die objektiv-rechtliche Dimension der Grundrechte wird als Ergänzung zum grundsätzlich subjektiv-rechtlichen Charakter der Grundrechte verstanden[164]. Eine tiefer gehende Auseinandersetzung mit dem objektiv-rechtlichen Gehalt der Grundrechte würde den Schwerpunkt der Arbeit unangemessen verschieben. Dennoch ist zumindest

159 *Mayer*, Die Nachbesserungspflicht, 1996, S. 156.

160 Vgl. BVerfGE 56, 54, 81.

161 *Badura*, in: FS Eichenberger, 1982, S. 482 f.; *Eisele*, Subjektive öffentliche Rechte auf Normerlaß, S. 124; *Roßnagel*, JZ 1985, S. 715; *Stettner*, DVBl 1982, S. 1126.

162 *Stettner*, DVBl 1982, S. 1126.

163 Ausführlich zur Herleitung und zum Umfang grundrechtlicher Schutzpflichten *Klein*, NJW 1989, S. 1633 ff.

164 Vgl. allein *Epping*, Grundrechte, 2012, Rdnr. 11 f.; *Hufen*, Staatsrecht II, 2011, § 5 Rdnr. 2 ff.

der Kerngedanke dieses Grundrechtsverständnisses zu erwähnen, um den Bezug zur gesetzgeberischen Beobachtungs- und Nachbesserungspflicht herstellen zu können.

Die objektiv-rechtliche Dimension nimmt „den Staat“ zum Schutze der Grundrechte in Anspruch und begründet Pflichten, um grundrechtsrelevante Interessen der Bürger zu gewährleisten[165]. Die Ableitung der Nachbesserungspflicht des Gesetzgebers aus der grundrechtlichen Schutzpflicht ist insbesondere durch die Streitfälle zu § 218 StGB entstanden[166]. Das Bundesverfassungsgericht entnimmt die grundrechtlichen Schutz- und Handlungspflichten seit seinem ersten Urteil zum Schwangerschaftsabbruch insbesondere dem Grundrecht auf Leben und körperliche Unversehrtheit, Art. 2 II GG[167]. Prinzipiell dürften jedoch für eine verfassungsrechtliche Ableitung der Nachbesserungspflicht aus der grundrechtlichen Schutzpflicht des Gesetzgebers alle Verfassungsnormen, denen grundrechtliche Schutzpflichten zu entnehmen sind, in Frage kommen[168]. Diese Möglichkeit, letztlich aus der gesamten Verfassung Schutzpflichten und aus diesen wiederum Nachbesserungspflichten des Gesetzgebers abzuleiten, ist nicht nur vorteilhaft. Großzügig verstandene Schutzpflichten sind zwar notwendig, bürden dem Gesetzgeber jedoch auch Handlungsvorgaben zur Vermeidung jeder Art von Gefahr für den von der Schutzpflicht umfassten Schutzbereich auf[169].

cc) Das Demokratieprinzip, Art. 20 I GG

Die Nachbesserungspflicht des Gesetzgebers wird des Weiteren aus dem Demokratieprinzip, Art. 20 I GG, abgeleitet[170]. Das Demokratieprinzip setzt unter anderem voraus, dass wesentliche Entscheidungen, insbesondere solche, die Grundrechte des Einzelnen berühren, dem parlamentarischen Gesetzesvorbehalt unterliegen (Wesentlichkeitstheorie)[171]. Die Nachbesserungspflicht des Gesetzgebers wird dahingehend aus dem Demokratieprinzip abgeleitet, dass sie als Ausfluss der Wesentlichkeitstheorie verstanden wird[172]. Durch die Wesentlichkeitstheorie hat das

165 *Epping*, Grundrechte, 2012, Rdnr. 11.
166 Vgl. *Badura*, in: FS Eichenberger, 1982, S. 482; *Stettner*, DVBl 1982, S. 1126.
167 Vgl. BVerfGE 39, 1, 44 f. Dazu auch *Stettner*, DVBl 1982, S. 1126.
168 *Stern*, Staatsrecht III/1, 1988, S. 1316.
169 Vgl. Maunz/Dürig-*Di Fabio*, Grundgesetz, 2001, Art. 2 Rdnr. 62.
170 Z.B von *Roßnagel*, JZ 1985, S. 715
171 Vgl. allein BVerfGE 47, 46, 79; 108, 282, 311 f.
172 Vgl. *Mayer*, Die Nachbesserungspflicht, 1996, S. 150.

Demokratieprinzip eine Form angenommen, die den Gesetzgeber verpflichtet[173]. Denn nach der Wesentlichkeitstheorie hat der demokratisch legitimierte Gesetzgeber alle Regelungen von wesentlicher Bedeutung selbst zu treffen. Der Gesetzgeber darf die wesentlichen Regelungen nicht allein der Entscheidung der Exekutive oder der Judikative überlassen[174].

Die Ableitung der Nachbesserungspflicht des Gesetzgebers aus dem Demokratieprinzip ergibt sich für ihre Befürworter daraus, dass die Verpflichtung des Gesetzgebers zur Regelung der wesentlichen Bereiche auch nach Erlass des Gesetzes weiter bestehen bleibt[175]. Aus der auch nach dem Erlass des Gesetzes geltenden Wesentlichkeitstheorie wird gefolgert, dass der parlamentarische Gesetzgeber die einschlägige Regelung überprüft und gegebenenfalls nachbessert[176].

dd) Die Verfassungsbindung des Gesetzgebers, Art. 20 III GG

Die Verfassungsbindung des Gesetzgebers führt dazu, dass die Beobachtungs- und Nachbesserungspflicht des Gesetzgebers eine verfassungsrechtliche Pflicht ist und ihre rechtliche Grundlage in der Verfassung liegen muss. Teilweise wird die Verfassungsbindung des Gesetzgebers jedoch auch als die unmittelbare Rechtsgrundlage der Beobachtungs- und Nachbesserungspflicht verstanden[177]. Nach dieser Ansicht ist der Gesetzgeber wegen seiner Verfassungsbindung verpflichtet, das Gesetz jederzeit mit der Verfassung in Einklang zu bringen[178].

Allein die Verfassungsbindung des Gesetzgebers als Rechtsgrundlage für die Beobachtungs- und Nachbesserungspflicht heranzuziehen, begegnet Bedenken. Art. 20 III GG kann den Gesetzgeber nicht ohne weitere Voraussetzungen zur Beobachtung und Nachbesserung verpflichten[179]. Denn der Grundsatz der Bindung des Gesetzgebers an die verfassungsmäßige Ordnung bedeutet, dass der Gesetzgeber eine **aus der Verfassung herzuleitende Handlungspflicht** zu erfüllen hat[180]. Dementsprechend muss die Beobachtungs- und Nachbesserungspflicht, die der Gesetzgeber gem. Art. 20 III GG zu erfüllen hat, zunächst aus der Verfassung hergeleitet werden.

---

173 *Mayer*, Die Nachbesserungspflicht, 1996, S. 150.

174 Vgl. *Mayer*, Die Nachbesserungspflicht, 1996, S. 150.

175 Vgl. *Roßnagel*, JZ 1985, S. 715.

176 Vgl. *Mayer*, Die Nachbesserungspflicht, 1996, S. 150.

177 So *Choi*, Die Pflicht des Gesetzgebers, 2002, S. 72; *Stern*, Staatsrecht III/2, 1994, S. 1159.

178 *Choi*, Die Pflicht des Gesetzgebers, 2002, S. 72.

179 So auch *Mayer*, Die Nachbesserungspflicht, 1996, S. 150.

180 Vgl. BVerfGE 6, 257, 264; 11, 255, 261; 12, 139, 142; 23, 242, 249; 66, 214, 222 ff.

ee) Das Prinzip der Gewaltenteilung

Schließlich wird das Prinzip der Gewaltenteilung als unmittelbare oder mittelbare Grundlage der Nachbesserungspflicht herangezogen[181].

Mittelbar ergibt sich die Nachbesserungspflicht des Gesetzgebers aus dem Gewaltenteilungsprinzip, wenn man die Pflicht wie *Schenke* als Ausgleich für die richterliche Selbstbeschränkung (judicial self-restraint) und damit als Folge des Gewaltenteilungsprinzips begreift[182]. Immer dann, wenn sich nachträglich die Unrichtigkeit einer gesetzgeberischen Prognose erweist, sei der Gesetzgeber als Ausgleich für die richterliche Selbstbeschränkung verpflichtet, das betroffene Gesetz nachzubessern[183].

Nach *Mayer* ergibt sich die Nachbesserungspflicht des Gesetzgebers unmittelbar aus dem Gewaltenteilungsgrundsatz[184]. Ein Gesetz, das dem Verfassungsrecht nicht genügt und korrekturbedürftig ist, könne nur durch einen Akt förmlicher Gesetzgebung beseitigt werden. Daher erwachse der Legislative wegen des ihr zugewiesenen Gesetzgebungsmonopols, das wiederum Ausfluss des Gewaltenteilungsprinzips ist, die Pflicht, die nötigen Gesetzeskorrekturen vorzunehmen[185].

ff) Stellungnahme

Die dargelegten, verfassungsrechtlichen Verankerungsversuche weisen eine bei Bemühung des Verfassungsrechts typische Problematik auf: Grundrechte oder Staatszielbestimmungen als rechtliche Grundlage für die Beobachtungs- und Nachbesserungspflicht heranzuziehen bedeutet auch, sich auf sehr allgemeine Grundsätze zur rechtlichen Verankerung der Pflicht zu stützen. Die unterschiedlichen Ansätze verdeutlichen aber auch, wie weit die Befugnisse des Bundesverfassungsgerichts im Hinblick auf die verfassungsrechtliche Ableitung der Beobachtungs- und Nachbesserungspflicht gehen können. Die Ansätze stimmen dahingehend überein, dass die Pflicht in der Verfassung zu verankern ist.

Das Bundesverfassungsgericht hat die Beobachtungs- und Nachbesserungspflicht des Gesetzgebers zwar bezeichnet und umschrieben. Aus der Bindungswirkung

---

181 *Mayer*, Die Nachbesserungspflicht, 1996, S. 155; *Schenke*, NJW 1979, S. 1327.
182 Vgl. *Schenke*, NJW 1979, S. 1327.
183 *Schenke*, NJW 1979, S. 1327.
184 *Mayer*, Die Nachbesserungspflicht, 1996, S. 155.
185 *Mayer*, Die Nachbesserungspflicht, 1996, S. 155.

bundesverfassungsgerichtlicher Entscheidungen kann jedoch keine materiell-rechtliche Grundlage für die Pflicht des Gesetzgebers erwachsen[186].

Unter Berücksichtigung der verschiedenen Möglichkeiten zur rechtlichen Ableitung überzeugt ein Ansatz am meisten: Die Ableitung der Beobachtungs- und Nachbesserungspflicht aus dem Prinzip der Gewaltenteilung. In Verbindung mit der Verfassungsbindung des Gesetzgebers gem. Art. 20 III GG kann aus dem Prinzip der Gewaltenteilung die rechtliche Grundlage für die Beobachtungs- und Nachbesserungspflicht des Gesetzgebers hergeleitet werden. Dieses Ergebnis überzeugt insbesondere aus folgenden Gründen:

Die Verteilung staatlicher Funktionen der Legislative, Exekutive und Judikative auf verschiedene staatliche Organe bildet den Kern des Gewaltenteilungsprinzips. Doch das Prinzip der Gewaltenteilung umfasst nicht nur die Trennung, sondern auch die Zuordnung von staatlichen Entscheidungsbefugnissen. Ziel der Gewaltenteilung ist nicht nur eine Limitierung von Macht, sondern auch, dass staatliche Handlungen von den Organen vorgenommen werden, die bestmöglich dafür geeignet sind. Das Bundesverfassungsgericht betont diese Dimension des Gewaltenteilungsgrundsatzes ebenfalls, indem es herausarbeitet, dass die Trennung der Gewalten auch darauf abziele, „dass staatliche Entscheidungen möglichst richtig, das heißt von Organen getroffen werden, die dafür nach ihrer Organisation, Zusammensetzung, Funktion und Verfahrensweise über die besten Voraussetzungen verfügen“[187]. Im Lichte dieser Argumentation lässt sich die Beobachtungs- und Nachbesserungspflicht direkt auf das Prinzip der Gewaltenteilung zurückführen. Denn dem Gesetzgeber ist wegen des Gewaltenteilungsprinzips das Gesetzgebungsmonopol zugewiesen[188]. Diese Zuweisung beinhaltet auch eine Zuständigkeit für die mit der Gesetzgebung verknüpften Folgen. Wegen seines Gesetzgebungsmonopols hat der Gesetzgeber auch notwendige Korrekturen an bestehenden Gesetzen durchzuführen[189]. Die Beobachtungs- und Nachbesserungspflicht ist aus dem Prinzip der Gewaltenteilung abzuleiten. Wegen seiner Verfassungsbindung gem. Art. 20 III GG ist der Gesetzgeber gehalten, diese hergeleitete Pflicht zu erfüllen.

Die Verbindung zwischen dem Gewaltenteilungsgrundsatz und der Verfassungsbindung des Gesetzgebers ermöglicht es, zwei Ansätze zur verfassungsrechtlichen Herleitung zu vereinen. Dabei wird ein Argument, das gegen eine

186 Vgl. oben V., 3., b), aa), S. 48.

187 BVerfGE 68, 1, 86; 95, 1, 15 ; 98, 218, 252.

188 *Mayer*, Die Nachbesserungspflicht, 1996, S. 155.

189 *Mayer*, Die Nachbesserungspflicht, 1996, S. 155.

direkte Ableitung der gesetzgeberischen Pflicht allein aus der Verfassungsbindung des Gesetzgebers spricht, weitestgehend entkräftet. Es wurde im Rahmen der Darstellung der verschiedenen Herleitungsmöglichkeiten darauf hingewiesen, dass Art. 20 III GG für sich allein nicht die rechtliche Grundlage der Beobachtungs- und Nachbesserungspflicht sein kann. Vielmehr muss die nach Art. 20 III GG zu erfüllende Handlungspflicht erst einmal aus der Verfassung hergeleitet werden. Diese herzuleitende Pflicht in Gestalt der Beobachtungs- und Nachbesserungspflicht kann auf das Prinzip der Gewaltenteilung zurückgeführt werden. Wegen seiner Bindung an die Verfassung hat der Gesetzgeber die aus dem Gewaltenteilungsprinzip hergeleitete Pflicht zu erfüllen.

c) Konsequenzen der Verankerung in der Verfassung

Die verfassungsrechtliche Verankerung der Beobachtungs- und Nachbesserungspflicht bedeutet, dass die Pflicht den Gesetzgeber nicht wegen der jeweiligen Entscheidung des Bundesverfassungsgerichts, sondern wegen der Bindung des Gesetzgebers an die verfassungsmäßige Ordnung trifft. Diese Verfassungsbindung des Gesetzgebers verpflichtet ihn, die aus dem Gewaltenteilungsprinzip ableitbare Beobachtungs- und Nachbesserungspflicht zu erfüllen.

An dieser Stelle ist eine mögliche Konsequenz der rechtlichen Verankerung in der Verfassung bereits ins Auge zu fassen. Es steht nun fest, dass die Entscheidungen des Bundesverfassungsgerichts nicht die rechtliche Grundlage für die Beobachtungs- und Nachbesserungspflicht bilden. An späterer Stelle wird zu erörtern sein, ob sich die Pflicht des Gesetzgebers neben den Fällen, die vom Bundesverfassungsgericht entschieden worden sind, auf weitere Bereiche des Strafrechts ausdehnt.

d) Zwischenergebnis

Das Bundesverfassungsgericht hat der Beobachtungs- und Nachbesserungspflicht des Gesetzgebers durch seine Judikatur Leben eingehaucht. Dennoch ist jene Pflicht eine verfassungsrechtliche, keine verfassungsgerichtliche. Der Gesetzgeber hat ihr aufgrund seiner Verfassungsbindung und nicht wegen der Bindungswirkung der verfassungsgerichtlichen Rechtsprechung nachzukommen. Die Beobachtungs- und Nachbesserungspflicht ist aus dem Prinzip der Gewaltenteilung in Verbindung mit der Verfassungsbindung des Gesetzgebers abzuleiten.

4. Legitimationsansätze: Überlegungen zum „warum" der gesetzgeberischen Pflicht

Die rechtliche Verankerung der Pflichten und mithin ihre **juristische** Legitimation sind notwendige Bedingungen für die Akzeptanz der Pflichten. Neben der rechtlichen Verankerung ist es jedoch interessant, sich dem Institut im Hinblick auf den Sinn und Zweck der Pflichten zu nähern. Diese Annäherung wird in zwei Schritten vorgenommen.

Der erste Schritt soll die Zielrichtung der Beobachtungs- und Nachbesserungspflicht deuten, indem zunächst die ratio der Pflicht selbst betrachtet wird (sogleich unter a)).

Daran anschließend wird in einem zweiten Schritt die Rolle des Gesetzgebers als Pflichtadressat geprüft (b)). Warum soll just der Gesetzgeber verpflichtet sein, bestimmte Gesetze beziehungsweise ihre Wirkungen zu beobachten? Können zu dieser Verpflichtung Parallelen anhand anderer Rechtsinstitute gezogen werden, die den Sinn der Inanspruchnahme des Gesetzgebers zumindest verdeutlichen?

a) Sinn, Zweck und Ziel der Verpflichtung zur Beobachtung und Nachbesserung

Die Beobachtung ist eine notwendige Handlung zur Feststellung der Nachbesserungssituation[190]. Dieser Zusammenhang zwischen der Beobachtungspflicht und der Nachbesserungspflicht führt dazu, dass auch Sinn und Zweck der Pflichten unmittelbar miteinander verbunden sind. Der mit der Beobachtung eines Gesetzes verfolgte Zweck ergibt (lediglich dann einen praktischen) Sinn, wenn es nicht bei den durch Beobachtung ermittelten Erkenntnissen bleibt, sondern bei Bedarf eine Nachbesserung erfolgt.

Bei der Suche nach der ratio der Pflicht wird nun der Maßstab – namentlich die Erfüllung des Regelungszwecks unter Vermeidung zweckwidriger Folgen – für die Beobachtung von Gesetzen relevant. Gut sichtbar ist das bei Betrachtung von *Eisenbergs* Formulierungen zur Kontrolle strafrechtlicher Normen[191]. Die kriminalpolitische und strafrechtliche Bedeutung einer Wirksamkeitsprüfung für Strafgesetze leitet *Eisenberg* aus dem nicht auszuschließenden Wandel von Kennzeichen,

190 Vgl. oben V., 2., c), S. 41 f.

191 *Eisenberg*, Kriminologie, 2005, § 23 Rdnr. 49 ff.

Zusammenhang und Konsequenzen einer Regelung ab[192]. Wandel, Veränderung und Dynamik sind Kernelemente beim Bestimmungsversuch einer ratio der Wirksamkeitskontrolle in Gestalt der Beobachtungs- und Nachbesserungspflicht. Hier zeigt sich die Bedeutung des Gesetzeszwecks als Maßstab für die Wirksamkeitsprüfung. Denn dieser Maßstab gibt vor, welcher Wert kontrolliert werden muss, um eine Antwort auf die Frage nach der Wirksamkeit von (Straf-) Gesetzen zu finden. Die Festlegung des Gesetzeszwecks als Maßstab[193] unter Inkaufnahme der damit verbundenen Schwierigkeiten ermöglicht an dieser Stelle, den Sinn der Beobachtung gesetzgeberischer Entscheidungen im Strafrecht erkennen zu können. Damit erlangt die Beobachtung von Gesetzen und Gesetzeswirkungen – trotz der bislang noch fehlenden Erörterung der tatsächlichen Beobachtungsmöglichkeiten – eine praktische Gestalt. Die Beobachtungs- und Nachbesserungspflicht des Gesetzgebers erhält mithin als Instrument zur Kontrolle der Kompatibilität von theoretischem Gesetzeszweck und Realität ihre Berechtigung.

Ein weiterer Sinn der Beobachtungs- und Nachbesserungspflicht erschließt sich bei einer Betrachtung aus der Perspektive des Bundesverfassungsgerichts. Gerade wenn das Bundesverfassungsgericht wegen rechtspolitisch umstrittener, eingriffsintensiver oder sich im Fokus des öffentlichen Interesses befindender Gesetze angerufen wird, ist die Beobachtungs- und Nachbesserungspflicht ein geeignetes Instrument zur Entschärfung von Konflikten. Auch wenn das Bundesverfassungsgericht den Grundsatz der richterlichen Selbstbeschränkung aufgreift[194] und betont, nicht politisch tätig zu sein[195], ist eine politische Dimension seiner Rechtsprechung bereits aufgrund der Autorität dieses Gerichts und der damit verbundenen Machtposition nicht abzustreiten[196]. Durch das Instrument der Beobachtungs- und Nachbesserungspflicht kann das Gericht dann einerseits mit der Erklärung der Regelung als verfassungsmäßig den Status quo konservieren, andererseits jedoch

192 *Eisenberg*, Kriminologie, 2005, § 23 Rdnr. 49.

193 Auch *Eisenberg* knüpft die Wirksamkeitskontrolle an den Gesetzesweck. Der Gesetzgeber sei neben der Information und Aufklärung im Hinblick auf den **beabsichtigten Zweck** verpflichtet, eine Überprüfung zu gewährleisten, vgl. *Eisenberg*, Kriminologie, 2005, § 23 Rdnr. 49 mit dem Hinweis auf die zweite so genannte Numerus-clausus-Entscheidung des Bundesverfassungsgerichts, BVerfGE 43, 291, 321.

194 Vgl. BVerfGE 36, 1, 14; 59, 360, 377.

195 Deutlich in BVerfGE 36, 1, 14. Vgl. auch *Schlaich/Korioth*, Das Bundesverfassungsgericht, 2012, Rdnr. 505.

196 Zur Autorität und zum Öffentlichkeitsstatus des Bundesverfassungsgerichts vgl. nur *Brohm*, NJW 2001, S. 1 ff.; *Schulze-Fielitz*, Bundesverfassungsgericht und öffentliche Meinung, in: Bundesverfassungsgericht und gesellschaftlicher Grundkonsens, 2000, S. 119 ff.

auch die Sensibilität der Thematik betonen, indem es die Aufrechterhaltung des gegenwärtigen gesetzlichen Zustands noch um ein „aber" ergänzt und die Pflicht des Gesetzgebers zur Beobachtung und eventuellen Nachbesserung erwähnt[197].

Gerade im Rahmen der mehr als zurückhaltenden Praxis des Gerichts, Strafgesetze als verfassungswidrig zu qualifizieren, erlangt die Beobachtungs- und Nachbesserungspflicht des Gesetzgebers als Kompensation und Kompromiss für diese Zurückhaltung Bedeutung[198]. Es bleibt aber zu bezweifeln, ob dieser Kompromiss der gegen eine Regelung vorgehenden Partei die Hoffnung geben darf, die politische oder verfassungsrechtliche Wertung werde sich zu ihren Gunsten wandeln[199]. Denn das politische Interesse des Gesetzgebers an einer Beobachtung seines Gesetzes hängt größtenteils von der öffentlichen Aufmerksamkeit, die ein Gesetz genießt, ab: Nimmt die öffentliche Aufmerksamkeit ab, so verringert sich das Interesse des Gesetzgebers an einer Beobachtung des Gesetzes[200]. Dadurch rückt auch die Hoffnung auf einen Wandel in Ferne. Dem Bundesverfassungsgericht jedenfalls bietet die Beobachtungs- und Nachbesserungspflicht eine Möglichkeit, um für Regelungen, die auf unsicherer Tatsachengrundlage basieren und deren tatsächliche Wirkung schwierig zu prognostizieren ist, Kompromisslösungen zu finden.

b) Der Gesetzgeber als Produzent und Kontrolleur

Die Verpflichtung des Gesetzgebers zur Beobachtung und Nachbesserung seines Produkts ist, wenn man die Pflicht verfassungsrechtlich und im Gefüge der deutschen Rechtsordnung betrachtet, möglicherweise irreführend. Denn ob der Urheber eines Produkts, in diesem Fall des Gesetzes, in der Lage ist, sein eigenes Werk objektiv und hinreichend kritisch zu würdigen, darf angezweifelt werden. Eine Neigung zur Bewahrung des oftmals durch mühsam erlangte politische Kompromisse zustande gekommenen Gesetzes ist nicht fernliegend[201]. Zudem ist die

---

197 Dieser Gedanke findet sich auch bei *Huster*, ZfRS 2003, S. 25, der in der Beobachtungspflicht als Konsequenz eine „pragmatische Funktion" für das Gericht erkennt.

198 So auch *Hörnle*, Grob anstößiges Verhalten, 2005, S. 32.

199 So aber *Huster*, ZfRS 2003, S. 25; ähnlich *Steinberg*, Der Staat 1987, S. 186, der die „Befriedigungsfunktion" gegenüber der unterlegenen Seite betont. Kritisch dagegen *Nagel*, DÖV 2010, S. 274.

200 Vgl. *Nagel*, DÖV 2010, S. 273 f.

201 *Huster* erkennt gerade in der strafrechtlichen Regelung des Schwangerschaftsabbruchs einen Anlass zu fragen, ob es sinnvoll ist, wenn sich der Gesetzgeber weiterhin regemäßig mit diesem „politisch und weltanschaulich hoch besetzten Problem" auseinandersetzen muss.

Einsichtsfähigkeit des Gesetzgebers – vielleicht unverschuldet – wegen realpolitischer Bedingungen eingeschränkt[202]. Diese Einwände können weder von der Hand gewiesen noch mit Sicherheit widerlegt werden: Ob der Gesetzgeber fähig ist, sein eigenes Produkt zu beobachten, ist eine von zahlreichen politischen Gegebenheiten und der Person des Abgeordneten als Teil des Gesetzgebungsorgans abhängige Frage, die einer umfassenden Beantwortung nicht zugänglich ist.

Neben dem Einwand der Untauglichkeit von Gesetzesbeobachtungen durch den Gesetzgeber selbst sind allerdings Ansätze zu berücksichtigen, die die Identität zwischen Urheberschaft und Kontrollorgan als potentielles Problem nicht verkennen, in ihr jedoch auch Vorteile erblicken.

Brocker führt die Tatsache, dass sich der Gesetzgeber selbst stark mit seinem Produkt identifiziert, gerade als Indiz für die Einsichtsfähigkeit des Gesetzgebers an. Aufgrund dieser Verbundenheit würde der Gesetzgeber das Ziel einer besseren Rechtsetzung und die zur Zielerreichung notwendigen Instrumente grundsätzlich akzeptieren[203]. Der Identifikationseffekt könnte dann dazu führen, dass die Pflichten vom Gesetzgeber nicht als Einschränkung des politischen Entscheidungsspielraums, sondern als Kompetenzerweiterung empfunden werden[204].

Daneben zeigt die Ähnlichkeit der Beobachtungs- und Nachbesserungspflicht des Gesetzgebers mit bereits in der deutschen Rechtsordnung etablierten Instituten Möglichkeiten zur Legitimation der Identität auf. Die bisher in dieser Arbeit gebrauchte Bezeichnung des Gesetzes als Produkt und des Gesetzgebers als Produzenten ist nicht nur semantisch als Oberbegriff oder Umschreibung zu verstehen. Die Ähnlichkeit zur Produktbeobachtungspflicht des Herstellers im Rahmen der zivilrechtlichen Produzentenhaftung ist vielmehr kaum zu übersehen[205]: Wegen jener Produktbeobachtungspflicht in bürgerlich-rechtlichen Verhältnissen hat der Produzent sein nach dem gegenwärtigen technischen Stand fehlerfrei hergestelltes und mit hinreichender Aufklärung in den Verkehr gebrachtes Produkt weiter zu kontrollieren[206]. Durch die Anerkennung dieser Pflicht wird dem Umstand, dass Sorgfaltspflichten des Produzenten eigentlich auf einen bestimmten Zeitpunkt bezogen sind und die Einschätzung bezüglich Risiken und Gefahren sich über

202 Ähnlich *Jutzi*, ZPol 1998, S. 1353 f.; *Schmidt-Eichstaedt*, DVBl 1998, S. 323.

203 *Brocker*, Parlamentarische Gesetzesfolgenabschätzung, in: Responsive Regulierung, 2002, S. 137 f.

204 In diese Richtung auch *Hofmann*, ZG 1999, S. 57.

205 Zur Produktbeobachtungspflicht im Zivilrecht Erman/*Schiemann*, 2011, § 823 Rdnr. 115 ff., 119; MünchKommBGB/*Wagner*, 2009, § 823 Rdnr. 645 ff.; Palandt/*Sprau*, 2012, § 823 Rdnr. 172.

206 Vgl. Erman/*Schiemann*, 2011, § 823 Rdnr. 119;

den früheren Zeitpunkt der so genannten Inverkehrgabe eines Produkts ändern kann, Rechnung getragen[207]. Die Produzentenhaftung und die weitergehende Verantwortung des Herstellers für sein Produkt als Ausfluss dieser Haftung werden durch den Gedanken der Eröffnung bestimmter Gefahren durch die Zuführung eines Produkts in den Verkehr[208] und die Nähe des Produzenten zu seinem Werk[209] legitimiert.

Die Existenz dieser zivilrechtlichen Konstruktion kann keine Rechtfertigung der Beobachtungs- und Nachbesserungspflicht des Gesetzgebers darstellen. Doch die Übereinstimmung im Grundgedanken ist deutlich. Rechtsinstitute, die wie die Beobachtungs- und Nachbesserungspflicht des Gesetzgebers auf dem Prinzip weitergehender Verantwortlichkeit für geschaffene Produkte beruhen, fördern das Verständnis der Beobachtungs- und Nachbesserungspflicht. Die zivilrechtliche Argumentation mit der Möglichkeit einer Gefahrschaffung durch die so genannte Inverkehrgabe von Produkten kann auf die Beobachtungs- und Nachbesserungspflicht des Gesetzgebers dahingehend übertragen werden, dass durch die gesetzlichen Regelungen stets die Gefahr von Rechtsverletzungen geschaffen wird. Insbesondere auf strafrechtlich relevante Regelungen ist dieser Gedanke übertragbar: Aufgrund der ausgeprägten Grundrechtsbezogenheit ist die Gefährdung von Rechtspositionen konkret und besonders hoch.

Interessant an der Parallele zwischen der Produktbeobachtungspflicht des Herstellers und der gesetzgeberischen Pflicht ist, dass die zu Beginn dieses Abschnitts als mögliches Problem angesprochene Identität zwischen Urheberschaft und Kontrollfunktion nun mit *Brocker*[210] als Vorteil verstanden werden kann. Die Nähe des Herstellers zu seinem Produkt ist der wesentliche Anknüpfungspunkt für die zivilrechtliche Produktbeobachtungspflicht und ist auch im Zusammenhang mit der Adressierung der Beobachtungs- und Nachbesserungspflicht an den Gesetzgeber wichtig.

Neben der Nähe des Herstellers zu seinem Produkt ist das durch das „Einbringen" des Produkts in den Verkehr begründete Gefährdungspotenzial als tragendes Element von Bedeutung. Die Verantwortlichkeit wegen der Gefährdung

---

207 Vgl. *Koch*, Produkthaftung, 1995, S. 69 f.; MünchKommBGB/*Wagner*, 2009, § 823 Rdnr. 646.

208 *König*, Produktsicherheitsgesetz und Produkthaftung, 2003, S. 105 f.; Staudinger/*Hager*, 2009, § 823 Rdnr. F 2.

209 MünchKommBGB/*Wagner*, 2009, § 823 Rdnr. 646; Staudinger/*Hager*, 2009, § 823 Rdnr. F 20.

210 *Brocker*, Parlamentarische Gesetzesfolgenabschätzung, in: Responsive Regulierung, 2002, S. 137 f.

von Rechtsgütern durch ein bestimmtes Verhalten ist nicht nur der zivilrechtlichen Produktbeobachtungsthematik eigen. Im Strafrecht begegnet uns die Verantwortlichkeit aufgrund früheren Verhaltens bei der trotz ihrer weitestgehenden Anerkennung[211] in Rechtslehre und Praxis in ihren Einzelheiten umstrittenen Garantenstellung aus vorangegangenem Tun. Ohne auf die problematische Diskussion über die Voraussetzungen der Garantenstellung aus Ingerenz und deren Einschränkungsmöglichkeiten einzugehen[212] findet auch hier trotz der Uneinigkeit bezüglich einzelner dogmatischer Fragen letztlich eine Anknüpfung an die „Schaffung einer Gefahrenquelle“[213] statt. Die Idee, dass derjenige, der eine Gefahr schafft, für diese einstehen muss, leuchtet ein[214]. Und die Verbindung zur Beobachtungs- und Nachbesserungspflicht ist an diesem Gedanken der Gefahrschaffung herstellbar: Auf die Gefahr eines Schadenseintritts durch intensive Eingriffsgesetze wurde bereits hingewiesen. Die Verantwortlichkeit des Gesetzgebers für sein Gesetz ergibt sich aus der durch die Regelung bedingten Schaffung einer Gefahrenquelle. Auch *Mayer* sieht die Möglichkeit, die Nachbesserungspflicht des Gesetzgebers an sein vorangegangenes Tun zu knüpfen und bezeichnet dies als „Ingerenzgedanken“[215].

Das Aufzeigen ähnlicher Strukturen im Zivil- und Strafrecht kann nicht als Rechtfertigung der Beobachtungs- und Nachbesserungspflicht dienen. Die Parallelen zu den Strukturen der Produkthaftung und Ingerenz lassen jedoch die Adressierung der Pflichten an den Gesetzgeber und die zu Beginn dieses Abschnitts kritisch betrachtete Einbindung des Gesetzgebers als Hersteller und Kontrolleur sinnvoll erscheinen. Dem deutschen Rechtsverständnis ist sowohl die Identität zwischen Urheberschaft und Kontrolle als auch die weitergehende Verantwortlichkeit für mögliche Gefahrenquellen nicht fremd. Zudem wird in Anbetracht der bereits beantworteten Frage, welche Personen und Institutionen mit der Bezeichnung

---

211 Übersicht zur Meinung, die eine Garantenstellung aus vorangegangenem Tun ablehnt, bei *Roxin*, Strafrecht AT 2, 2003, § 32 Rdnr. 147 ff.

212 Vgl. dazu statt vieler LK/*Weigend*, 2006, § 13 Rdnr. 44.

213 *Roxin*, Strafrecht AT 2, 2003, § 32 Rdnr. 143.

214 *Kühl*, Strafrecht AT, 2012, § 18 Rdnr. 91; *Stratenwerth/Kuhlen*, Strafrecht AT, 2011, § 13 Rdnr. 27.

215 *Mayer*, Die Nachbesserungspflicht, 1996, S. 47. *Mayer* zitiert dabei eine Entscheidung des Bayerischen Verfassungsgerichtshofs, in der das Gericht „[...]die Verpflichtung des Gesetzgebers zum Erlaß von Vorschriften[...]“ nicht aus dem Gesetzesvorbehalt auf diesem Gebiet, sondern „[...]unter dem Gesichtspunkt eines Einstehens für vorangegangenes Tun[...]“ ableitet, vgl. BayVerfGHE 40, 45, 52.

„Gesetzgeber“ gemeint sind[216], die möglicherweise nachteilige Wirkung zu starker Identifikation mit dem „eigenen“ Produkt gemildert. Denn die Heterogenität des Gesetzgebers ist auch bei der Erörterung der Identität zwischen Urheberschaft und Kontrollorgan zu berücksichtigen. Der Gesetzgeber „gibt“ zwar die Gesetze, doch für den Erstellungsprozess kann er schon aufgrund der Komplexität vieler Regelungsbereiche kaum alleine sorgen. Ohne eine heterogene Zusammensetzung könnte er seiner Legislativfunktion nur schwerlich nachkommen. Er benötigt daher außerparlamentarische Akteure für die Erfüllung seiner Aufgaben[217]. Da die Identität den Gesetzgeber als heterogene Institution betrifft, wird das Problem einer unter Umständen hinderlichen, zu intensiven Identifikation mit dem eigenen Produkt entschärft.

c) Zwischenergebnis

Die von der juristischen Rechtfertigung zu unterscheidende Frage nach der Sinnhaftigkeit einer Adressierung der Pflichten an den Gesetzgeber kann wie folgt beantwortet werden:

Die gesetzliche Regelung strafrechtlich relevanter Bereiche bringt die Gefahr von Schäden an bedeutenden Rechtsgütern mit sich. Wer die Gefahrenquelle, also die gesetzlichen Normen, zu verantworten hat, hat auch die Vermeidung tatsächlicher Schäden zu kontrollieren.

Die Nähe des Gesetzgebers zum Gesetz, mithin seinem Produkt, kann positive Identifikationsmechanismen hervorrufen. Eine nachteilige Wirkung zu starker Identifikation und dadurch möglicherweise fehlende Nüchternheit stellt wegen der Heterogenität der Gesetzgebungsinstitution kein unüberwindbares Problem dar.

Die ratio der Beobachtungs- und Nachbesserungspflicht an sich ergibt sich aus der Notwendigkeit von Gesetzen, die nicht nur formal-juristisch, sondern auch rechtstatsächlich stimmig sind und der gesellschaftlichen, sozialen und rechtlichen Veränderung entsprechend dynamisiert werden. Letztlich dienen die Pflichten einer Optimierung der Gesetzesqualität. *Schröder* versteht die Erfolgskontrolle der Gesetzgebung deshalb auch als ein Instrument zur Sichtung eines möglichen Verbesserungsbedarfs[218]. Diese Formulierung *Schröders* zeigt nicht nur eine wichtige Funktion der Kontrolle im Sinne einer Beobachtung auf, sondern bestätigt das an

---

216 Vgl. oben IV., 4., S. 26 ff.

217 So auch *Beyme*, Der Gesetzgeber, 1997, S. 58.

218 *Schröder*, Zur Erfolgskontrolle der Gesetzgebung, in: Jahrbuch für Rechtssoziologie und Rechtstheorie, 1972 Band 3, S. 273.

früherer Stelle[219] als konnex bezeichnete Verhältnis zwischen Beobachtung und Nachbesserung, da *Schröder* die Erfolgskontrolle als Mittel zur Feststellung des Verbesserungsbedarfs qualifiziert.

Trotz der juristischen und tatsächlichen Legitimation der Beobachtungs- und Nachbesserungspflicht beinhaltet die Pflicht weiteres Konfliktpotenzial. Denn die Beobachtungs- und Nachbesserungspflicht könnte möglicherweise dem Gestaltungsspielraum des Gesetzgebers zuwider laufen.

5. Die Beobachtungs- und Nachbesserungspflicht und ihr Verhältnis zum gesetzgeberischen Gestaltungsspielraum

Die Beobachtungs- und Nachbesserungspflicht scheint auf den ersten Blick die ureigenste Aufgabe des Gesetzgebers, namentlich die Rechtsetzung, zu beschränken. Wenn der Gesetzgeber nichts anderes als das Gesetz schuldet[220], wirkt die Beobachtungs- und Nachbesserungspflicht störend, weil sie dem Gesetzgeber neben der Gesetzesproduktion eine weitere Aufgabe auferlegt. Zudem prägt das Bundesverfassungsgericht das Institut wesentlich, was als Einmischung in die Angelegenheiten des Gesetzgebers erscheinen könnte. Damit wird das im Hinblick auf die Kompetenzabgrenzung nicht einfache Verhältnis zwischen dem Bundesverfassungsgericht und dem Gesetzgeber kaum entschärft[221].

Eine umfassende Erörterung des gesetzgeberischen Gestaltungsspielraums und dessen Reichweite würde den Rahmen der vorliegenden Bearbeitung sprengen[222]. Bezogen auf das Spannungsfeld zwischen gesetzgeberischem Gestaltungsraum und der Beurteilung des Bundesverfassungsgerichts ist anzumerken, dass das

---

219 Vgl. oben V., 2., c), S. 41 ff.

220 So *Schlaich/Korioth*, Das Bundesverfassungsgericht, 2012, Rdnr. 542 mit zahlreichen Nachweisen. Die dortigen Ausführungen beziehen sich schwerpunktmäßig auf die von einigen für erforderlich gehaltene Begründungspflicht des Gesetzgebers, lassen sich jedoch auch auf andere Pflichten übertragen. Die These, dass der Gesetzgeber nur das Gesetz schulde, wird von der Verfasserin nicht geteilt, vgl. die Ausführungen oben.

221 Zu diesem Verhältnis statt vieler *Schlaich/Korioth*, Das Bundesverfassungsgericht, 2012, Rdnr. 503 f.

222 Eine ausführliche Auseinandersetzung liefert *Meßerschmidt*, Gesetzgebungsermessen, 2000, der auf den S. 926 ff. die empirische Einschätzungsprärogative des Gesetzgebers darstellt.

Anerkennen der gesetzgeberischen Einschätzungsprärogative keine automatische Bindung des Bundesverfassungsgerichts an die Prognose der Legislative bedeuten muss[223]. Die Einschätzungsprärogative, die dem Gesetzgeber ein Vorrecht hinsichtlich der Beurteilung tatsächlicher Grundlagen seiner gesetzgeberischen Entscheidung einräumt, beruht im Wesentlichen auf der faktisch besseren Möglichkeit der Legislative, die in Rede stehenden tatsächlichen Grundlagen zu ermitteln[224]. Es ist nicht erkennbar, dass die Beobachtungs- und Nachbesserungspflicht dieses Vorrecht gefährden würde. Dafür bestehen mehrere Gründe. Wesentlich ist hierbei die Akzeptanz der Pflicht. Wird sie als eine nur schwer tragbare Bürde für den Gesetzgeber und gerade im Hinblick auf die Kompetenzen des Bundesverfassungsgericht problematisch empfunden, so lässt sich dagegen zunächst anführen, dass die Pflicht, Gesetzeswirkungen zu kontrollieren, das politische Vorrecht der Gesetzgebungsinstitution nicht beschränkt, sondern erweitert und ihm eine weitere Kompetenz einräumt[225]. Damit darf die Möglichkeit der Beobachtung und Nachbesserung durchaus als Privileg und gerade als Anerkennung des gesetzgeberischen Spielraums verstanden werden. Dem Gesetzgeber wird durch die Aufrechterhaltung des Ist-Zustands unter dem Vorbehalt der weiteren Beobachtung erneut eine eigene Sphäre der Beurteilung zugestanden.

Ähnlich erkennen *I. Augsberg* und *S. Augsberg* im Konzept der Beobachtungs- und Nachbesserungspflicht zunächst eine ausdrückliche Billigung der Prognoseentscheidung[226] und anschließend, auf einer zweiten Stufe, ein Korrektiv[227]. Mit diesem Verständnis können sich der gesetzgeberische Gestaltungsspielraum und die Beobachtungs- und Nachbesserungspflicht ergänzen.

Daneben ist eine weitere, praktische und politische Überlegung speziell zur Situation bei Strafvorschriften anzustellen, insbesondere wenn im nächsten Abschnitt die Beobachtungs- und Nachbesserungspflicht bezüglich strafrechtlich relevanter Vorschriften erörtert werden soll. Der Blick in die Historie verfassungsgerichtlicher Entscheidungen zeigt, dass der Maßstab für gesetzgeberische Zwecke auf

---

223 *Meßerschmidt*, Gesetzgebungsermessen, 2000, S. 946. Zum vereinzelt vorgebrachten politischen Vorschlag, die Bindung des Bundesverfassungsgerichts an tatsächliche gesetzgeberische Entscheidungen durch eine Änderung des BVerfGG festzulegen vgl. *Ossenbühl*, Die Kontrolle, in: Bundesverfassungsgericht und Grundgesetz I, 1976, S. 462 f.

224 *Huster*, ZfRS 2003, S. 5 f.; *Mayer*, Die Nachbesserungspflicht, 1996, S. 117.

225 In diese Richtung auch *Brocker*, Parlamentarische Gesetzesfolgenabschätzung, in: Responsive Regulierung, 2002, S. 137 f.

226 *Augsberg/Augsberg*, VerwArch 2007, S. 306.

227 *Augsberg/Augsberg*, VerwArch 2007, S. 306, 315 f.

dem Gebiet des Strafrechts zwar hoch angesetzt wurde[228]. Zugleich wurde dem Gesetzgeber jedoch auch für die durch das Strafrecht zu schützenden Werte eine Einschätzungsprärogative zugestanden[229]. Deutlich zum Ausdruck kommt der gesetzgeberische Freiraum beispielsweise in der so genannten Cannabis-Entscheidung des Bundesverfassungsgerichts. Obgleich das Gericht in dieser Entscheidung feststellte, dass der Gesetzgeber zur Legitimation der Strafvorschriften des BtMG von Gesundheitsgefahren durch Cannabisprodukte ausgegangen war, die nach gegenwärtigem Erkenntnisstand nicht aufrechtzuerhalten sind, hielt es die Strafvorschrift für tauglich, den Gesetzeszweck zu fördern[230]. Zur Notwendigkeit beziehungsweise Erforderlichkeit des Gesetzes betont das Bundesverfassungsgericht, dass die Pönalisierung „Sache des Gesetzgebers" sei[231]. Falls der Gesetzgeber von einer besseren Abschreckungswirkung durch das strafrechtliche Verbot ausgehe, sei das verfassungsrechtlich hinzunehmen[232].

Man könnte aus diesen Formulierungen folgern, dass dem Gesetzgeber beim Erlass von Straftatbeständen keine Grenzen gesetzt würden[233] und der Ultima-Ratio-Grundsatz auf dem Gebiet strafrechtlicher Verbote letztlich ohne Bedeutung für die Kontrollpraxis des Gerichts sei[234]. Eine Tendenz zur großen Freiheit des Gesetzgebers bei der Entwicklung und Verwirklichung gesetzgeberischer Ziele ist zumindest erkennbar[235] und eine Einschränkung des „politischen Primats" eher nicht zu befürchten[236]. Der Freiraum des Gesetzgebers hinsichtlich

---

228 Dies gerade auch in Entscheidungen, in denen die Beobachtungs- und Nachbesserungspflicht erwähnt wird: Nach BVerfGE 45, 187, 253 („Lebenslange Freiheitsstrafe") und BVerfGE 90, 145, 201 („Cannabis") dürfen lediglich „elementare Werte des Gemeinschaftslebens" mit den Mitteln des Strafrechts geschützt werden.

229 Vgl. *Thurn*, KritJ 2009, S. 78. In BVerfGE 45, 187, 253 betont das Gericht die Freiheit des Gesetzgebers bezogen auf Strafzwecke und argumentiert mit der gesetzgeberischen Gestaltungsfreiheit.

230 BVerfGE 90, 145, 181 f.

231 BVerfGE 90, 145, 173.

232 BVerfGE 90, 145, 183.

233 So *Hörnle*, Grob anstößiges Verhalten, 2005, S. 25; *Tiedemann*, Verfassungsrecht und Strafrecht, 1991, S. 14; *Vogel*, StV 1996, S. 114.

234 *Hörnle*, Grob anstößiges Verhalten, 2005, S. 25.

235 *Thurn*, KritJ 2009, S. 78 f. kommentiert die Einschätzungsprärogative des Gesetzgebers bezüglich strafrechtlich verfolgbarer Zwecke und die darauf bezogene Kontrolle durch das Bundesverfassungsgericht als „stumpfe Negativkontrolle", bei der es nicht verwundere, dass noch keine vom Gesetzgeber als strafrechtlich verfolgbar angesehenen Zwecke als verfassungswidrig beurteilt wurden.

236 *Brocker*, Parlamentarische Gesetzesfolgenabschätzung, in: Responsive Regulierung, 2002, S. 137.

legislativer Konzepte und Zwecke spielt insbesondere bei der so genannten Cannabis-Entscheidung des Bundesverfassungsgerichts eine wesentliche Rolle und wird daher an späterer Stelle ausführlicher thematisiert werden.

Die Erörterung der Bedeutung, Herkunft, Grundlage und Legitimation der Beobachtungs- und Nachbesserungspflicht des Gesetzgebers ermöglicht die nun folgende nähere Betrachtung der Pflicht im strafrechtlich-legislativen Bereich. Die erlangten theoretischen Erkenntnisse, insbesondere über den Maßstab für eine Beobachtung durch den Gesetzgeber und die mit der Beobachtungs- und Nachbesserungspflicht verbundenen Schwierigkeiten, bilden das Fundament für die rechtstatsächlich orientierte Auseinandersetzung mit den Pflichten im Bereich des Strafrechts.

Anzumerken ist an dieser Stelle, dass sich die Reihe der bislang zur Herkunft, Charakterisierung und Rechtfertigung erörterten Punkte noch um zahlreiche weitere interessante Aspekte erweitern ließe. Exemplarisch sei hier die Frage nach der genauen Bestimmung der Reichweite einer Beobachtungs- und Nachbesserungspflicht und der Konsequenzen von Pflichtverletzungen genannt: Handelt es sich bei der Beobachtungs- und Nachbesserungspflicht um eine „echte" Rechtspflicht[237] oder eine bloße Obliegenheit[238]? Die präzise Qualifizierung ist für die Pflichterfüllung, das Ob und Wie der Pflichten, weniger relevant als für die verfassungsrechtlichen Konsequenzen einer Pflichtverletzung. Der Verzicht auf eine eingehende Auseinandersetzung mit diesem Punkt ist auf die inhaltliche Ausrichtung dieser Arbeit zurückzuführen. Sie soll die gesetzgeberischen Pflichten auf dem Gebiet des Strafrechts würdigen und Erfüllungsmöglichkeiten erörtern. Für diese Aufgabe kommt den Konsequenzen einer Nicht-Erfüllung der Beobachtungs- und Nachbesserungspflicht, d. h. einer Pflichtverletzung, keine wesentliche Bedeutung zu.

Unverzichtbar ist im Rahmen der vorliegenden Arbeit hingegen die Beschäftigung mit den Entscheidungen, in denen das Bundesverfassungsgericht die Existenz der Pflicht im Bereich des Strafrechts festsetzt. Diese Entscheidungen bilden die Grundlage für ein Verständnis der Beobachtungs- und Nachbesserungspflicht, ihres tatsächlichen Umfangs und der Erfüllungsmöglichkeiten.

---

237 Für die Nachbesserungspflicht wohl weitestgehend angenommen, vgl. *Badura*, in: FS Eichenberger, 1982, S. 483; *Mayer*, Die Nachbesserungspflicht, 1996, S. 34 mit weiteren Nachweisen.

238 *Stern*, Staatsrecht III/1, 1988, S. 1316.

VI. Eine an der Rechtsprechung des Bundesverfassungsgerichts orientierte Darstellung der Beobachtungs- und Nachbesserungspflicht im Strafrecht

Das Bundesverfassungsgericht genießt – unabhängig davon, ob die Einschätzung des Gerichts in Bezug auf einzelne Sach- oder Rechtsfragen geteilt wird – ein hohes Ansehen. Die Stellung und Reputation des Gerichts beruhen unter anderem auf der fachlichen Qualität, der formellen Bindungswirkung und den tatsächlichen Auswirkungen seiner Entscheidungen auf die Rechtsetzung und Rechtspraxis in der Bundesrepublik[239].

Auch für den Bereich der Beobachtungs- und Nachbesserungspflicht des Gesetzgebers sind einzelne Bundesverfassungsgerichtsentscheidungen von maßgeblicher Bedeutung. Das Gericht hat in einer Reihe von Entscheidungen zur Verfassungsmäßigkeit strafrechtlicher Regelungsbereiche die besagte Pflicht des Gesetzgebers erwähnt und ist zu dem Ergebnis gekommen, dass die jeweilige Regelung zum Zeitpunkt der Beurteilung den Vorgaben der Verfassung entspricht, sie jedoch vom Gesetzgeber weiterhin kontrolliert und bei Bedarf nachgebessert werden muss. Diese Ausgangssituation für die Beobachtungs- und Nachbesserungspflicht des Gesetzgebers ist im vorangegangenen Arbeitsschritt deutlich geworden. Es wurde betont, dass die Entscheidungen des Bundesverfassungsgerichts nicht die rechtliche Grundlage der Beobachtungs- und Nachbesserungspflicht bilden und die Pflicht des Gesetzgebers in der Verfassung verankert ist[240]. Die Herleitung der Pflichten aus der Verfassung wirft jedoch bei einer konsequenten Vorgehensweise Fragen auf. Falls die Beobachtungs- und Nachbesserungspflicht des Gesetzgebers originär aus der Verfassung abzuleiten ist und das Bundesverfassungsgericht deshalb nicht als Pflichtgeber, sondern als Mahner fungiert, fragt sich, warum sich die Beobachtungs- und Nachbesserungspflicht des Gesetzgebers nur auf Regelungsbereiche beziehen soll, in denen das Gericht die Pflicht annimmt. Die Konzentration allein auf die Verfassungsrechtsprechung kann dazu führen, dass

239 Die – auch politische – Relevanz der Entscheidungen des Bundesverfassungsgerichts lässt sich beispielsweise daran ablesen, dass die Ankündigung, den Gang zum Bundesverfassungsgericht anzutreten, ein beliebtes „Drohmittel“ in der politischen Auseinandersetzung darstellt, vgl. dazu *Stüwe*, ZParl 1997, S. 545.

240 Vgl. oben V., 3., S. 45 ff.

dem Bundesverfassungsgericht mittelbar doch eine Befugnis zur Auferlegung der Pflicht zugestanden wird. Die Beobachtungs- und Nachbesserungspflicht grundsätzlich nur auf die direkt oder indirekt in den Bundesverfassungsgerichtsentscheidungen angemahnten Fälle zu beschränken bedeutet, letztlich dem Bundesverfassungsgericht die Entscheidungsmacht über die Pflichtauferlegung zu überlassen. Die Pflichten dann dennoch rechtlich aus der Verfassung abzuleiten, wirkt wie ein künstliches Legitimationskonstrukt.

Die vorliegende Arbeit orientiert sich ebenfalls an den Entscheidungen des Bundesverfassungsgerichts zur Beobachtungs- und Nachbesserungspflicht des Gesetzgebers. Daraus lässt sich jedoch nicht folgern, dass die Pflicht des Gesetzgebers auf die durch das Gericht festgelegten Bereiche beschränkt ist. Deshalb erfolgt nach der Darstellung der Verfassungsgerichtsrechtsprechung zur Beobachtungs- und Nachbesserungspflicht des Gesetzgebers im Strafrecht die Überlegung, ob die Beachtung der Pflicht nicht auch unabhängig von der ausdrücklichen Erwähnung und Begründung durch das Bundesverfassungsgericht sinnvoll sein könnte.

1. Entscheidung zur lebenslangen Freiheitsstrafe

Die erste Entscheidung, die es zu betrachten gilt, ist die zur Verfassungsmäßigkeit der lebenslangen Freiheitsstrafe aus dem Jahre 1977. Die Auseinandersetzung um die lebenslange Freiheitsstrafe und um die wegweisende Entscheidung des Bundesverfassungsgerichts ist heute vielleicht nicht mehr von Leidenschaft und der Vorstellung von einem „anderen“ Strafrecht gezeichnet. Sie findet indes noch statt.

Die lebenslange Freiheitsstrafe ist die schwerste Sanktion im deutschen Strafrecht. Als absolute Sanktion ohne Milderungsmöglichkeit ist die lebenslange Freiheitsstrafe im StGB für Mord nach § 211 StGB[241] und den besonders schweren Fall des Totschlags nach § 212 II StGB vorgesehen[242]. Der einzige

---

241 Daneben ist sie auch im VStGB als absolute Strafe für Völkermord (§ 6 I VStGB), Verbrechen gegen die Menschlichkeit (§ 7 I Nr. 1 und 2 VStGB) und Kriegsverbrechen gegen Personen (§ 8 I Nr. 1 VStGB) vorgesehen.

242 Eine Abweichung vom geschriebenen Recht, nach welchem die lebenslange Freiheitsstrafe für Mord obligatorisch ist, findet in der Rechtspraxis mit Inanspruchnahme einer „das Recht fortbildenden“ (BGHSt 30, 105, 121 f.) Auslegung – der so genannten Rechtsfolgenlösung des BGH – zwar statt. Doch ändert diese faktisch contra

praktisch relevante Tatbestand, der die Rechtsfolge einer lebenslangen Freiheitsstrafe zwingend vorsieht, ist der Mord[243]. Aufgrund der Absolutheit und Schwere der Sanktion verwundert es nicht, dass die Frage nach ihrer Verfassungsmäßigkeit nicht nur akademisch diskutiert, sondern dem Bundesverfassungsgericht zur Überprüfung vorgelegt worden ist. Dabei handelt es sich bei der für das Thema der vorliegenden Arbeit bedeutenden Entscheidung aus dem Jahre 1977[244] nicht um den ersten Versuch, eine verfassungsrechtliche Klärung mit Hilfe des Gerichts zu erlangen. Kurze Zeit vor jener bedeutenden Entscheidung hatte das Bundesverfassungsgericht in den Jahren 1967 und 1975 Verfassungsbeschwerden gegen die Vollstreckung der lebenslangen Freiheitsstrafe mit dem Hinweis auf mangelnde Erfolgsaussichten gem. § 93a III BVerfGG a. F. nicht zur Entscheidung angenommen[245]. Die nächste Anfrage, eine Vorlage gem. Art. 100 I GG des LG Verden[246], das die lebenslange Freiheitsstrafe für einen Mörder als verfassungswidrig erachtete, veranlasste das Bundesverfassungsgericht schließlich doch zur Stellungnahme und zur Bejahung der Verfassungsmäßigkeit der lebenslangen Freiheitsstrafe. Die lebenslange Freiheitsstrafe verstoße nicht gegen das verfassungsrechtliche Gebot des sinn- und maßvollen Strafens[247].

Es folgt an dieser Stelle eine kurze Zusammenfassung des Sachverhalts der Entscheidung, die *Häger* als die wichtigste Entscheidung des Bundesverfassungsgerichts zum Strafrecht bezeichnet[248].

---

legem (vgl. statt vieler *Kinzig/Steinhilber*, Lebenslange Freiheitsstrafe, in: Probleme unbefristeter Freiheitsentziehungen, 2010, S. 43 f.; NK-StGB/*Neumann*, 2010, Vor § 211 Rdnr. 148 f.) praktizierte Rechtsprechung nichts an der grundsätzlich vorgesehenen gesetzgeberischen Vorgabe und der dadurch begründeten Eingriffsintensität.

243 Vgl. *Dessecker*, Lebenslange Freiheitsstrafe, 2009, S. 13, aufrufbar unter http://www.krimz.de/index.php?id=texte#c96 (zuletzt am 15. Oktober 2012). Vgl. die Strafverfolgungsstatistik für das Jahr 2010, Statistisches Bundesamt, Fachserie 10, Reihe 3, S. 24 ff., abrufbar unter https://www.destatis.de/DE/Publikationen/Thematisch/Rechtspflege/StrafverfolgungVollzug/Strafverfolgung2100300107004.pdf?__blob=publicationFile (zuletzt am 15. Oktober 2012).

244 BVerfGE 45, 187.

245 Beschlüsse 1 BvR 511/67 vom 30. November 1967 und 2 BvR 267/73 vom 13. Oktober 1975.

246 Abgedruckt in NJW 1976, S. 980 ff.

247 BVerfGE 45, 187, 253.

248 LK/*Häger*, 2006, § 38 Rdnr. 14.

a) Sachverhalt

Der Gegenstand der konkreten Normenkontrolle, mit der das LG Verden das Bundesverfassungsgericht anrief, war der Tatbestand des § 211 StGB. Das vorlegende LG hielt § 211 StGB für verfassungswidrig, weil der Tatbestand bei Mord zwingend eine lebenslange Haftstrafe vorsieht, ohne dass das Gericht die Möglichkeit hat, eine schuldangemessene Strafe im Einzelfall zu verhängen. Nach Ansicht des vorlegenden Gerichts verstößt die lebenslange Freiheitsstrafe als absolute Sanktion gegen den Wesensgehalt des Art. 2 II 2 GG und verletzt die Menschenwürde des Verurteilten. Zudem könnte die lebenslange Freiheitsstrafe nicht mit den anerkannten Strafzwecken in Verbindung gebracht werden[249].

Das Bundesverfassungsgericht hielt § 211 StGB und damit die Verhängung und Vollstreckung der lebenslangen Freiheitsstrafe für verfassungsgemäß, sofern dem Verurteilten die konkrete Chance verbleibe, durch eine Strafrestaussetzung wieder in Freiheit leben zu können.

Die Voraussetzungen für eine Strafrestaussetzung waren zum Entscheidungszeitpunkt nicht gesetzlich geregelt, worauf das Bundesverfassungsgericht den Gesetzgeber hinwies. Das Gnadenrecht war zu jener Zeit mangels Existenz einer gesetzlichen Grundlage die einzige Möglichkeit für den Verurteilten, eines Tages wieder in Freiheit leben zu können. Nach der Feststellung, dass zur Vermeidung eines Verstoßes gegen die Menschenwürde eine hinreichende Aussicht auf Partizipation an der „Freiheit" bestehen müsse, konstatierte das Bundesverfassungsgericht, dass das Institut der Begnadigung und das damit zusammenhängende Verfahren für eine Annahme solch einer Aussicht nicht genügten[250].

Der Gesetzgeber berücksichtigte die Vorgabe des Bundesverfassungsgerichts mit der Einfügung des § 57a StGB durch das 20. StRÄndG vom 8. Dezember 1981[251]. Seit dem 1. Mai 1982 ist die Aussetzung der Vollstreckung des Restes einer lebenslangen Freiheitsstrafe gesetzlich geregelt.

b) Festsetzung der Beobachtungs- und Nachbesserungspflicht durch das Gericht

Die Beobachtungs- und Nachbesserungspflicht des Gesetzgebers mahnte das Bundesverfassungsgericht in der Entscheidung zur lebenslangen Freiheitsstrafe neben

249 LG Verden NJW 1976, S. 980 ff.
250 BVerfGE 45, 187, 245.
251 Vgl. BGBl I 1981, S. 1329.

der verfassungsrechtlichen Pflicht, eine gesetzliche Regelung der Strafrestaussetzung bei lebenslanger Freiheitsstrafe einzuführen[252], folgendermaßen an:

> „Nach der Rechtsprechung des Bundesverfassungsgerichts gebührt dem Gesetzgeber bei in der Entwicklung begriffenen Komplexen, zu denen die Problematik der lebenslangen Freiheitsstrafe und ihres Vollzugs gehört, eine angemessene Frist zur Sammlung von Erfahrungen. Mängel einer Regelung geben erst dann Anlaß zum **verfassungsgerichtlichen Eingreifen**, wenn der Gesetzgeber eine spätere Überprüfung **und Verbesserung**[253] trotz **ausreichender Erfahrungen** für eine sachgerechtere Lösung unterlässt. Dieser Spielraum muss dem Gesetzgeber auch hier eingeräumt werden."[254]

Die Formulierung der Beobachtungs- und Nachbesserungspflicht ist zwar vorsichtig, aber dennoch klar erkennbar. Hinsichtlich der „Überprüfung und Verbesserung" nimmt das Bundesverfassungsgericht Bezug[255] auf die so genannte zweite Numerus-clausus-Entscheidung, in der das Gericht auf eine mögliche „Änderungspflicht" des Gesetzgebers hinwies, falls eine spätere Überprüfung der Regelung eine sachgerechtere Lösung ergibt[256].

Aus der zitierten Stelle ist die Verpflichtung zur Beobachtung und gegebenenfalls Nachbesserung der gesetzlichen Anordnung lebenslanger Freiheitsstrafen ableitbar. Der Gegenstand der Beobachtungs- und Nachbesserungspflicht wird unter Berücksichtigung der Vorlagefrage, in der die Vereinbarkeit der lebenslangen Freiheitsstrafe mit dem Grundgesetz bezweifelt wurde, erkennbar[257]. Das Bundesverfassungsgericht wollte, dass der Gesetzgeber die „spätere Überprüfung und Verbesserung"[258] auf die Frage richtet, ob der Vollzug der lebenslangen Freiheitsstrafe trotz der gesetzlichen Regelung der Strafrestaussetzung nicht dennoch den verfassungsrechtlichen Vorgaben widerspricht und trotz der Aussicht auf eine Strafrestaussetzung zu einem so genannten Verwahrvollzug wird, der „zwangsläufig zu irreparablen Schäden psychischer oder physischer Art führt, welche die Würde des Menschen (Art. 1 I GG) verletzen"[259].

---

252 Vgl. BVerfGE 45, 187, 246.

253 Hervorhebung von Verfasserin.

254 BVerfGE 45, 187, 252.

255 Vgl. BVerfGE 45, 187, 252.

256 BVerfGE 43, 291, 321.

257 *Eisenberg*, Kriminologie, 2005, § 23 Rdnr. 49; *Hillenkamp*, in: FS Eisenberg, 2009, S. 304.

258 Vgl. BVerfGE 45, 187, 252.

259 Vgl. *Hillenkamp*, in: FS Eisenberg, 2009, S. 304. Die zitierte Stelle ist der 2. Leitsatz der BVerfGE 45, 187.

c) Begründung der Beobachtungs- und Nachbesserungspflicht

Die verfassungsgerichtliche Begründung der Notwendigkeit einer gesetzgeberischen Beobachtung hängt wesentlich damit zusammen, dass nach der Einschätzung des Bundesverfassungsgerichts ein Verfassungsverstoß nach dem „gegenwärtigen Stand der Erkenntnisse“ nicht gegeben war: Es könne nicht festgestellt werden, dass der Vollzug der lebenslangen Freiheitsstrafe zu irreparablen Schäden führe, die gegen Art. 1 I GG verstießen[260]. Eine Prüfung am Maßstab der anerkannten Strafzwecke Schuldausgleich, Prävention, Resozialisierung, Sühne und Vergeltung führten dazu, dass die lebenslange Freiheitsstrafe als absolute Sanktion zum Schutz menschlichen Lebens eine bedeutsame Aufgabe beinhalte[261]. Wegen der aus der Verfassung ableitbaren Pflicht des Staates, das Menschenleben als höchstes Rechtsgut zu schützen, könne die gesetzgeberische Androhung der schärfsten Sanktion in Gestalt der lebenslangen Freiheitsstrafe nicht beanstandet werden[262]. Die „verfassungsrechtlich notwendige Ergänzung“ zu dieser Androhung sei aber ein Behandlungsvollzug in einer Vollzugsanstalt, die auf die Resozialisierung der Gefangenen hinzuwirken und negativen Auswirkungen der Haft entgegenzuwirken habe[263]. Art. 1 I GG fordere auf strafrechtlichem Terrain eine gerechte Beziehung zwischen Strafe, Schwere der Straftat und Täterverschulden und verbiete unmenschliche und erniedrigende Strafen[264]. Aus Art. 1 I GG sowie aus dem Sozialstaatsprinzip sei daher insbesondere im Bereich des Strafvollzugs die Pflicht des Staates, dem Menschen die grundlegenden individuellen und sozialen Existenzvoraussetzungen zu gewähren, abzuleiten.

Eine Unvereinbarkeit mit der Menschenwürde ergebe sich dann, wenn der Freiheitsentzug ohne die Aussicht, in Zukunft „wieder der Freiheit teilhaftig“ zu werden, stattfinde[265].

Das Bundesverfassungsgericht nahm die in der Wissenschaft voneinander abweichenden Beurteilungen zur Frage, welche schädigenden Folgen der Vollzug der lebenslangen Freiheitsstrafe haben kann, zur Kenntnis und wies darauf hin, dass es „nicht Sache des Bundesverfassungsgerichts“ sei, „darüber zu befinden, wie es zu

260 BVerfGE 45, 187, 2. Leitsatz.
261 BVerfGE 45, 187, 253 f.
262 BVerfGE 45, 187, 254 f.
263 BVerfGE 45, 187, 238.
264 BVerfGE 45, 187, 228.
265 BVerfGE 45, 187, 229.

so auseinandergehenden Beurteilungen kommen kann"[266]. Das Gericht erachtete es jedoch als „bedenklich, daß auch dann, wenn schwere Grundrechtseingriffe in Frage stehen, Unklarheiten in der Bewertung von Tatsachen zu Lasten des Grundrechtsträgers gehen sollen"[267]. Ein verfassungsgerichtliches Eingreifen sei jedoch auch bei Mängeln einer Regelung erst dann gefordert, wenn der Gesetzgeber seiner Beobachtungs- und Nachbesserungspflicht nicht nachkomme[268].

Das Bundesverfassungsgericht betonte, dass es sich bei einer tatsächlichen Widerlegbarkeit der Wertungen und Beurteilungen des Gesetzgebers über sie hinweggesetzt hätte[269]. Da sich die Wertungen nach Ansicht des Gerichts nicht widerlegen ließen, die fehlende Widerlegbarkeit sich aber nur auf den Entscheidungszeitpunkt bezog, ist es sachgerecht, diesbezüglich vom Gesetzgeber Beobachtung zu verlangen[270]: Der Wortlaut des zweiten Leitsatzes der Entscheidung beinhaltet, dass der Vollzug einer lebenslangen Freiheitsstrafe mit der Würde des Menschen „nach dem gegenwärtigen Stand der Erkenntnisse"[271] kompatibel sei. Diese Formulierung lässt darauf schließen, dass nach Auffassung des Gerichts weitere Untersuchung in Gestalt empirischer Forschung erfolgen muss.

d) Vorschläge des Bundesverfassungsgerichts zur Pflichterfüllung

Das Bundesverfassungsgericht hat den Gesetzgeber in der Entscheidung zur Verfassungsmäßigkeit der lebenslangen Freiheitsstrafe zwar auf die Beobachtungs- und Nachbesserungspflicht hingewiesen. Allerdings hat das Gericht dem Pflichtadressaten in der Entscheidung selbst keine Wege zur Pflichterfüllung aufgezeigt. Es ist auch nicht die Aufgabe des Gerichts, dem Gesetzgeber vorzugeben, wie er eine aus der Verfassung herzuleitende Pflicht zu erfüllen hat. Das Bundesverfassungsgericht muss also dem Gesetzgeber nicht erklären, wie es sich die Pflichterfüllung vorstellt. Das Gericht kann sich jedoch dazu äußern, wie der Gesetzgeber seiner Pflicht nachkommen könnte.

Das Bundesverfassungsgericht hat sich zwar nicht in seiner Entscheidung zur Verfassungsmäßigkeit der lebenslangen Freiheitsstrafe, wohl aber in seiner

266 BVerfGE 45, 187, 237.
267 BVerfGE 45, 187, 238.
268 BVerfGE 45, 187, 252.
269 Vgl. BVerfGE 45, 187, 238.
270 *Hillenkamp*, in: FS Eisenberg, 2009, S. 304; *Köhne*, JR 2003, S. 6.
271 BVerfGE 45, 187.

Entscheidung zur Verfassungsmäßigkeit der Sicherungsverwahrung aus dem Jahr 2003 und in einem Beschluss zur Vollstreckung der lebenslangen Freiheitsstrafe mittelbar dazu geäußert, wie eine Pflichterfüllung aussehen könnte.

In seinem Urteil zur Sicherungsverwahrung hielt das Bundesverfassungsgericht fest, dass die Sicherungsverwahrung nicht wegen möglicher Haftschäden gegen Art. 1 I GG verstoße[272]. Das Gericht bezog sich dabei ausdrücklich auf die Entscheidung zur lebenslangen Freiheitsstrafe und begründete seine Entscheidung unter anderem damit, dass auch aktuelle Forschungsergebnisse über die Folgen langjährigen Freiheitsentzugs nicht belegten, dass die Maßregel der Sicherungsverwahrung zwangsläufig zu irreparablen Schäden psychischer oder physischer Art führe[273]. Mit der Verweisung auf Forschungsergebnisse von *Weber*[274], auf die sich das Bundesverfassungsgericht als „neuere Forschungen zu den Auswirkungen langjährigen Freiheitsentzugs" bezieht[275], nennt das Bundesverfassungsgericht die wissenschaftliche Begleitforschung als eine Möglichkeit, die Folgen langjährigen Freiheitsentzugs zu beobachten.

Auch in seinem Beschluss zur Vollstreckung einer lebenslangen Freiheitsstrafe bezieht sich das Bundesverfassungsgericht auf die Arbeit von *Weber* und auf erhobene Daten der Kriminologischen Zentralstelle in Wiesbaden, um die Frage, ob langjähriger Freiheitsentzug „nicht zwangsläufig zu irreparablen Schäden" führt, zu verneinen[276].

Mit der Verweisung auf die Erkenntnisse der wissenschaftlichen Forschung bringt das Bundesverfassungsgericht zum Ausdruck, wie die Pflichterfüllung durch den Gesetzgeber gestaltet werden könnte. Diese Ansätze des Bundesverfassungsgerichts geben dem Gesetzgeber einen Anhaltspunkt, welche Daten zu erheben sind, um der Beobachtungspflicht zu entsprechen. Zu berücksichtigen ist, dass es sich um wissenschaftliche und nicht um gesetzgeberische Begleitforschung handelt, auf die das Bundesverfassungsgericht hinweist. Der Gesetzgeber kann aus der wissenschaftlichen Begleitforschung Schlüsse für seine Beobachtungspflicht

---

272 BVerfGE 109, 133, 153.

273 Vgl. BVerfGE 109, 133, 153.

274 *Weber*, Die Abschaffung, 1999. Das Bundesverfassungsgericht bezieht sich auf S. 88 ff. von *Webers* Arbeit. Dass das Bundesverfassungsgericht sich auf das Werk von *Weber* bezieht, befremdet, da *Weber* die lebenslange Freiheitsstrafe für verfassungswidrig hält und bereits im Titel („Die Abschaffung der lebenslangen Freiheitsstrafe – Für eine Durchsetzung des Verfassungsanspruchs") seines Werkes für die Abschaffung dieser Sanktion plädiert, vgl. dazu *Hillenkamp*, in: FS Eisenberg, 2009, S. 315 f.

275 Vgl. BVerfGE 109, 133, 153.

276 Vgl. BVerfG NJW 2007, 1933, 1935.

ziehen, doch die Forschungsarbeiten, auf die sich das Bundesverfassungsgericht beruft, stellen keine gesetzgeberische Beobachtungsleistung dar.

Es bleibt zu untersuchen, ob und wie der Gesetzgeber seiner auf die gesundheitsschädigenden Folgen langer Haftdauer gerichteten Beobachtungs- und Nachbesserungspflicht nachgekommen ist.

e) Maßnahmen des Gesetzgebers zur Erfüllung der Beobachtungs- und Nachbesserungspflicht

Der Hinweis des Bundesverfassungsgerichts, wonach „sowohl das Prinzip der Rechtssicherheit als auch die Forderung nach materieller Gerechtigkeit" dazu führen, dass die „Voraussetzungen, unter denen die lebenslange Freiheitsstrafe ausgesetzt werden kann, und das dabei anzuwendende Verfahren gesetzlich geregelt werden" müssen[277], wurde vom Gesetzgeber mit der Einfügung des § 57a StGB durch das 20. StRÄndG vom 8. Dezember 1981 berücksichtigt[278]. Seit dem 1. Mai 1982 ist die Aussetzung der Vollstreckung des Restes einer lebenslangen Freiheitsstrafe nun normiert[279].

Die lebenslange Freiheitsstrafe existiert im Übrigen jedoch unmodifiziert im Sanktionensystem. Eine Nachbesserung hat somit nicht stattgefunden. Die Frage, ob der Gesetzgeber seine Pflicht erfüllt hat, beschränkt sich folglich auf seine Beobachtungspflicht hinsichtlich der Folgen der lebenslangen Freiheitsstrafe. Das Bundesverfassungsgericht wies in seiner Entscheidung zur lebenslangen Freiheitsstrafe auf die Gegenwärtigkeit des damaligen Erkenntnisstandes hin. Die Gegenwärtigkeit im Sinne der bundesverfassungsgerichtlichen Entscheidung aus dem Jahre 1977 ist über dreißig Jahre her. Der Gesetzgeber hatte somit genügend Zeit, um „ausreichende Erfahrungen für eine sachgerechtere Lösung"[280] zu sammeln.

277 BVerfGE 45, 187, 246.

278 Vgl. BGBl I 1981, S. 1329.

279 Die mit § 57a StGB zusammenhängenden und insbesondere in der Rechtspraxis wesentlichen Fragen, genannt sei hier lediglich das Problem der Zuständigkeit für die Beurteilung der Schuldschwere und die so genannte Schwurgerichtslösung des Bundesverfassungsgerichts (BVerfGE 54, 100, 110; 64, 261, 270 ff.; 72, 105, 114 ff.; 86, 288, 315 ff.; BVerfG StV 1992, S. 25; BVerfG NJW 1993, 1124 f.; BVerfG NStZ 1993, 431) sollen in dieser Arbeit trotz ihrer rechtspraktischen Bedeutung nicht vertieft erörtert werden.

280 BVerfGE 45, 187, 252.

Die Tatsache, dass die lebenslange Freiheitsstrafe weiterhin existiert, bedeutet möglicherweise, dass eine gesetzgeberische Beobachtung und Überprüfung der Regelung das damals gefundene Ergebnis[281] bestätigt haben. Bei dieser Annahme hätte der Gesetzgeber aufgrund der tatsächlich erfolgten Überprüfung seine Beobachtungspflicht erfüllt, ohne nachbessern zu müssen.

Die Aufrechterhaltung der lebenslangen Freiheitsstrafe könnte aber auch die Konsequenz einer unterlassenen Beobachtung (und dadurch unmöglichen Nachbesserung) sein. Ohne Beobachtung können Änderungen des zur Zeit der BVerfGE 45, 187 „gegenwärtigen Standes" nicht erkannt und folglich keine Korrekturen vorgenommen werden. Durch die fehlende Beobachtung wird eine gesetzgeberische Nachbesserung unmöglich.

Die verfassungsrechtliche Pflicht des Gesetzgebers zur Beobachtung der lebenslangen Freiheitsstrafe bezieht sich nach dem Ansatz des Bundesverfassungsgerichts vornehmlich auf die Frage, ob der Vollzug der lebenslangen Freiheitsstrafe zu Schäden führt, die die Würde des Menschen verletzen. Der Gesetzgeber müsste die zur Beantwortung dieser Frage nötigen Erkenntnisse sammeln, um seiner Beobachtungspflicht nachzukommen. Fraglich ist, ob eine dahingehende Aktivität des Gesetzgebers stattgefunden hat und weiterhin stattfindet.

In seinem Urteil zur Sicherungsverwahrung aus dem Jahr 2003 erwähnte das Bundesverfassungsgericht die Existenz einer neueren Arbeit zu der Frage, welche schädigenden Wirkungen langjähriger Haftaufenthalt haben kann. Diese Arbeit könnte Ausfluss einer gesetzgeberischen Aktivität sein, wenn sie tatsächlich auf einer Beobachtungsleistung des Gesetzgebers basiert. Das Gericht stellte fest, dass auch neuere Forschungen nicht belegten, dass ein langjähriger Freiheitsentzug zu irreparablen Gesundheitsschäden führe[282]. Die neuere Forschung, die das Bundesverfassungsgericht anspricht, ist jedoch ein rein wissenschaftliches Werk, das in keinem Zusammenhang zu einer gesetzgeberischen Tätigkeit steht. Daraus kann keine Beobachtungsleistung des Gesetzgebers abgeleitet werden.

Auch sonst existieren kaum Belege dafür, dass der Gesetzgeber seiner Beobachtungspflicht nachgekommen ist. Für die gesetzgeberische Beobachtung von möglichen Haftschäden ist eine detaillierte Erhebung von gefangenenbezogenen gesundheitlichen und vollzugsspezifischen Daten unabdingbar. Zu diesen Daten gehören auch Angaben dazu, wie lange die Strafe vollzogen wird und was die

---

281 In der Folgezeit wurde das in der Entscheidung zur lebenslangen Freiheitsstrafe gefundene Ergebnis immer wieder bestätigt,vgl. allein BVerfGE 72, 105, 113; 86, 288, 312; 117, 71, 90 f.; BVerfG StV 1992, S. 25.

282 Vgl. BVerfGE 109, 133, 153.

Gründe ihrer Beendigung sind. Doch wie lange die lebenslange Freiheitsstrafe tatsächlich vollstreckt wird, lässt sich keiner amtlichen Statistik entnehmen[283]. Allein das Fehlen einer derartigen amtlichen Statistik ist ein starkes Indiz dafür, dass nicht hinreichend beobachtet worden ist. Das Defizit wurde erkannt, woraufhin das BMJ im Jahre 2001 unter den Landesjustizverwaltungen eine Umfrage zu diesem Thema initiierte. Seit 2002 führt die Kriminologische Zentralstelle jährlich eine standardisierte Erhebung durch[284]. Diese standardisierte Erhebung ist begrüßenswert, weist aber dennoch Mängel auf. Sie gibt beispielsweise keine Auskunft darüber, zu welchen psychischen oder physischen Schäden langjähriger Freiheitsentzug führen kann[285]. Diese Frage sollte nach den Ausführungen des Bundesverfassungsgerichts aber Gegenstand der gesetzgeberischen Beobachtung sein. Für die vom Bundesverfassungsgericht weiterhin vertretene Auffassung, dass langfristiger Freiheitsentzug nicht zu irreparablen, die Menschenwürde berührenden Schäden führe, fehlen mangels gesetzgeberischer Beobachtung die empirischen Belege.

Gesetzgeberische Aktivität zu der Frage, welche Folgen langjähriger Freiheitsentzug hat, ist – wenn man darin tatsächlich Aktivität erkennen möchte – in Anfragen von einzelnen Abgeordneten oder Fraktionen erkennbar. Doch da mangels gesetzgeberischer Beobachtung keine empirischen Belege existieren, können auch die Fragen nicht zufriedenstellend beantwortet werden. Beispielsweise richteten im Jahr 1996 Volker Beck und andere Abgeordnete eine kleine Anfrage an die Bundesregierung zum Vollzug der lebenslangen Freiheitsstrafe und zur Reform der Tötungsdelikte[286]. Unter anderem wurde die Frage gestellt, wie die Bundesregierung die These Jutta Limbachs, dass sich irreparable Schäden schon nach 10 oder 15 Jahren im Vollzug einstellten[287], beurteile. Die Bundesregierung antwortete, dass sie die Auffassung Limbachs nicht teile, weil sie keinen Anlass zu der Annahme habe, dass die Landesjustizverwaltungen die Regelungen

---

283 *Dessecker*, Lebenslange Freiheitsstrafe, 2009, S. 7, aufrufbar unter http://www.krimz.de/index.php?id=texte#c96 (zuletzt aufgerufen am 15. Oktober 2012). Dies gilt auch für die anderen zwei zeitlich unbestimmten Sanktionen des deutschen Kriminalrechts – Sicherungsverwahrung, §§ 66–66b StGB, und Unterbringung in einem psychiatrischen Krankenhaus, § 63 StGB.

284 Vgl. http://krimz.de/lebenslange.html (zuletzt aufgerufen am 15. Oktober 2012). Der aktuellste Bericht stammt von *Dessecker*, Lebenslange Freiheitsstrafe, 2009, welcher Angaben zu Dauer und Gründen der Beendigung der lebenslangen Freiheitsstrafe und Sicherungsverwahrung im Erhebungsjahr 2007 umfasst.

285 Zu diesem Einwand *Hillenkamp*, in: FS Eisenberg, 2009, S. 316.

286 BT-Ds 13/4705 vom 21. Mai 1996.

287 Mit Beleg in BT-Ds 13/4705 vom 21. Mai 1996, S. 4.

des Strafvollzugsgesetzes zur Vermeidung von Haftschäden nicht anwendeten[288]. Worauf die Bundesregierung diese Zuversicht stützt, ist in der Antwort auf die Frage nicht deutlich geworden. Insbesondere konnte die Bundesregierung nicht auf Ergebnisse aus Beobachtung und wissenschaftlicher Forschung verweisen[289].

Auch eine kleine Anfrage zum Vollzug der lebenslangen Freiheitsstrafe aus dem Jahr 2007[290] konnte wegen fehlender Beobachtungsergebnisse nicht zufriedenstellend beantwortet werden. Die Abgeordneten Jelpke, Dağdelen und die Fraktion DIE LINKE forderten 2007 Verlaufszahlen zur lebenslangen Freiheitsstrafe und betonten dabei die Bundeszuständigkeit für die statistische Erhebung, auch wenn die Durchführung des Strafvollzugs Ländersache sei[291]. Dem Problem der Zuständigkeit für statistische Erhebungen nach der Föderalismusreform[292] begegnete die Bundesregierung in der Antwort auf die kleine Anfrage mit dem Hinweis, „dass eine Verpflichtung der Bundesregierung zur Erhebung der angesprochenen statistischen Daten nicht besteht“[293]. Möglicherweise ist das Defizit an Daten und die daraus resultierende unbefriedigende Antwort der Bundesregierung auch auf das Selbstverständnis zurückzuführen, dass man nicht zur Datenerhebung verpflichtet sei. Die Bundesregierung sah sich jedenfalls nicht im Stande, eine – für die Untersuchung möglicher Haftschäden unabdingbare – Antwort auf die Frage nach der bereits verbüßten Haftzeit der zu lebenslanger Freiheitsstrafe verurteilten Inhaftierten zu geben, weil ihr keine Angaben darüber vorlagen[294].

Auffällig ist auch das fehlende Vermögen, Zahlen zur Frage nach der genauen Todesursache der lebenslang Verbüßenden zu nennen. Die kleine Anfrage umfasste unter anderem die Frage, wie viele der zu lebenslangen Haftstrafen

---

288 BT-Ds 14/4830 vom 11. Juni 1996, S. 5 f.

289 *Hillenkamp*, in: FS Eisenberg, 2009, S. 316 FN 75.

290 BT-Ds 16/5515 vom 25. Mai 2007.

291 BT-Ds 16/5515 vom 25. Mai 2007, S. 1.

292 Vgl. *Heinz*, Defizite, in: Kriminalstatistiken im Lichte internationaler Erfahrungen, 2009, S. 26, der mutmaßt, dass die Föderalismusreform die Kompetenz des Bundes wegen Art. 73 I Nr. 11 GG (ausschließliche Gesetzgebungskompetenz des Bundes über die Statistik für **Bundes**zwecke, Hervorhebung durch die Verfasserin) i.V.m. Art 74 I Nr. 1 GG (konkurrierende Gesetzgebung auf dem Gebiet des Strafrechts) nicht grundsätzlich ausschließen dürfte. Diese optimistische Einschätzung ist im Ergebnis wünschenswert. Indes ist zu befürchten, dass, wenn der Strafvollzug schon Ländersache ist, die Konstruktion des Bundeszwecks i.S.v Art. 73 I Nr. 11 GG bereits begrifflich schwierig werden könnte.

293 BT-Ds 16/5660 vom 14. Juni 2007, S. 2.

294 So die Begründung der Bundesregierung, vgl. BT-Ds 16/5660 vom 14. Juni 2007, S. 3.

Verurteilten in der Haft durch Suizid, Unfälle, Krankheit oder Alter, Mithäftlinge oder sonstige Fremdeinwirkung starben[295]. Die Bundesregierung verweist in der Antwort auf eine Tabelle zu Beendigungsgründen der lebenslangen Freiheitsstrafe[296]. Allerdings enthält jene Tabelle keinerlei Angaben zur konkreten Todesursache derjenigen „Lebenslänglichen“, die tatsächlich in der Haft verstarben. Der Tod wird in der Tabelle lediglich als ein weiterer Haftbeendigungsgrund ohne eine Differenzierung nach der Todesursache erfasst[297]. Der im Ergebnis nicht hilfreiche Verweis auf jene Tabelle ist symptomatisch für die Mängel bei der systematischen Kontrolle von Wirkungen lang andauernden Strafvollzugs. Obwohl die Zahl der Suizide oder krankheitsbedingt Verstorbener bei zu lebenslanger Haft Verurteilten mögliche Ansatz- und Forschungsoptionen hinsichtlich psychisch und physisch irreparabler Schäden bietet[298], konnte die Bundesregierung nicht auf Daten zurückgreifen.

Das Interesse einzelner Abgeordneter und einzelner Fraktionen an den Grundlagen und Folgen der lebenslangen Freiheitsstrafe ist zwar begrüßenswert. Das Interesse allein genügt jedoch nicht. Zu berücksichtigen ist in diesem Zusammenhang auch die Tatsache, dass die Unterzeichner der kleinen Anfragen Aufschlüsse über die politische Dimension der lebenslangen Freiheitsstrafe geben. Diese politische Dimension trägt dazu bei, dass die Einstufung der Anfragen als Beobachtungsleistung des Gesetzgebers nicht unproblematisch ist. Die Abgeordneten und die Fraktion DIE LINKE formulierten ihre Anfrage im Jahr 2007 nicht nur mit der Intention, Daten zum lebenslänglichen Freiheitsentzug zu erhalten, sondern auch, um die Missbilligung dieser Sanktion zu betonen[299]. Dabei ist die politische Zwecksetzung in verschiedene Richtungen möglich. Eine kleine Anfrage auf Landesebene aus dem Jahr 2008[300] zeigt, dass die politische Zwecksetzung auch in der Forderung nach längerer Haftdauer wegen der „Gefährlichkeit“ des Täters liegen kann. Vor dem Hintergrund, dass die Gefährlichkeit des Täters für die

295 BT-Ds 16/5515 vom 25. Mai 2007, S. 2. Seitens der Fragenden wurde zudem eine Aufschlüsselung nach verbüßten Haftjahren und Lebensalter der Gefangenen begehrt.

296 BT-Ds 16/5660 vom 14. Juni 2007, S. 6.

297 Abgedruckt bei BT-Ds 16/5660 vom 14. Juni 2007, S. 5.

298 Vgl. die Arbeit von *Bennefeld-Kersten*, Ausgeschieden durch Suizid, 2009, S. 149. Sie betont die Auffälligkeit des hohen Anteils zu einer lebenslangen Freiheitsstrafe Verurteilten in der Gruppe der Suizidenten.

299 Vgl. allein die letzte Frage an die Bundesregierung in BT-Ds 16/5515 vom 25. Mai 2007, S. 2, inwieweit sie die lebenslange Freiheitsstrafe weiterhin für ein geeignetes Mittel zur Resozialisierung straffällig gewordener Menschen hält.

300 Bürgerschaft der Freien und Hansestadt Hamburg Ds 19/1795 vom 23. Dezember 2008.

Allgemeinheit nicht notwendig nach einer bestimmten Zeit entfalle, forderte die Landtagsabgeordnete Spethmann Zahlen von zu lebenslanger Haft Verurteilten in Hamburger Justizvollzugsanstalten. Fragegegenstand war insbesondere auch die Anzahl der Verurteilten, bei denen im Urteil die besondere Schwere der Schuld festgestellt wurde. Mögliche Haftschäden waren dabei nicht Gegenstand der Anfrage. In der Antwort[301] auf diese Anfrage sticht eine Zahl besonders hervor: Auf Spethmanns Frage, wie sich die durchschnittliche Haftdauer bei den Gefangenen, bei denen die Vollstreckung des Restes einer lebenslangen Freiheitsstrafe zur Bewährung ausgesetzt wurde, seit 2001 entwickelt habe, lieferte ihr der Senat seit 2001 stetig steigende Zahlen, wobei für das Jahr 2007 eine durchschnittliche Haftdauer von 30 Jahren und 9 Monaten genannt wird[302].

Die den parlamentarischen Anfragen innewohnende politische Zwecksetzung trägt dazu bei, dass die Anfragen nicht als ausreichende Beobachtungsleistung des Gesetzgebers gewürdigt werden können. Zusammenfassend bleibt festzuhalten, dass die einzelnen politischen Anfragen begrüßenswert sind, weil sie das Bewusstsein für rechtspolitische Probleme schärfen. Sie dokumentieren jedoch auch, dass eine Erfüllung der Beobachtungspflicht nicht stattgefunden hat, da mangels Beobachtungsergebnisse keine befriedigenden Antworten auf die Anfragen gegeben werden konnten.

f) Hindernisse bei der Pflichterfüllung

Die Tatsache, dass der Gesetzgeber seiner Beobachtungs- und Nachbesserungspflicht im Hinblick auf die Vollzugsfolgen der lebenslangen Freiheitsstrafe bisher nicht nachgekommen ist, wird insbesondere durch politische und tatsächliche Hindernisse begünstigt.

Die Beobachtung von strafrechtlichen Regelungen und ihren Wirkungen ist einer Reihe von Schwierigkeiten unterworfen, die sich bei der lebenslangen Freiheitsstrafe vervielfachen. Zum einen handelt es sich beim Vollzug der lebenslangen Freiheitsstrafe um ein sensibles Thema. Nicht selten vermischen sich die Grenzen zwischen objektiver Forschung und subjektiver Vorstellung bezüglich Gesellschaft, Politik und Menschenbild beim Umgang mit der Thematik. Zum anderen sind Haft und der damit verbundene Freiheitsentzug einschneidende Sanktionen in „totalen“

301 Ebenfalls als Ds 19/1795 vom 23. Dezember 2008 dokumentiert.

302 Bürgerschaft der Freien und Hansestadt Hamburg Ds 19/1795 vom 23. Dezember 2008, S. 2.

Institutionen[303]. Diese Totalität wirkt sich nicht nur auf den die Strafe Verbüßenden, sondern auch auf den Versuch eines Erkenntnisgewinns in solchen Einrichtungen aus. Im Folgenden werden die Schwierigkeiten, die zur mangelhaften Erfüllung der gesetzgeberischen Beobachtungs- und Nachbesserungspflicht beitragen können, dargestellt.

aa) Politische Schwierigkeiten

Eine politische Schwierigkeit ist bereits bei der Darstellung der Maßnahmen des Gesetzgebers zur Erfüllung der Pflicht zum Ausdruck gekommen. Allein an der inhaltlichen Ausrichtung parlamentarischer Anfragen zum Vollzug der lebenslangen Freiheitsstrafe ist die politische Zielrichtung gesetzgeberischer Aktivität erkennbar.

Zwar kann die Politisierung durchaus einen positiven Einfluss auf die Erfüllung der gesetzgeberischen Pflicht haben. Denn der politische Umgang mit problematischen Regelungsbereichen bewirkt nicht selten öffentliche Debatten, die wiederum Druck auf den Gesetzgeber ausüben. Da der Gesetzgeber als direktdemokratisch legitimiertes Organ trotz des Art. 38 I 2 GG an Wahlerfolgen orientiert ist, dürfte öffentlicher Druck die Erfüllung der Beobachtungs- und Nachbesserungspflicht fördern. Doch die Frage nach möglicherweise irreparablen Schäden, die durch den Vollzug der lebenslangen Freiheitsstrafe entstehen können, vermag diesen positiven Effekt nicht zu erzeugen. Hierbei spielt das Sicherheits- und Rechtsempfinden breiter Bevölkerungsschichten eine bedeutende Rolle. Die Bevölkerung misst dem persönlichen Sicherheitsempfinden, das sie durch längeren Vollzug einer Freiheitsstrafe vielleicht als gewährleistet sieht, eine große Bedeutung zu[304]. Schädigende Folgen für den Verbüßenden treten dabei deutlich in den Hintergrund und werden eher in Kauf genommen als eine Gefährdung der allgemeinen und der eigenen Sicherheit. Durch eine derartige Positionierung entfällt die Macht des Wählers als ein wichtiges Druckmittel gegen den Gesetzgeber. Mangels öffentlichen Drucks bestehen weniger Anreize für den Gesetzgeber, seiner Pflicht nachzukommen.

---

303 Der Begriff der totalen Institution als Bezeichnung für eine längere Zeit vom übrigen gesellschaftlichen Leben abgeschnittene Stätte wurde von *Goffman* geprägt, wobei die Vollzugsanstalt nur das anschaulichste Beispiel einer totalen Institution liefert, vgl. *Goffman*, Asyle, 1973, S. 11.

304 Zur Bedeutung von Kriminalität und Sicherheitsempfinden der Bevölkerung vgl. auch https://www.destatis.de/DE/Publikationen/WirtschaftStatistik/Rechtspflege/Kriminalitaet810.pdf?__blob=publicationFile (zuletzt aufgerufen am 15. Oktober 2012).

bb) Schwierigkeiten im Rahmen der Strafvollzugsforschung

Neben politische Schwierigkeiten treten Hindernisse im tatsächlichen Bereich, die die Erfüllung der Beobachtungs- und Nachbesserungspflicht erschweren.

Ein Hindernis besteht bei der Durchführung der Rechtstatsachenforschung zur Frage, welche Folgen langer Freiheitsentzug für den Betroffenen haben kann. Die Beantwortung dieser Frage kommt ohne statistische Erhebungen nicht aus. Statistische Forschungen im strafrechtlich-kriminologischen Bereich sind jedoch Beeinträchtigungen ausgesetzt[305]. Sie sind zwar nicht die einzige Möglichkeit der Erfassung von Regelungswirkungen. Eine Vollzugsforschung ohne statistische Erhebung ist jedoch undenkbar. Merkmale der Gefangenen können anders nicht erfasst, verwertet und zum Zwecke der Interpretation zugänglich gemacht werden. Die Beobachtung der Vollzugsfolgen einer in der Dauer unbestimmten Freiheitsstrafe wie der lebenslangen[306] kann ohne statistische Angaben nicht erfolgen: Der Gesetzgeber kommt, wenn er die Erfüllung seiner Beobachtungspflicht tatsächlich bezweckt, an der Erforschung faktischer Zustände nicht vorbei. Hierfür benötigt er Instrumente und methodische Ansätze zur Sammlung von Daten. Doch unabhängig von der ebenso spannenden wie streitbaren Diskussion um die Eigenständigkeit der Kriminologie[307] bestehen keine eigenen, spezifisch-kriminologischen Methoden der Erhebung und des Erkenntnisgewinns[308]. Die Kriminologie bedient sich vielmehr der Instrumente ihrer Bezugswissenschaften wie der Soziologie oder der Psychologie[309]. Hieraus können sich Schwierigkeiten ergeben, wenn es um die Spezifika kriminologischer Sachverhalte geht, da die Instrumente der Bezugswissenschaften nicht auf kriminologische Sachverhalte ausgerichtet sind.

Der Strafvollzug als Forschungsstätte weist eine Reihe von Besonderheiten auf, die mit seiner Eigenschaft als „totale Einrichtung“ und den Auswirkungen auf die Insassen zusammenhängen. Die Folgen jahre- oder jahrzehntelangen Haftaufenthalts können nicht ohne Untersuchungen in der Vollzugsanstalt und ohne den unmittelbaren Kontakt zum Verbüßenden beobachtet werden. Der Umstand, dass

---

305 Vgl. den Überblick bei *Eisenberg*, Kriminologie, 2005, § 17 Rdnr. 53 ff.

306 *Kaiser*, Kriminologie, 1996, § 93 Rdnr. 5.

307 Vgl. zu dieser statt vieler *Eisenberg*, Kriminologie, 2005, § 1 Rdnr. 32 ff. Aufschlussreiche Gedanken zur (vermeidbaren) Abhängigkeit der Kriminologie vom Strafrecht dahingehend, dass sie nicht ohne Anknüpfung an den formellen, strafrechtlichen Begriff der Straftat auskommt und somit das eigentlich über Definitionsprozesse als solches qualifizierte kriminelle Handeln als gegeben akzeptiert, finden sich bei *Peters/Sack*, KrimJ 2003, S. 22 f.

308 *Eisenberg*, Kriminologie, 2005, § 1 Rdnr. 35; § 13 Rdnr. 25.

309 *Eisenberg*, Kriminologie, 2005, § 13 Rdnr. 25.

die Untersuchung in der Haft stattfindet, geht mit intensiven Beeinträchtigungen einher, die zur ohnehin existierenden Isolierung des Einzelnen in der totalen Institution hinzutreten[310]. Mangels spezifisch-kriminologischer Forschungsmethoden muss diesen Besonderheiten bei der Heranziehung der bezugswissenschaftlichen Instrumente Rechnung getragen werden, zumindest müssen sie als möglicherweise ergebnisverzerrende Faktoren im Bewusstsein bleiben.

Darüber hinaus gilt es bei der Beobachtung von schädigenden Wirkungen langer Freiheitsentziehungen folgende Fragestellung zu berücksichtigen. Ist es überhaupt möglich, Haftschäden als höchst persönliche und individuell ausgestaltete Erscheinung wissenschaftlich zu erfassen? Die Heterogenität derjenigen, die eine lebenslange Freiheitsstrafe verbüßen, könnte einer validen Wirklichkeitsforschung entgegenstehen. Die Lösung könnte in der Einbeziehung jeweils schon gegebener Persönlichkeitsmerkmale des einzelnen Gefangenen liegen[311]. Indes besteht dabei die Gefahr, dass den bereits schon vorhandenen Persönlichkeitsmerkmalen ein negativer Effekt zugeschrieben wird und dadurch charakterliche „Defizite" des Gefangenen bei der Frage nach möglichen Haftschäden eine größere Rolle spielen als die Intensität der Sanktion. Die folgende These von *Bresser* zeigt diese Gefahr deutlich: *Bresser* zieht die Verbindung zwischen einem „Scheitern oder Verfall" in der Haft und der Persönlichkeit des Betroffenen dahingehend, dass „solche Menschen" auch außerhalb der Haft nicht ganz selten scheiterten oder verfielen[312]. Mit einer derartigen Grundannahme ist bereits die Herangehensweise vorbelastet. Die Annahme, Haftschäden noch vor der eigentlichen Erforschung erklären zu können, erschwert eine objektive Analyse und belastet die Untersuchung schwer. Primär geht es dann nicht mehr darum, ob die schädigende Wirkung durch den staatlichen Eingriff in Gestalt der langen Freiheitsstrafe eintrat, sondern warum sie aufgrund der Persönlichkeit des Betroffenen eintreten musste.

cc) Weitere Schwierigkeiten

Die Erfüllung der Beobachtungs- und Nachbesserungspflicht ist weiteren Schwierigkeiten ausgesetzt, die eine Kontrolle der Folgen langen Freiheitsentzugs erschweren und sich auf die rechtliche Bewertung des Regelungsbereichs auswirken.

---

310 Vgl. *Eisenberg*, Kriminologie, 2005, § 19 Rdnr. 7.

311 *Bresser*, Stellungnahme in: Ist die lebenslange Freiheitsstrafe verfassungswidrig?, 1978, S. 15 ff.

312 So *Bresser*, Stellungnahme in: Ist die lebenslange Freiheitsstrafe verfassungswidrig?, 1978, S. 23.

Die Forschung im Bereich des Straf- und Strafvollzugsrechts zeigt, dass es keine Absolutheit der Ergebnisse gibt. Daher verwundern auch die voneinander abweichenden Einschätzungen bezüglich der Verfassungsmäßigkeit der lebenslangen Freiheitsstrafe nicht. Wenn für die Annahme der Verfassungsmäßigkeit – wie vom Bundesverfassungsgericht betont[313] – die gesetzgeberische Gestaltung und Zwecksetzung derart wesentlich ist, muss die als Argument vorgebrachte generalpräventive Bedeutung der lebenslangen Freiheitsstrafe näher betrachtet werden. Ob die Androhung der lebenslangen Freiheitsstrafe die vom Gesetzgeber erwünschten positiv oder negativ generalpräventiven Wirkungen erzielen kann, ist empirisch weder mit Sicherheit zu bestätigen noch zu verneinen. *Kaiser* formulierte den Stand zur generalpräventiven Wirkung der lebenslangen Freiheitsstrafe zum Zeitpunkt der Bundesverfassungsgerichtsentscheidung derart, dass eine präventive Wirkung dieser Sanktion nicht feststellbar sei, dies aber nicht bedeuten müsse, dass sie nicht existiere: sie ließe sich nur empirisch nicht nachweisen[314]. Auch heute existieren keine gesicherten Erkenntnisse zur generalpräventiven Wirksamkeit strafrechtlicher Sanktionsdrohungen[315]. Folglich basiert die verfassungsrechtliche Billigung der lebenslangen Freiheitsstrafe auf tatsächlichen Annahmen, die sich noch nicht empirisch belegen ließen[316].

Eine weitere Schwierigkeit besteht darin, dass Untersuchungen, die tatsächliche Wirkungen des „Rechts" berücksichtigen möchten, am Phänomen des so genannten Rechtsempfindens einer Bevölkerung und der so genannten öffentlichen Meinung[317] nicht vorbei kommen. Die juristische Wertung einerseits und deren Wahrnehmung in breiten Teilen der Gesellschaft andererseits können stark voneinander abweichen. An dieser Stelle ist die Problematik symbolischer Gesetze[318] zu nennen. Derartige Gesetze sind mit dem so genannten Rechtsempfinden eng verknüpft, da symbolisches Recht abseits von faktischer Wirksamkeit an das Rechtsempfinden der Gesellschaft appellieren möchte. Symbolische Gesetze

---

313 Vgl. BVerfGE 45, 187, 253 f.

314 *Kaiser*s dokumentierte Stellungnahme in: Ist die lebenslange Freiheitsstrafe verfassungswidrig?, 1978, S. 124.

315 *Eisenberg*, Kriminologie, 2005, § 41 Rdnr. 6.

316 Daher für eine Aussetzung des Vollzugs lebenslanger Freiheitsstrafen „bis zum Nachweis der Unschädlichkeit langer Haft" *Köhne*, JR 2003, S. 6.

317 Ein Versuch, diesen schwer fassbaren Begriff zu definieren, findet sich bei *Schulze-Fielitz*, Bundesverfassungsgericht und öffentliche Meinung, in: Bundesverfassungsgericht und gesellschaftlicher Grundkonsens, 2000, S. 112 ff.

318 Zuerst wohl *Gusfield*, Symbolic Crusade, 1963, S. 167 ff.; *ders.*, Devianzdefinition und symbolischer Prozeß, in: Abweichung und Kriminalität, 1975, S. 167 ff.

können eine tatsächliche Wirksamkeit nicht erreichen und sollen es konzeptionell auch nicht[319]. Vielmehr dienen sie einer symbolischen Demonstration der Unerwünschtheit bestimmter Verhaltensweisen durch politische Zeichen, vornehmlich durch Gesetze. Diese als „symbolisch" oder gar als „Beschwichtigungsnormen"[320] bezeichneten Regelungen betreffen Lebens- und Regelungsbereiche, welchen eine gesellschaftliche, nationale oder kulturelle Bedeutung zugeschrieben wird[321].

Das Strafrecht ist in besonderer Weise von Symbolik betroffen. Durch die Pönalisierung oder die Verschärfung der Strafe für ausgewählte, abweichende Verhaltensweisen wird dem „Volk" symbolisch einerseits die Bedeutung des jeweiligen Rechtsguts für die Werteordnung gesetzgeberisch dokumentiert und andererseits eine Effektivität und Sicherheit der Politik bei der Bewältigung gesellschaftlicher Probleme behauptet.

Die symbolische Dimension des Strafrechts ist in Bezug auf die strafrechtliche Regelung von Schwangerschaftsabbrüchen Gegenstand intensiver Diskussionen[322]. Doch auch die lebenslange Freiheitsstrafe weist Elemente symbolischer Demonstration von Entschlossenheit und Durchsetzungsfähigkeit auf. Dass der Gesetzgeber einen „Schwerstverbrecher", meist in Gestalt eines Mörders, mit einer lebenslangen Freiheitsstrafe belegt, könnte unabhängig von der faktisch messbaren, objektiven Effektivität dieser Maßnahme eine Symbolwirkung ermöglichen[323]. Die Schwierigkeit für die Wahrnehmung der Beobachtungs- und Nachbesserungspflicht besteht darin, dass eine symbolische Ausrichtung der lebenslangen Freiheitsstrafe einerseits verfassungsrechtlich bedenklich ist, andererseits Probleme bei der Wirkungskontrolle verursacht, da die symbolische Demonstration keine tatsächliche Wirksamkeit beabsichtigt.

Die wohl größte Schwierigkeit, nicht nur bei der Beobachtung der lebenslangen Freiheitsstrafe, ist, eine Erfolgskontrolle kriminalpolitischer Zielsetzungen tatsächlich umzusetzen. *Hobe* machte in den 80er Jahren des vergangenen

---

319 So *Noll*, Gesetzgebungslehre, 1973, S. 157.

320 Vgl. *Schmidt-Eichstaedt*, DVBl 1998, S. 323 FN 9. Die Beschwichtigung des Wählers erachtet auch *Roxin*, Strafrecht AT 1, 2006, § 2 Rdnr. 37 als einen Zweck symbolischen Strafrechts.

321 Vgl. *Eisenberg*, Kriminologie, 2005, § 23 Rdnr. 6 ff.

322 Vgl. allein *Eisenberg*, Kriminologie, 2005, § 23 Rdnr. 6; *Blankenburg*, Rechtssoziologie und Rechtswirksamkeitsforschung, in: Empirische Rechtsforschung, 1984, S. 48; *Kubink*, Strafen und ihre Alternativen, 2002, S. 648.

323 Auch in der BVerfGE 45, 187 ist die Wirkung der lebenslangen Freiheitsstrafe auf die Bevölkerung und ihrer Einstellung an mehreren Stellen erwähnt, vgl. allein BVerfGE 45, 187, 194, 211.

Jahrhunderts auf praktische Probleme bei der Erfolgskontrolle kriminalpolitischer Zielsetzungen aufmerksam[324] und stellte zur Verdeutlichung dieser Schwierigkeit unter anderem die Frage nach dem generalpräventiven Effekt der Strafandrohung[325]. Heute, zwei Jahrzehnte später, ist der empirische Nachweis über die generalpräventive Wirkung der lebenslangen Freiheitsstrafe weiterhin nicht erbracht[326]. Insbesondere unter Berücksichtigung des Maßstabs, wonach die Beobachtung der Gesetzeswirkung an der Zielrichtung des Gesetzes und der Einhaltung verfassungsrechtlicher Vorgaben festgemacht wird, könnte dies Anlass zu Bedenken geben. Zur Begründung der Verfassungsmäßigkeit lebenslangen Freiheitsentzugs haben gerade generalpräventive Erwägungen einen wesentlichen Beitrag geleistet. Der fehlende empirische Nachweis darüber liefert den an der Verfassungsmäßigkeit Zweifelnden[327] eine zusätzliche Argumentationsgrundlage.

g) Der Gesetzeszweck als Beobachtungs- und Nachbesserungsmaßstab

Die Beobachtungs- und Nachbesserungspflicht des Gesetzgebers hinsichtlich möglicher Folgen der lebenslangen Freiheitsstrafe wurde bislang nach der Maßgabe des Bundesverfassungsgerichts dargestellt. Unter Berücksichtigung des ermittelten Maßstabs zur Wirkungskontrolle von Gesetzen[328] dürften jedoch neben der Vermeidung haftschädigender Folgen auch andere Gesetzeszwecke für die Beobachtungs- und Nachbesserungspflicht relevant sein, auch wenn sie vom Bundesverfassungsgericht nicht als Bestandteil der Beobachtungs- und Nachbesserungspflicht genannt worden sind.

Das Bundesverfassungsgericht stellte in seiner Begründung zur Beobachtungs- und Nachbesserungspflicht auf die Pflicht des Gesetzgebers zur Beobachtung irreparabler Haftschäden ab. Es besteht jedoch kein Grund gegen ein weiter gefasstes Verständnis der Beobachtungs- und Nachbesserungspflicht des Gesetzgebers. Die Tatsache, dass das Bundesverfassungsgericht nicht als Pflichtgeber, sondern als

---

324 Vgl. *Hobe*, Umsetzung kriminalpolitischer Zielsetzungen, in: Jahrbuch für Rechtssoziologie und Rechtstheorie, 1988 Band 13, S. 185 ff.

325 Vgl. *Hobe*, Umsetzung kriminalpolitischer Zielsetzungen, in: Jahrbuch für Rechtssoziologie und Rechtstheorie, 1988 Band 13, S. 186.

326 *Eisenberg*, Kriminologie, 2005, § 41 Rdnr. 6; Köhne, JR 2003, S. 7; LK/*Häger*, 2006, § 38 Rdnr. 38.

327 Z.B. *Köhne*, JR 2003, S. 7.

328 Vgl. oben IV., 2., b), S. 13 ff.

„Mahner“ zu verstehen ist, spricht dafür, den Beobachtungsmaßstab nicht nur nach der Vorgabe des Bundesverfassungsgerichts zu richten. Im Abschnitt zur rechtlichen Verankerung der Beobachtungs- und Nachbesserungspflicht wurde festgestellt, dass diese aus der Verfassung abzuleiten ist. Die Pflicht des Gesetzgebers hätte ohne eine verfassungsgerichtliche Erwähnung zwar keinen Nährboden erhalten, weil das Bundesverfassungsgericht durch die erstmalige Definition der Pflicht diese – praktisch betrachtet – entwickelt hat.

Der Gesetzgeber hat die Beobachtungs- und Nachbesserungspflicht jedoch wegen des Gewaltenteilungsprinzips i. V. m. der Verfassungsbindung gem. Art. 20 III GG[329] zu erfüllen. Um die Gefahr, dass das Bundesverfassungsgericht doch entgegen verfassungsrechtlicher Maßstäbe rein faktisch als Pflichtgeber behandelt wird, zu vermeiden, ist es angebracht, auch den zu Beginn der Arbeit gefundenen Beobachtungsmaßstab in die Darstellung einfließen zu lassen.

Am Beispiel der lebenslangen Freiheitsstrafe soll der zu Beginn der Arbeit gefundene Beobachtungsmaßstab folgendermaßen zur Anwendung kommen: Der Gesetzeszweck wurde im ersten Abschnitt als Maßstab für die Beobachtung einer Regelung bestimmt. Vereinfacht formuliert müsste der Gesetzgeber zur Erfüllung seiner Beobachtungspflicht untersuchen, ob der Zweck und die kriminalpolitische Zielsetzung, die zur Notwendigkeit der lebenslangen Freiheitsstrafe angeführt werden, tatsächlich erreicht oder zumindest gefördert werden und ob, falls die Zwecksetzung nicht erreicht wird oder zweckwidrige Folgen eintreten, eine Nachbesserung notwendig ist.

Die Ausführungen zu der Frage, welcher Prüfungsmaßstab für die Beobachtungs- und Nachbesserungspflicht des Gesetzgebers taugt, ergaben, dass gesetzliche Regelungen oftmals mit verschiedenen Zwecksetzungen verbunden sind[330]. Den „einen“ Gesetzeszweck gibt es in der Regel nicht. Darüber hinaus ist zu beachten, dass der mit einer Regelung verbundene Zweck dem Wandel unterworfen sein kann. Eine mit einer bestimmten Regelung erwünschte und als notwendig erachtete Rechtslage kann unter Umständen nach einer gewissen Zeit nicht mehr haltbar sein. Zu betonen ist zudem, dass der Gesetzeszweck verfassungskonform sein muss.

Auch wenn dem Gesetzgeber in der Entscheidung zur Verfassungsmäßigkeit der lebenslangen Freiheitsstrafe ein äußerst weiter Entscheidungsspielraum hinsichtlich der Festlegung einzelner Strafzwecke höchstrichterlich zugesprochen wurde[331], bildet das Grundgesetz die Grenze der gesetzgeberischen Freiheit.

---

329 Vgl. oben V., 3., b), S. 51 ff.

330 Vgl. oben IV., 2., b), bb), S. 23.

331 Vgl. BVerfGE 45, 187, 253.

Folglich findet nicht nur eine Beobachtung des „Regelungserfolges“ in Gestalt einer Förderung des Gesetzeszweckes statt, sondern auch eine ständige Aktualisierung im Hinblick auf die Verfassungskonformität.

aa) Positive und negative Generalprävention als Zwecke der lebenslangen Freiheitsstrafe

Die Befürworter der lebenslangen Freiheitsstrafe halten diese unter anderem zum Zwecke der positiven Generalprävention für unverzichtbar[332]. Die staatliche Androhung eines lebenslangen Freiheitsentzugs für schwerste Straftaten[333] und ihre Umsetzung durch deren Vollzug verdeutliche, dass das Leben als höchstes Rechtsgut besonderen Schutzes bedürfe und dieses Bedürfnis seinen Niederschlag in der Rechtsordnung finde[334]. Hinter der Betonung der positiv-generalpräventiven Notwendigkeit steht der Wunsch, dass sowohl gesamtgesellschaftlich als auch individuell die Bedeutung des Rechtsguts „Leben“ und dadurch die gesamtgesellschaftliche und individuelle Rechtstreue gefördert werden. Eine Überprüfung der lebenslangen Freiheitsstrafe müsste bei Heranziehung des Gesetzeszwecks als Maßstab unter anderem die Frage umfassen, ob die Androhung und der Vollzug der lebenslangen Freiheitsstrafe dem Ziel einer positiven Generalprävention dienlich sind.

Die negative Generalprävention, d. h. die Abschreckung, ist ein weiterer Zweck der lebenslangen Freiheitsstrafe[335]. Folglich gehört die Erreichung dieses Zwecks ebenfalls zum Beobachtungsgegenstand.

Die Wirksamkeitskontrolle generalpräventiver Zwecke verdeutlicht die Bedeutung des Verfassungsrechts für den Gesetzeszweck als Maßstab der Beobachtungs- und Nachbesserungspflicht. Wie im Rahmen der Suche nach einem Maßstab für die Beobachtungs- und Nachbesserungspflicht erwähnt, umfasst die Beobachtung

---

332 Vgl. allein LK/*Häger*, 2006, § 38 Rdnr. 37 mit weiteren Nachweisen.

333 Praktisch relevant sind angesichts der Verurteilungszahlen lediglich Tötungsdelikte, vgl. *Dessecker*, Lebenslange Freiheitsstrafe, 2009, S. 13, aufrufbar unter http://www.krimz.de/index.php?id=texte#c96 (zuletzt aufgerufen am 15. Oktober 2012). Vgl. auch die Strafverfolgungsstatistik für das Jahr 2010, Statistisches Bundesamt, Fachserie 10, Reihe 3, S. 24 ff., abrufbar unter https://www.destatis.de/DE/Publikationen/Thematisch/Rechtspflege/StrafverfolgungVollzug/Strafverfolgung2100300107004.pdf?__blob=publicationFile (zuletzt aufgerufen am 15. Oktober 2012).

334 *Dreher*, in: FS Lange, 1976, S. 327 ff.; *Jescheck*/*Weigend*, Lehrbuch des Strafrechts AT, 1996, S. 758; LK/*Häger*, 2006, § 38 Rdnr. 37.

335 Vgl. BVerfGE 45, 187, 258.

der Zweckerreichung eine dauerhafte Aktualisierung der verfassungsrechtlichen Grundlagen. Die Erreichung erwünschter Zwecke impliziert das Ausbleiben unerwünschter, verfassungswidriger Lagen. Hier ergeben sich gerade bei generalpräventiven Zielsetzungen diffizile Probleme im Verhältnis des Strafrechts zum Verfassungsrecht. Denn es lässt sich nicht leugnen, dass der Straftäter bei generalpräventiven Zielsetzungen zu einem bestimmten Grad als statuiertes Exempel dienen soll. Der Straftäter wird als Werkzeug zur Sicherung des Rechtsbewusstseins und noch deutlicher zur Abschreckung der Allgemeinheit gebraucht[336]. Dies ist ein verfassungsrechtlicher Gesichtspunkt, der für die Frage, ob der Vollzug der lebenslangen Freiheitsstrafe verfassungswidrige Folgen für den Verbüßenden hat, Bedeutung erlangt.

bb) Spezialpräventive Zwecke

Gegenstand der Beobachtungspflicht sind auch (positiv und negativ) spezialpräventive Zwecke der lebenslangen Freiheitsstrafe.

Zunächst muss die (Re-) Sozialisierung des Täters als spezialpräventiver Zweck der lebenslangen Freiheitsstrafe von der Beobachtungs- und Nachbesserungspflicht des Gesetzgebers umfasst sein, da mit der Verhängung der lebenslangen Freiheitsstrafe die (Re-) Sozialisierung des Täters gefördert werden soll[337]. Dieser Beobachtungsgegenstand ist ebenfalls von den Schwierigkeiten, denen der Gesetzgeber bei der Pflichterfüllung ausgesetzt ist, betroffen. Allein die Probleme bei der Gewinnung und Verwertung empirischer Aussagen erschweren die Beobachtung deutlich[338].

Weiterhin bezweckt die lebenslange Freiheitsstrafe den Schutz der Allgemeinheit vor dem Täter, d. h. die negative Spezialprävention. Die negative Spezialprävention als ein Zweck der lebenslangen Freiheitsstrafe verdeutlicht die Herausforderung, verfassungsrechtliche Standards bei der Zweckerfüllung einzuhalten.

Auf den ersten Blick scheint die negative Spezialprävention als Zweck der lebenslangen Freiheitsstrafe unproblematisch erfüllt zu sein. Es leuchtet ein, dass das Verbringen des Täters in den Vollzug geeignet ist, die Gesellschaft vor weiteren Taten des Verurteilten zu sichern[339]. Wenn nur die Erfüllung des

336 So auch *Rolinski*, in: FS Schwind, 2006, S. 639.

337 Vgl. dazu auch BVerfGE 45, 187, 258.

338 Vgl. *Eisenberg*, Kriminologie, 2005, § 42 Rdnr. 43 m.w.N.

339 Deutliche Worte in BVerfGE 45, 187, 257: „Der Strafzweck der negativen Spezialprävention durch Sicherung vor dem einzelnen Täter kann durch dessen Verwahrung auf

Gesetzeszwecks zählen würde, dürfte die negative Spezialprävention durch einen lebenslangen Freiheitsentzug als absolut erreicht und die Regelung als „erfolgreich" bezeichnet werden. Dieses Ergebnis kann nicht richtig sein, da die Erreichung des Gesetzeszwecks nicht der einzige Maßstab ist[340]. Der Gesetzeszweck muss vielmehr unter Vermeidung verfassungs- und damit zweckwidriger Folgen erreicht werden. Die praktische Relevanz dieser These veranschaulicht folgende Überlegung: Bei der Prüfung, ob die negative Spezialprävention als Gesetzeszweck erreicht wird, führt kein Weg an der Vermeidung verfassungswidriger Umstände vorbei. Zur Sicherung der Allgemeinheit vor erneuten Straftaten gehört auch die Zeit nach der Entlassung des „Lebenslänglichen". Daher darf der Freiheitsentzug keine Haftschäden oder eine negative Persönlichkeitsentwicklung verursachen, wenn ein effektiver Schutz der Allgemeinheit gewährleistet werden soll. Denn wenn ein ehemaliger Häftling mit schweren psychischen oder physischen Schäden in die Freiheit entlassen wird, ist abgesehen von den verfassungsrechtlichen Bedenken auch das Ziel der Sicherung der Allgemeinheit gefährdet[341].

cc) Zwischenthesen

Die Beobachtung durch den Gesetzgeber müsste die Zwecke der lebenslangen Freiheitsstrafe und die Frage nach Folgen, die dieser Zweckerreichung widersprechen, umfassen. Dann kann die Beobachtung der Gesetzeswirkungen mit Hilfe eines an die Verfassung gekoppelten Gesetzeszwecks als Maßstab theoretisch gelingen. Um erwünschte und nicht erwünschte Folgen der lebenslangen Freiheitsstrafe zu erkennen, müssen die Beobachtung und Überprüfung alle Zwecke der Sanktion umfassen. Die Vereinbarkeit der Zwecksetzung mit der Verfassung ist ebenfalls Bestandteil der Beobachtung und Überprüfung.

h) Stellungnahme und Ausblick

Die Beurteilung des Bundesverfassungsgerichts, wonach die lebenslange Freiheitsstrafe mit der Verfassungsordnung vereinbar ist, kann – unabhängig davon,

---

Lebenszeit vollkommen erreicht werden." Im Übrigen ist die Wortwahl des Gerichts („Verwahrung") in Anbetracht der Zielsetzung des Strafvollzugs, der gerade kein so genannter Verwahrungsvollzug sein soll, zumindest kritisch zu würdigen.

340 Vgl. oben IV., 2., b), S. 18 ff.

341 Vgl. auch *Laubenthal*, Strafvollzug, 2011, Rdnr. 1, der zur Vermeidung spezialpräventiv schädlicher Auswirkungen den Abbau des Langstrafenvollzugs und insbesondere „eine Abschaffung der lebenslangen Freiheitsstrafe" fordert.

wie man dieses Ergebnis bewertet – nicht als leichtfertig getroffene Entscheidung bezeichnet werden. Die Begründung und die Auseinandersetzung des Gerichts sind eingehend. Sie enthalten Einschätzungen verschiedener Sachverständiger zu möglichen Haftschäden durch den Vollzug der lebenslangen Freiheitsstrafe, zur präventiven Wirkung der Sanktion und zum Mordtatbestand[342].

Das Bundesverfassungsgericht nutzte die Vorlage des LG Verden, um über die eigentliche Vorlegungsfrage hinaus Gedanken zu Strafzwecken, zum Vollzug, zum Vollzugsziel und zur Gnadenpraxis anzustellen. In der Entscheidung räumt das Bundesverfassungsgericht den „außerordentlich schweren Eingriff in die Grundrechte des Betroffenen" ein, weist aber auch auf den „Raum für die Gestaltung durch den Gesetzgeber" hin, soweit dieser Gestaltungsraum mit den verfassungsrechtlichen Grenzen vereinbar sei[343]. Das Gericht betont die Bedeutung der „Wertungen und tatsächlichen Beurteilungen des Gesetzgebers"[344] an verschiedenen Stellen seiner Entscheidung, vielleicht weil nur so einige offen gebliebene und problematische Fragen zumindest entschärft werden können. Denn die Tatsache, dass das Gericht die lebenslange Freiheitsstrafe für Mord im Ergebnis als verfassungsmäßig qualifiziert, ist auch die Konsequenz einer Verwertung verschiedenster Stellungnahmen, Gutachten und Expertisen, die voneinander abweichende Forschungsergebnisse präsentierten. Es gab zum Zeitpunkt der Bundesverfassungsgerichtsentscheidung und gibt auch heute noch keine Gewissheit über die Folgen der lebenslangen Freiheitsstrafe für Geist und Körper der von der Sanktion Betroffenen: Die Untersuchungsergebnisse weichen weiterhin voneinander ab[345]. Als Ursachen für die Abweichung kommen beispielsweise die Verallgemeinerung individueller Erfahrungen oder die Unterschiedlichkeit von Untersuchungskriterien und -maßstäben in Betracht[346].

Auch das Bundesverfassungsgericht musste sich zum Zeitpunkt der Entscheidungsfindung mit dieser Unsicherheit beschäftigen. Es war mit der Schwierigkeit konfrontiert, die Vereinbarkeit der lebenslangen Freiheitsstrafe mit dem Grundgesetz anhand untereinander abweichender Forschungsergebnisse beurteilen zu müssen, ohne dabei bestimmten Einschätzungen eine höhere Glaubhaftigkeit

342 Eine Dokumentation der mündlichen Verhandlung vor dem Bundesverfassungsgericht am 22. und 23. März 1977 findet sich bei Jescheck/Triffterer (Hrsg.), Ist die lebenslange Freiheitsstrafe verfassungswidrig?, 1978.

343 BVerfGE 45, 187, 223.

344 BVerfGE 45, 187, 238.

345 Vgl. *Bock/Mährlein*, ZRP 1997, S. 379 f.; *Hille*, NStZ 1995, S. 228; *Köhne*, JR 2003, S. 6.

346 *Bock/Mährlein*, ZRP 1997, S. 379 f.

zuzusprechen. Keines der Forschungsergebnisse ließ sich vollständig widerlegen. Es blieb nur die Frage, wer das Risiko dieser Unsicherheit zu tragen hat. Wenn die schädigenden Folgen langer Haftdauer und die Irreparabilität der Folgen nicht mit Sicherheit widerlegt werden können, soll diese Unsicherheit zu Lasten des Grundrechtsträgers, im Anwendungsbereich der lebenslangen Freiheitsstrafe zu Lasten des Täters gehen[347]? Das Bundesverfassungsgericht zweifelte ebenfalls. Den Zweifeln folgte allerdings eine ausführliche Begründung, warum die lebenslange Freiheitsstrafe dennoch aufrecht erhalten werden könne[348].

Die Zweifel waren mitursächlich dafür, dass das Bundesverfassungsgericht den Gesetzgeber zur Beobachtung und Nachbesserung ermahnte. Die Betrachtung der gesetzgeberischen Aktivitäten nach der Entscheidung des Bundesverfassungsgerichts hat allerdings gezeigt, dass die Beobachtungspflicht kaum Beachtung vom Gesetzgeber erfahren hat[349]. Dabei wurde der Umfang der Pflichterfüllung nur an der Vorgabe des Bundesverfassungsgerichts, d. h. an der Frage nach haftschädigenden Wirkungen der lebenslangen Freiheitsstrafe, gemessen. Selbst dieser eingeschränkte Prüfungsumfang wurde vom Gesetzgeber nicht hinreichend berücksichtigt. Eine weitergehende gesetzgeberische Beobachtung, die als Maßstab die Erreichung der mit der lebenslangen Freiheitsstrafe anvisierten Ziele unter Vermeidung nicht erwünschter, verfassungswidriger Zustände hat[350], findet somit ebenfalls nicht statt.

Neuere wissenschaftliche Untersuchungen, die auch die schädigenden Wirkungen langer Haftstrafen thematisieren[351], beruhen nicht auf gesetzgeberischer Beobachtung und stellen daher keine Pflichterfüllung durch den Gesetzgeber dar. Sie entbinden den Gesetzgeber nicht davon, den Vollzug der lebenslangen Freiheitsstrafe im Auge zu behalten.

Ein jüngerer Beschluss des Bundesverfassungsgerichts zur Neuregelung der Entlohnung von Strafgefangenen[352] demonstriert, dass Rechtsetzungsakte im Strafvollzugs- und Haftrecht eine besondere Tragweite haben und hier die Wirkungskontrolle durch Beobachtung besonders angezeigt ist. Die Verfassungsbeschwerde des Beschwerdeführers wurde zwar mangels Annahmegrund gem. § 93a II BVerfGG nicht zur Entscheidung angenommen[353] und sowohl die angegriffenen

347 Zweifelnd und daher für eine Aussetzung des Vollzugs lebenslanger Freiheitsstrafen „bis zum Nachweis der Unschädlichkeit langer Haft" *Köhne*, JR 2003, S. 6.

348 BVerfGE 45, 187, 253 ff.

349 Vgl. oben VI., 1., e), S. 71 ff.

350 Vgl. oben IV., 2., b), S. 23 ff.

351 Beispielsweise von *Bennefeld-Kersten*, Ausgeschieden durch Suizid, 2009.

352 BVerfG StV 2002, S. 374 ff.

353 BVerfG StV 2002, S. 374.

Entscheidungen der JVA und einfachen Gerichte als auch die mittelbar angegriffenen §§ 43, 200 StVollzG wurden als verfassungsrechtlich unbedenklich eingestuft[354]. Doch das Gericht betonte, dass auch wenn der Gesetzgeber die äußerste Grenze einer verfassungsrechtlich zulässigen Bezugsgröße noch gewahrt habe, er aufgefordert bleibe, die Bezugsgröße nicht festzuschreiben, sondern einer „**steten Prüfung**" zu unterziehen[355].

2. Entscheidung zum Schwangerschaftsabbruch

> „Es muss übrigens darauf hingewiesen werden, dass die Gesellschaft, die so heftig bestrebt ist, die Rechte des Embryos zu verteidigen, sich um die Kinder nicht mehr kümmert, sowie sie auf der Welt sind"[356].

Der Schwangerschaftsabbruch und seine nicht nur juristisch kontroverse[357] Würdigung interessieren die Menschen unabhängig von Herkunft, Status, kultureller Identität, Geschlecht und Alter. Das ist unter anderem darauf zurückzuführen, dass rechtliche Regelungen zum Schwangerschaftsabbruch den Kern menschlichen Lebens, menschlicher Existenz[358] und Lebensführung tangieren. In der Masse der zu diesem Thema veröffentlichten und vertretenen Ansichten gibt es keinen einzigen, allen Positionen gemeinsam zugrundeliegenden Gedanken, dessen Schutzkonzept die Beziehung zwischen der Schutzwürdigkeit ungeborenen menschlichen Lebens und dem Recht jeder Frau auf Selbstbestimmung für alle zufriedenstellend in Ausgleich bringt. Das Meinungsspektrum reicht von Positionen, die ein striktes und einschränkungsloses Verbot von Schwangerschaftsabbrüchen befürworten[359] bis zu Ansätzen, die Schwangerschaftsabbrüche dem strafrechtlichen Regelungsbereich weitestgehend entziehen möchten[360].

---

354 BVerfG StV 2002, S. 374.

355 Vgl. BVerfG StV 2002, S. 375.

356 *Beauvoir*, Das andere Geschlecht, Übersetzung aus dem Jahre 1968, S. 470.

357 Sichtbar allein an der Tatsache, dass es zwei abweichende Sondervoten zur BVerfGE 88, 203 gibt.

358 BVerfGE 88, 203, 338 (Sondervotum *Mahrenholz/Sommer*).

359 Z.B. die Position der katholischen Kirche, niedergeschrieben in Can. 1398 Buch VI (Strafbestimmungen der Kirche) Codex Iuris Canonici aus dem Jahre 1983. Dort heißt es: Wer eine Abtreibung vornimmt, zieht sich mit erfolgter Ausführung die Tatstrafe der Exkommunikation zu.

360 Vgl. *Wersig*, Reproduktion, in: Feministische Rechtswissenschaft, 2006, S. 143 ff. Zum Verhältnis zwischen „Embryo" und „Mutter" und zu den (rechtlichen) Konsequenzen einer von *Wiesemann* angenommenen „wesensmäßigen Abhängigkeit" des

Folglich verwundert es kaum, dass die auf das RStGB von 1871 zurückgehenden Regelungen über die Strafbarkeit des Schwangerschaftsabbruchs seit jener Zeit häufig reformiert wurden[361] und das Bundesverfassungsgericht sich zweimal mit ihrer Verfassungsmäßigkeit beschäftigte[362]. In der für die vorliegende Untersuchung besonders relevanten zweiten Bundesverfassungsgerichtsentscheidung vom 28. Mai 1993 waren neben sozialversicherungs- und organisationsrechtlichen Bedenken strafrechtliche Vorschriften über den Schwangerschaftsabbruch Gegenstand der verfassungsgerichtlichen Überprüfung[363]. Die Entscheidung des Zweiten Senats beinhaltet somit nicht nur die strafrechtlichen, sondern auch die mit der rechtlichen Würdigung des Schwangerschaftsabbruchs generell zusammenhängenden Probleme. Eine umfassende Darstellung dieser Entscheidung, die aussagekräftige inhaltliche, aber auch nicht unproblematische moralische Maßstäbe über Lebensrecht, Freiheit, Wertvorstellungen und die Ächtung bestimmter Verhaltensweisen enthält, würde den Rahmen dieser Arbeit sprengen. Auf eine kurze Sachverhaltsdarstellung zur zweiten Entscheidung des Bundesverfassungsgerichts zum Schwangerschaftsabbruch kann im Zusammenhang mit der Beobachtungs- und Nachbesserungspflicht des Gesetzgebers jedoch nicht verzichtet werden. Denn der gegenwärtige juristische Stand basiert in seinen wesentlichen Zügen auf der genannten Bundesverfassungsgerichtsentscheidung. Im Anschluss daran wird auf den die Beobachtungs- und Nachbesserungspflicht des Gesetzgebers begründenden Gehalt der Entscheidung eingegangen.

a) Sachverhalt

Nachdem das Bundesverfassungsgericht in seiner ersten Entscheidung zum Schwangerschaftsabbruch vom 25. Februar 1975[364] die Vorschriften zum Schwangerschaftsabbruch aus dem Jahre 1974 teilweise für nichtig erklärt hatte[365], beschloss der Gesetzgeber mit dem 15. StÄG vom 18. Mai 1976[366] die bis 1992

Embryos von der Mutter vgl. *Wiesemann*, Eine Kritik, in: Verkörperte Technik – Entkörperte Frau, 2003, S. 144.

361 SSW-StGB/*Momsen*, 2009, § 218 Rdnr. 3. Übersichtliche Darstellung der Historie bei MünchKommStGB/*Gropp*, 2003, Vor §§ 218 ff. Rdnr. 1 ff.; 13 ff..

362 BVerfGE 39, 1 vom 25. Februar 1975 und die die Beobachtungs- und Nachbesserungspflicht enthaltende BVerfGE 88, 203 vom 28. Mai 1993.

363 Vgl. BVerfGE 88, 203, 213.

364 BVerfGE 39, 1.

365 Vgl. BVerfGE 39, 1, 51 ff., 55 ff.

366 BGBl I 1976, S. 1213.

geltende so genannte Indikationsregelung. Dieses weiter gefasste Indikationsmodell legte neben der medizinisch-sozialen, embryopathischen und kriminologischen Indikation eine so genannte allgemeine Notlagenindikation als straffreistellend fest[367].

Im Gebiet der ehemaligen DDR galt dieses Indikationsmodell nicht. Nach der Herstellung der deutschen Einheit am 3. Oktober 1990 galt dort zunächst weiterhin ein unterschiedliches Recht für Schwangerschaftsabbrüche[368]. Da der Einigungsvertrag vorgab, bis Ende 1992 in beiden Teilen Deutschlands einheitliche Regelungen zum Schwangerschaftsabbruch zu schaffen[369], verabschiedete der Gesetzgeber das SFHG vom 27. Juli 1992[370]. Das SFHG sah neben Maßnahmen, die der Schwangeren das Austragen des Kindes erleichtern sollten, die Neuregelung der Strafbarkeit des Schwangerschaftsabbruchs vor. Gem. § 218a I StGB in der Fassung des SFHG sollte ein innerhalb der ersten zwölf Schwangerschaftswochen vorgenommener Abbruch nicht rechtswidrig und damit nicht strafbar sein, wenn sich die Schwangere gem. § 219 StGB in der Fassung des SFHG vor dem Abbruch nachweisbar in einer anerkannten Beratungsstelle beraten ließ und der Abbruch durch einen Arzt vorgenommen wurde. Eine bestimmte Indikation war nicht notwendig.

Das Bundesverfassungsgericht, dem die Neuregelungen in Gestalt des SFHG vorgelegt wurden, erklärte in seiner zweiten Entscheidung zum Schwangerschaftsabbruch unter anderem § 218a I StGB in der Fassung des SFHG für nichtig, soweit die Bestimmung den Schwangerschaftsabbruch ohne Indikation als nicht rechtswidrig einstufte[371].

Mit dem Schwangeren- und Familienhilfeänderungsgesetz vom 21. August 1995[372] goss der Gesetzgeber die Vorgaben des Bundesverfassungsgerichts in Gesetzesform. Die dort getroffenen Entscheidungen des Gesetzgebers zum Schutz ungeborenen Lebens wirken grundsätzlich bis heute fort. Trotz der Absage an eine vollständige Legalisierung des Schwangerschaftsabbruchs in der Frühphase werden die gesetzgeberischen Entscheidungen vom 21. August 1995 als entkriminalisierend bezeichnet[373]. Nach der in § 218a I StGB enthaltenen so

---

367 Vgl. § 218a II Nr. 3 StGB in der damaligen Fassung, BGBl I 1976, S. 1213 f.

368 Seit 1972 galt dort eine Fristenregelung, wonach während der ersten 12 Schwangerschaftswochen ein Abbruch regelmäßig straffrei zulässig war.

369 Art. 31 IV Einigungsvertrag.

370 BGBl I 1992, S. 1398.

371 Vgl. BVerfGE 88, 203, Leitsatz Nr. 15.

372 BGBl I 1995, S. 1050.

373 Vgl. *Hermes/Walther*, NJW 1993, S. 2337; MünchKommStGB/*Gropp*, 2003, Vor §§ 218 ff. Rdnr. 18.

genannten Beratungslösung wird – unter den Voraussetzungen der dortigen Nr. 1 bis 3 – der Tatbestand des § 218 StGB als nicht verwirklicht erklärt. Die Straffreistellung des Abbruchs während der ersten zwölf Schwangerschaftswochen und nach Beratung wird über ihre Wertung als „tatbestandslos, aber rechtswidrig“[374] konstruiert.

Die Absätze 2 und 3 entfalten ebenfalls straffreistellende Wirkung. Allerdings beinhalten sie Indikationen, die im Unterschied zu Absatz 1 Rechtfertigungsgründe darstellen[375]. Auf die ausdrückliche Formulierung einer embryopathischen Indikation wurde zwar im Unterschied zur früheren Rechtslage[376] verzichtet, doch können jene Fälle nun durch § 218a II StGB, der keine rein medizinische Indikation mehr voraussetzt, aufgefangen werden. Damit ist der Indikationsgrund bei embryonal begründeten Schwangerschaftsabbrüchen ein Sachverhalt, der zwar auf der embryonalen Schädigung basiert, aber stets zu einer Gefahr für die Gesundheit oder das Leben der Schwangeren führen muss. Die Angst vor einer Nähe zur „Früheuthanasie“ konnte dieses Verständnis freilich nicht nehmen.

Jüngstes Ergebnis der Diskussion um die wegen einer medizinisch-sozialen Indikation vorgenommenen Abbrüche, die im Jahr 2009 einen Anteil von 2,9% der Schwangerschaftsbeendigungsgründe im Hellfeld ausmachten[377], ist die Ergänzung des Schwangerschaftskonfliktgesetzes. Das SchwKG enthält nähere Informationen zur Beratung der Schwangeren in so genannten Konfliktsituationen und regelt die Beratungsvoraussetzungen. Das reformierte SchwKG enthält neue, spezielle Aufklärungs- und Beratungspflichten bei pränataldiagnostisch ermittelten, voraussichtlichen Schädigungen des noch Ungeborenen und eine dreitägige Bedenkzeit beziehungsweise Bedenkpflicht vor einer schriftlichen Feststellung der Voraussetzungen des § 218a II StGB (vgl. § 2a SchwKG).

---

374 *Fischer*, StGB, 2012, § 218a Rdnr. 4 mit weiteren Literaturhinweisen, insbesondere zu Kritikern dieser Konstruktion.

375 Diesen rechtfertigenden Charakter der so genannten medizinisch-sozialen (§ 218a II StGB) und kriminologischen (§ 218a III StGB) Indikation hat der Gesetzgeber zur Klarstellung ausdrücklich normiert, zur Begründung vgl. BT-Ds 13/1850 vom 28. Juni 1995, S. 25.

376 § 218a II, III StGB i.d.F. des SFHG, BGBl I 1992, S. 1402.

377 Statistisches Bundesamt, Fachserie 12, Reihe 3, 2009.

b) Festsetzung der Beobachtungs- und Nachbesserungspflicht durch das Gericht

Die zweite Entscheidung des Bundesverfassungsgerichts zum Schwangerschaftsabbruch ist das wohl bekannteste Beispiel für die Festsetzung einer Beobachtungs- und Nachbesserungspflicht des Gesetzgebers[378].

Die Besonderheit der Pflichtenbegründung in dieser Entscheidung ist zunächst die ausdrückliche und entschlossene Art, mit der die Existenz einer Beobachtungs- und Nachbesserungspflicht vorgetragen wird. An zwei Stellen mahnt das Bundesverfassungsgericht die Pflicht des Gesetzgebers an.

In der ersten Erwähnung wird die nicht grundsätzliche Ablehnung einer Beratungsregelung bei Schwangerschaftsabbrüchen mit der Beobachtungs- und Nachbesserungspflicht des Gesetzgebers verknüpft, damit der Gesetzgeber die Wirkungen des „neuen Schutzkonzepts" erkennen kann[379]. Zwar sei es „wissenschaftlich und rechtspolitisch umstritten [...], ob eine Beratungsregelung für Schwangerschaftsabbrüche in der Frühphase der Schwangerschaft eine bessere Schutzwirkung für das ungeborene Leben entfalten kann als die bisherige Regelung"[380]. Auch wenn Übereinstimmung darüber bestehe, dass die zuvor geltende Indikationenregelung[381] nicht hinreichend vor Schwangerschaftsabbrüchen schütze, hinderten „Ungewißheiten den Gesetzgeber jedoch nicht grundsätzlich daran, eine Beratungsregelung einzuführen; freilich ist er gehalten, die Auswirkungen seines neuen Schutzkonzepts im Auge zu behalten (Beobachtungs- und Nachbesserungspflicht)"[382].

Das Gericht geht an einer späteren Stelle des Urteils erneut auf die als gesetzgeberische „Korrektur- oder Nachbesserungspflicht"[383] bezeichnete Pflicht ein und begründet, warum der Gesetzgeber diese Bürde tragen muss.

378 *Hillenkamp*, in: FS Eisenberg, 2009, S. 306.
379 Vgl. BVerfGE 88, 203, 269.
380 BVerfGE 88, 203, 269.
381 Gemeint ist das vom Gesetzgeber durch das 15. StÄG vom 18. Mai 1976 (BGBl I 1976, S. 1213) weiter gefasste Indikationsmodell, welches neben der medizinisch-sozialen, embryopathischen und kriminologischen eine so genannte allgemeine Notlagenindikation als straffreistellend festlegte, vgl. § 218a II Nr. 3 StGB in der damaligen Fassung, BGBl I 1976, S. 1213 f..
382 BVerfGE 88, 203, 269.
383 Vgl. BVerfGE 88, 203, 309.

c) Begründung der Beobachtungs- und Nachbesserungspflicht

Das Bundesverfassungsgericht begründet die Beobachtungs- und Nachbesserungspflicht des Gesetzgebers in seiner zweiten Entscheidung zum Schwangerschaftsabbruch damit, dass die Pflicht des Gesetzgebers, das ungeborene menschliche Leben zu schützen, nicht mit dem Erlass des Gesetzes, welches den Schutz ungeborenen menschlichen Lebens bezwecke, ende[384]. Das Legislativorgan bleibe vielmehr „aufgrund seiner Schutzpflicht weiterhin dafür verantwortlich, dass das Gesetz tatsächlich“ den Schutz bewirkt.

Das Gericht betont in diesem Zusammenhang, dass der „Schutz des Ungeborenen“ als Zweck der Regelungen heranzuziehen ist und eine gesetzgeberische Verantwortlichkeit für die tatsächliche Zweckerreichung besteht: „Stellt sich nach hinreichender **Beobachtungszeit**[385] heraus, dass das Gesetz das von der Verfassung geforderte Maß an Schutz nicht zu gewährleisten vermag, so ist der Gesetzgeber verpflichtet, durch Änderung oder Ergänzung der bestehenden Vorschriften auf die Beseitigung der Mängel und die Sicherstellung eines dem Untermaßverbot genügenden Schutzes hinzuwirken (Korrektur- oder Nachbesserungspflicht)[386]“. Eine „fortlaufende Kontrolle“ erachtet das Gericht dabei nicht als zwingend[387].

d) Vorschläge des Bundesverfassungsgerichts zur Pflichterfüllung

Das Bundesverfassungsgericht hielt eine „fortlaufende Kontrolle der Gesetze durch den Gesetzgeber“ in seiner Entscheidung zwar nicht für erforderlich, betonte aber, dass „der hohe Rang des geschützten Rechtsgutes, die Art der Gefährdung ungeborenen Lebens und der in diesem Bereich festzustellende Wandel der gesellschaftlichen Verhältnisse und Anschauungen“ es erforderten, dass der Gesetzgeber beobachtet, wie sich sein Schutzkonzept auswirke[388]. Hierfür müsse sich der Gesetzgeber „in angemessenen zeitlichen Abständen in geeigneter Weise – etwa durch periodisch zu erstattende Berichte der

384 BVerfGE 88, 203, 309.
385 Hervorhebung durch die Verfasserin.
386 BVerfGE 88, 203, 309.
387 BVerfGE 88, 203, 310.
388 BVerfGE 88, 203, 310.

Regierung – vergewissern, ob das Gesetz die erwarteten Schutzwirkungen tatsächlich entfaltet“[389]. „Diese Beobachtungspflicht“ schließe ein, „daß der Gesetzgeber im Rahmen seiner Kompetenz dafür sorgt, daß die für die Beurteilung der Wirkungen des Gesetzes notwendigen Daten planmäßig erhoben, gesammelt und ausgewertet werden. Verläßliche Statistiken mit hinreichender Aussagekraft, wie über die absolute Zahl der Schwangerschaftsabbrüche, über die relativen Quoten, die sich aus dem Verhältnis der Abbruchszahl zur Gesamtbevölkerung, zur Zahl der Frauen im gebärfähigen Alter, zur Zahl der Schwangerschaften oder der Lebend- und Totgeburten insgesamt errechnen, sowie über die Verteilung der nicht mit Strafe bedrohten Abbrüche auf die verschiedenen gesetzlichen Grundlagen“, seien dazu unerlässlich[390].

Für das Bundesverfassungsgericht ist es mit der Schutzpflicht des Gesetzgebers nicht zu vereinen, wenn der „Gesetzgeber auf jede staatliche Statistik über Schwangerschaftsabbrüche verzichte“, weil er sich dadurch „des Erfahrungsmaterials, dessen er für die Beobachtung der Auswirkungen seines Schutzkonzepts“ bedürfe, beraube[391].

Mit den Vorschlägen, periodisch zu erstattende Berichte von der Regierung einzuholen und die Wirkungen der gesetzlichen Regelung statistisch zu erfassen, gab das Bundesverfassungsgericht dem Gesetzgeber Anregungen zur Erfüllung der Beobachtungspflicht. Fraglich ist, ob und wie der Gesetzgeber seiner Pflicht nachgekommen ist. An dieser Stelle bietet es sich an, Ausschau nach Maßnahmen des Gesetzgebers zur Pflichterfüllung zu halten.

e) Maßnahmen des Gesetzgebers zur Erfüllung der Beobachtungs- und Nachbesserungspflicht

Bei der Betrachtung gesetzgeberischer Maßnahmen zur Erfüllung der Beobachtungs- und Nachbesserungspflicht ist die politische Sensibilität für das Thema „Schwangerschaftsabbruch“ unverkennbar[392]. Wenn man Nachfragen, Antworten, Vorschläge und Stellungnahmen auf bundespolitischer Ebene als Beobachtungsleistung versteht, ist festzuhalten, dass zahlreiche derartige Beobachtungsmaßnahmen zu verzeichnen sind.

---

389 BVerfGE 88, 203, 310.

390 BVerfGE 88, 203, 310 f.

391 BVerfGE 88, 203, 311.

392 Diese Sensibilität fehlte bei der Frage nach schädigenden Wirkungen langen Freiheitsentzugs, vgl. oben VI., 1., e), S. 75 ff.

So gab es bereits kurz nach der Entscheidung des Bundesverfassungsgerichts im Jahre 1996 eine kleine Anfrage zahlreicher Abgeordneter unter der Überschrift „Tötung ungeborener Kinder, staatliches Schutzkonzept, Beobachtungs- und Nachbesserungspflicht“[393]. Auf diese Anfrage konnte ausführlich geantwortet werden, da tatsächlich gesammelte Informationen in Gestalt statistisch erhobener Daten existierten[394].

Das gilt auch für eine weitere kleine Anfrage aus dem Jahre 1999[395] und die dazugehörige Antwort[396]. In jener Anfrage wurde auch gezielt die Frage nach der Erfüllung der Beobachtungs- und Nachbesserungspflicht gestellt[397]. Diese Frage wurde mit dem Hinweis beantwortet, dass das Statistische Bundesamt eine ausführliche Bundesstatistik über die unter den Voraussetzungen des § 218a I bis III StGB vorgenommenen Schwangerschaftsabbrüche führe[398]. Zudem habe der Bundesgesetzgeber die Länder verpflichtet, die der Beratungstätigkeit von Schwangerschaftskonfliktberatungsstellen „zugrundeliegenden Maßstäbe und die dabei gesammelten Erfahrungen jährlich in einem schriftlichen Bericht niederzulegen“[399]. Auf kleine Anfragen in den Jahren 2002[400] und 2004[401], die ebenfalls die Frage nach der Umsetzung der Beobachtungs- und Nachbesserungspflicht beinhalteten, antwortete die Bundesregierung erneut mit dem Hinweis auf statistische Erhebungen[402].

Gesetzgeberische Aktivität ist auch an Initiativen einzelner Abgeordneter und ihrer Fraktionen erkennbar[403]. Insbesondere die Sorgen um die so genannten Spätabbrüche veranlassten einzelne Parlamentarier parteiübergreifend zu Aktivität. Das dauerhaft erkennbare parlamentarische Interesse resultierte schließlich im Jahre 2009 in gesetzgeberischer Handlung. Mit der letzten gesetzgeberischen

393 BT-Ds 13/5248 vom 27. Juni 1996.

394 Vgl. die umfangreiche Antwort in BT-Ds 13/5364 vom 29. Juli 1996.

395 BT-Ds 14/749 vom 9. April 1999.

396 BT-Ds 14/1045 vom 10. Mai 1999.

397 BT-Ds 14/749 vom 9. April 1999, S. 2. Die Frage lautete, auf welche Weise die **Bundesregierung** die Beobachtungspflicht erfüllt. Die Pflicht trifft zwar nicht die Bundesregierung, sondern den Gesetzgeber, vgl. *Hillenkamp*, in: FS Eisenberg, 2009, S. 318. An der Fragestellung ist jedoch parlamentarisches Engagement erkennbar.

398 BT-Ds 14/1045 vom 10. Mai 1999, S. 3.

399 BT-Ds 14/1045 vom 10. Mai 1999, S. 3.

400 BT-Ds 14/9974 vom 13. September 2002.

401 BT-Ds 15/3029 vom 27. April 2004.

402 BT-Ds 14/9985 vom 27. September 2002, S. 2 und BT-Ds 15/3155 vom 18. Mai 2004, S. 2. Kritisch dazu *Ellwanger*, ZfL 2007, S. 86.

403 Vgl. dazu die Aufzählung bei *Hillenkamp*, in: FS Eisenberg, 2009, S. 319.

Tätigkeit im Bereich des Schwangerschaftsabbruchs, der Änderung des Schwangerschaftskonfliktgesetzes[404], wurde unter anderem durch die Einführung einer dreitägigen Bedenkzeit beziehungsweise Bedenkpflicht, vgl. § 2a II SchwKG, erneut eine Korrektur der Gesetzeslage zur Gewährleistung eines besseren Schutzes von ungeborenem Leben vorgenommen. Zudem ist wegen der auf den §§ 15 ff. SchwKG basierenden Bundesstatistik eine präzise Nennung von Daten zu Schwangerschaftsabbrüchen möglich. Die als wesentlich erachteten Erhebungsmerkmale sind in § 16 SchwKG normiert. Diese gesetzliche Fixierung einer bundesstatistischen Erhebung entspricht dem in der Entscheidung zum Schwangerschaftsabbruch getätigten Vorschlag zur Wahrnehmung der Beobachtungspflicht, wonach der Gesetzgeber für eine planmäßige Erhebung, Sammlung und Auswertung von Daten zum Zwecke der Wirkungsbeurteilung zu sorgen hat[405]. Dieser Prozess findet statt und ist in der Schwangerschaftsabbruchsstatistik niedergelegt.

Die Änderung des SchwKG wird teilweise als nicht weitgehend genug empfunden. Bezogen auf die statistische Erhebung wird eine weitere Optimierung der Erhebungsmerkmale anvisiert und eine umfangreichere Datensammlung mit dem Ziel „Lebensschutz" geltend gemacht. Die Befürworter einer detaillierteren Erhebung von Abbruchsgründen und -umständen kritisieren insbesondere die auch nach Änderung des SchwKG fehlende gesonderte Erhebung der Schwangerschaftsabbrüche aufgrund medizinisch-sozialer Indikation nach embryopathischem Befund und fordern eine Erweiterung der Statistik[406]. Begründet wird dies damit, dass die Wahrnehmung der Beobachtungs- und Nachbesserungspflicht ohne eine Erweiterung der Statistik mit detaillierteren Angaben zu Schwangerschaftsabbrüchen nach „embryopathischem Befund" schwer möglich sei[407]. Gegenwärtig werden die Abbrüche in der Schwangerschaftsabbruchsstatistik der Struktur des § 218a StGB entsprechend erfasst, indem Abbrüche nach der Beratungsregelung, der medizinischen Indikation und kriminologischer Indikation jeweils gesondert dargestellt werden. Eine Differenzierung danach, woraus sich die medizinische Indikation genau ergibt, findet nicht statt.

---

404 So genanntes Gesetz zur Änderung des Schwangerschaftskonfliktgesetzes vom 26. August 2009, BGBl I, S. 2990.

405 Vgl. BVerfGE 88, 203, 310.

406 Die Nr. 1 der Beschlussempfehlung vom 13. Mai 2009, vgl. BT-Ds 16/12970, enthielt in ihrem Entwurf die Erweiterung von Erhebungsmerkmalen für die Statistik (BT-Ds 16/12970 S. 8, Artikel 1 Nr. 4), der in der Gesetzesänderung keinen Niederschlag fand, vgl. BGBl I 2009, S. 2990. Im übrigen wurde der Entwurfsfassung der Nr. 1 jedoch vollständig entsprochen.

407 *Duttge/Bernau*, ZfL 2009, S. 46 f.

Gegen die geforderte Erweiterung der Statistik bestehen jedoch ebenfalls Bedenken. Durch die geforderte statistische Sondererfassung von embryopathisch unterlegten, dennoch medizinisch-sozialen Indikationen wird die abgeschaffte embryopathische Indikation mittelbar als faktisch gegeben erachtet. Indes ist auch bei der embryopathisch-unterlegten medizinisch-sozialen Indikation zumindest theoretisch nicht die „Behinderung des Ungeborenen" Abbruchsgrund, sondern die aus psychischen oder physischen Gründen fehlende Fähigkeit der Frau zur Austragung des Ungeborenen. Zudem begegnet die geforderte statistische Sondererfassung datenschutzrechtlichen Einwänden. Schließlich dürfte eine derartige Erhebung eine erhebliche psychische Wirkung auf die Schwangere als Hauptbeteiligte beziehungsweise Entscheidende entfalten.

Zusammenfassend bleibt festzuhalten, dass die Beobachtungs- und Nachbesserungspflicht auf dem Gebiet des Schwangerschaftsabbruchs zu beachtlicher gesetzgeberischer Aktivität geführt hat. Besonders deutlich ist das gesetzgeberische Engagement erkennbar, wenn man sich die rudimentäre Pflichterfüllung auf dem Gebiet der lebenslangen Freiheitsstrafe erneut vor Augen hält.

f) Regelungsprobleme und deren Auswirkungen auf die Beobachtungs- und Nachbesserungspflicht

Die bisherige Darstellung der Beobachtungs- und Nachbesserungspflicht auf dem Gebiet des Schwangerschaftsabbruchs deutet darauf hin, dass der Gesetzgeber seiner Pflicht in einem bestimmten Umfang nachkommt und dauerhafte gesetzgeberische Aktivität vorhanden ist.

Allerdings ist zu berücksichtigen, dass die Pflicht des Gesetzgebers bisher lediglich nach der Maßgabe des Bundesverfassungsgerichts dargestellt wurde. Auf kriminalpolitische und rechtliche Probleme, die den strafrechtlichen Umgang mit Schwangerschaftsabbrüchen erschweren, wurde nicht eingegangen. Auch die Frage, ob ein strafrechtlicher Umgang mit Schwangerschaftsabbrüchen dem geforderten Schutz ungeborenen Lebens überhaupt entsprechen kann, verdient zumindest eine Auseinandersetzung. Denn das Bundesverfassungsgericht stellte ausdrücklich auf den effektiven Schutz ungeborenen Lebens ab, während es die Beobachtungs- und Nachbesserungspflicht des Gesetzgebers betonte.

Vor der kritischen Auseinandersetzung mit der bundesverfassungsgerichtlichen Ausrichtung der Beobachtungs- und Nachbesserungspflicht ist deshalb zu klären, welchen grundsätzlichen kriminalpolitischen und rechtlichen Schwierigkeiten die

Beobachtungs- und Nachbesserungspflicht des Gesetzgebers auf dem Gebiet des Schwangerschaftsabbruchs begegnet.

aa) Kriminalpolitische Relevanz und Wirkung

Im Jahr 2009 wurden in Deutschland insgesamt 110.694 Schwangerschaftsabbrüche[408] registriert. Aus der Strafverfolgungsstatistik ergibt sich, dass im Erhebungsjahr vier Personen wegen § 218 StGB abgeurteilt[409], drei von ihnen verurteilt wurden[410]. Über die Eingriffsintensität der Norm, die bereits durch ihre Existenz begründet ist[411], treffen diese statistischen Daten freilich keine Aussage. Doch darf aufgrund dieser Zahlen berechtigterweise nach der Relevanz und der Notwendigkeit des Abtreibungstatbestandes in der Strafrechtspraxis gefragt werden. Diese Gedanken werden sogleich bei der Frage nach dem möglicherweise nur symbolischen Charakter der Pönalisierung von Schwangerschaftsabbrüchen aufgegriffen.

Zur Regelungsproblematik lässt sich zunächst aber sagen, dass die Intensität der juristischen Debatte im Kern den Bereich berührt, der für die Beobachtungs- und Nachbesserungspflicht bezeichnend ist: soziale und gesellschaftliche Veränderungen und nicht immer erwünschte Liberalisierungen. Begleitet, gefördert und oft auch initiiert werden derartige Prozesse durch technische, medizinische und erfinderische Entwicklungen. Im Mittelpunkt der Diskussion um den Schutz ungeborenen Lebens steht die besondere Problematik der „Spätabbrüche" wegen der medizinischen Indikation nach § 218a II StGB. Diese Indikation ermöglicht einen straffreien Abbruch der Schwangerschaft bis zum Beginn der Geburt, d. h. bis unmittelbar vor

---

408 Statistisches Bundesamt, Fachserie 12, Reihe 3, 2009, S. 7. Ob und in welchem Umfang eine tatsächlich erheblich größere Anzahl von Abbrüchen gegeben ist, die mangels Registrierung keinen Zugang zum Hellfeld finden, bleibt aufgrund des spekulativen Charakters von Schätzungen oder den mit Dunkelfeldforschungen verbunden limitierten Erkenntnismöglichkeiten fraglich. Zum Dunkelfeld vgl. auch *Eisenberg*, Kriminologie, 2005, § 45 Rdnr. 24; § 48 Rdnr. 49.

409 Abgeurteilt ist eine Person, gegen die ein Strafbefehl erlassen wurde beziehungsweise gegen die das Strafverfahren nach Eröffnung eines Hauptverfahrens rechtskräftig abgeschlossen wurde. Verurteilte zählen somit neben Personen, gegen die andere Entscheidungen getroffen wurden (z.B. ein Freispruch), zu den Abgeurteilten im Sinne der Strafverfolgunsstatistik, vgl. *Eisenberg*, Kriminologie, 2005, § 17 Rdnr. 36.

410 Strafverfolgungsstatistik für das Jahr 2009, Statistisches Bundesamt, Fachserie 10, Reihe 3, S. 96, abrufbar unter https://www.destatis.de/DE/Publikationen/Thematisch/Rechtspflege/StrafverfolgungVollzug/Strafverfolgung2100300087004.pdf?__blob=publicationFile (zuletzt am 15. Oktober 2012).

411 Dazu, welche Intensität „schon die Bezeichnung eines Verhaltens als strafbar" hat BVerfGE 90, 145, 225 (Sondervotum *Sommer*).

Eintritt der Eröffnungswehen[412]. Zugleich führt sie zu einem Dilemma[413], das auch die Beobachtung des Schutzkonzepts durch den Gesetzgeber betrifft.

Während noch vor der jüngsten Änderung des Schwangerschaftskonfliktgesetzes und der damit verbundenen Einführung einer besonderen Aufklärungs- und Beratungspflicht durch § 2a SchwKG insbesondere die zuvor fehlende Beratungserforderlichkeit als „Bewährungsprobe für den Rechtsstaat"[414] empfunden wurde, bleibt weiterhin die Diskussion um Spätabbrüche und die mit diesen assoziierte Befürchtung eines „Automatismus zwischen der Diagnose Behinderung und dem Schwangerschaftsabbruch"[415]. Die Lektüre entsprechender Positionierungen vermittelt nicht selten das Bild der unsittlich oder moralisch verwerflich handelnden Abtreibenden. Dabei wird ein Aspekt bei der Sorge um die „Verschlechterung der Rechtslage für behinderte Ungeborene"[416] kaum erwähnt: Die eigentlich höchstpersönliche Entscheidung zur Austragung eines (kranken) Kindes kann durch gesellschaftliche und systemimmanente Einflüsse ihre Höchstpersönlichkeit verlieren. Es ist paradox, dass Schwangerschaft und Kindererziehung als wertvolles und solidarisches Lebensmodell erachtet werden, gleichzeitig aber das Aufziehen insbesondere von kranken Kindern mit sozialen Nachteilen verbunden ist[417], die die medizinisch-soziale Indikation der Frau zumindest begünstigen können. Der Schutz ungeborenen und die Nicht-Diskriminierung behinderten Lebens sind gesamtgesellschaftliche Aufgaben, zu deren Gewährleistung das Strafrecht wie stets und hier in besonderem Maße die letzte Option sein sollte. *Fischer* formuliert seine Bedenken gegenüber der Abtreibungsdebatte, indem er bei der Ursachenanalyse früh einhakt und nicht erst hinsichtlich des tatsächlichen Abbruchverhaltens die Frage nach dem „Warum" stellt. Er bemerkt, dass wenn das Gebären und die Erziehung von Kindern als wohlstands-, prestige- und sicherheitsfördernd wirken könnten, die Abtreibungsdebatte entbehrlich wäre[418]. Die Debatte existiert jedoch und findet ihren Niederschlag auch in der Beobachtungs- und Nachbesserungspflicht des Gesetzgebers.

---

412 HK-GS/*Rössner*/*Wenkel*, 2011, §§ 218, 218 a, Rdnr. 17; Schönke/Schröder/*Eser*, 2010, § 218a Rdnr. 37.

413 So MünchKommStGB/*Gropp*, 2003, Vor §§ 218 ff. Rdnr. 11.

414 Vgl. allein *Weiß*, MRM 2002, S. 136 ff.

415 So *Duttge*/*Bernau*, ZfL 2009, S. 43, die diesen Automatismus zwischen einer prognostizierten Schädigung des Ungeborenen und eines Abbruchs für „sehr wahrscheinlich" halten

416 *Duttge*/*Bernau*, ZfL 2009, S. 43.

417 Dieser Gedanke findet sich auch bei *Fischer*, StGB, 2012, Vor § 218 Rdnr. 10b f.

418 Vgl. *Fischer*, StGB, 2012, Vor § 218 Rdnr. 10 c.

bb) Die Strafbarkeit des Schwangerschaftsabbruchs als symbolischer Gesetzgebungsakt?

Die Erfüllung der Beobachtungs- und Nachbesserungspflicht setzt naturgemäß voraus, dass eine Beobachtung möglich ist. Wenn die Beobachtung nicht oder nur schwer möglich ist, steht auch die gesetzgeberische Wahrnehmung der Pflicht vor Schwierigkeiten. Die Beobachtung von Gesetzeswirkungen soll zur Optimierung von Rechtsetzungsakten beitragen. Diese Funktion entfaltet bei Strafgesetzen eine besondere, verfassungsrechtliche Tragweite. Eine optimale Rechtsetzung setzt dabei auch die tatsächliche Wirksamkeit der Rechtsetzungsakte voraus. Diese Wirksamkeit könnte im Hinblick auf die Strafregelungen zum Schwangerschaftsabbruch als möglicherweise symbolische Gesetzgebungsakte, die nicht auf eine tatsächliche Wirksamkeit zielen, fraglich sein.

Wenn die Strafbarkeit des Schwangerschaftsabbruchs nur symbolisch die moralische Missbilligung von Abbrüchen ausdrücken soll und eine tatsächliche Wirksamkeit in Gestalt einer zumindest ansatzweisen Erfüllung des Gesetzeszwecks nicht beabsichtigt ist, bleibt das für die Beobachtungs- und Nachbesserungspflicht des Gesetzgebers nicht ohne Folgen. Fraglich ist, ob die Regelungen zum Schwangerschaftsabbruch lediglich Symbolcharakter besitzen.

Gesetze mit Symbolcharakter erhalten ihre (lediglich) symbolische Funktion und die damit zumeist gebilligte geringe Effizienz[419] nicht wegen der fehlschlagenden Wirkung dieser Gesetze. Der „Fehlschlag" ist vielmehr von vornherein beabsichtigt, denn die symbolische Funktion der jeweiligen Regelung lässt weder Raum für, noch erfordert sie eine rechtstatsächliche Bedeutung der Regelung. Bereits bei Entstehung der Norm besteht bei diesen symbolischen Akten keine Absicht, Einfluss auf die Realität zu haben[420].

Der nur symbolische Gehalt der Strafregelungen zum Schwangerschaftsabbruch ist möglicherweise erkennbar, wenn eine Verknüpfung zwischen den statistischen Hellfeldzahlen, der sich aus diesen ergebenden äußerst geringen Zahl der Verurteilten[421] und der Sinnhaftigkeit der §§ 218 ff. StGB hergestellt wird. Die Effizienz einer Strafregelung ist zwar, wie zu Beginn der Arbeit ermittelt, nicht an der Normübertretung festzumachen[422]. Allerdings kann der Normkonformität eine Indizwirkung hinsichtlich der rechtstatsächlichen Bedeutung eines Gesetzes nicht völlig aberkannt werden.

---

419 Vgl. *Eisenberg*, Kriminologie, 2005, § 23 Rdnr. 6 f.

420 *Noll*, ZSchwR 1981, S. 349.

421 Vgl. die Strafverfolgungsstatistik für das Jahr 2008, Statistisches Bundesamt, Fachserie 10, Reihe 3, S. 96 (drei Verurteilte im Erhebungszeitraum) und obige Ausführungen.

422 Vgl. dazu auch *Voß*, Symbolische Gesetzgebung, 1989, S. 48 ff.

Symbolisches Strafrecht wird als ein Strafrechtskonzept verstanden, das grundsätzlich zu erfüllende Aufgaben nicht erledigen kann, dadurch Mängel im Vollzug verursacht und dem Gesetzgeber dennoch eine Handlungsfähigkeit attestiert, die eigentlich Scheinaktivität ist[423]. Zu klären ist, ob den Regelungen zum Schwangerschaftsabbruch dieser Vorwurf gemacht werden kann. Hierfür sind zunächst der Begriff des symbolischen Strafrechts oder der symbolischen (Straf-) Gesetzgebung und die Auseinandersetzung um diese Erscheinung näher zu betrachten.

(1) Strafrecht und Symbolik

Insbesondere seit dem Ende der 1980er Jahre[424] ist die Kontroverse um das symbolische Strafrecht in der Strafrechtswissenschaft um zahlreiche, teilweise rechtskritische Ideen bereichert worden[425]. Symbolische Strafrechtsnormen umfassen Strafvorschriften, die primär nicht zur Entfaltung zielgerichteter Schutzwirkungen gedacht sind, sondern durch eine Positionierung zu Werten oder der Hervorhebung als schädlich etikettierter Handlungen eher der Inszenierung politischer oder weltanschaulicher Gruppierungen nützen[426]. Die damit suggerierte Handlungsfähigkeit, Aktivität und Kompetenz des Gesetzgebers sind bedeutende Faktoren politischer Machtausübung.

Die Gefahr, durch die Nutzung symbolischer Strafgesetze das Strafrecht exzessiver zu beanspruchen, als es seinem fragmentarischen Charakter entspricht, ist konkret[427]. Die Ineffektivität symbolischer Akte bei gleichzeitiger Ausdehnung strafrechtlicher Antworten auf gesellschaftliche Probleme droht dabei das Strafrecht seiner Legitimation und Aufgabe zu entledigen. Zutreffend betont *Albrecht*, dass dem Strafrecht Gesellschaftssteuerung als Aufgabe fremd sein muss[428]. Doch symbolische Gesetze, die nicht auf tatsächliche Effizienz, sondern auf symbolische Demonstration bestimmter erwünschter oder unerwünschter Zustände mit Hilfe des Strafrechts ausgerichtet sind, sollen Gesellschaftssteuerung betreiben oder dieser zumindest dienen. Nach *Albrecht* wird das rechtsstaatliche Strafrecht nicht nur beschädigt, sondern „zerbrochen", wenn es die Anforderung

---

423 Vgl. *Hassemer*, in: FS Roxin, 2001, S. 1004.

424 So *Hassemer*, in: FS Roxin, 2001, S. 1002.

425 Vgl. allein *Lehne*, KrimJ 1994, S. 210 ff.; *Noll*, ZSchwR 1981, S. 347 ff.; *Voß*, Symbolische Gesetzgebung, 1989.

426 *Roxin*, Strafrecht AT 1, 2006, § 2 Rdnr. 37.

427 Vgl. auch *Lehne*, KrimJ 1994, S. 210.

428 Nicht veröffentlichte schriftliche Äußerung von *Albrecht* zur Strafzumessung bei Aufklärungs- und Präventionshilfe (Kronzeugenregelung, BT-Ds 16/6268) vom 24. März 2009, S. 2.

einer Gesellschaftssteuerung erfüllen soll: Das Strafrecht kollabiere und gerinne zu bloßem symbolischen Recht[429].

Trotz der Bedenken gegen symbolische Strafakte existiert auch eine „Kritik der Symbolismuskritik“[430], deren Position jedoch nicht zwangsläufig auf eine Rechtfertigung symbolischen Strafrechts[431], sondern teilweise auch darauf hinausläuft, dass das gesamte Strafrecht eigentlich symbolischen Charakter besitze. Diejenigen, die auf diesen grundsätzlich symbolischen Charakter allen Strafrechts aufmerksam machen, eint allerdings nur ihre Erkenntnis, dass Symbolismuskritik inkonsequent ist, weil das gesamte Strafrecht symbolisches Recht sei.

Die Kritik an der Symbolismuskritik bedeutet nicht zwangsläufig, dass die Prägung des Strafrechts mit symbolischen Elementen gebilligt wird. Für einen Teil der Symbolismuskritiker führt der Umstand, dass die strafrechtliche Reaktion vor allem eine symbolische ist[432], zu einer allgemeinen Strafrechtskritik: Die genannten Probleme symbolischer Gesetzgebung sind demnach als strukturelle Probleme des Strafrechts zu verstehen; die Ineffektivität sei somit nicht die Konsequenz einer falschen oder folgewidrigen Strafrechtsanwendung, sondern Ausdruck der allgemeinen Anwendung des Strafrechts[433]. Die Alternative zu symbolischem Strafrecht ist für diesen Teil der Kritiker nicht die „Fiktion“ (weil das Strafrecht allgemein symbolischen Charakter hat und nur fiktiv Effektivität erreichen kann) eines effektiven und rechtsgutschützenden Strafrechts, sondern die wirksame Bearbeitung gesellschaftlicher Probleme mit staatlichen Maßnahmen **außerhalb** des Strafrechts[434].

Die Symbolismuskritik ist für das Strafrecht unabdingbar. Ebenso unverzichtbar ist allerdings die Kritik an ihr. Unabhängig davon, ob das gesamte Strafrecht tatsächlich als lediglich symbolisches Recht bezeichnet werden kann und was eine konsequente Ablehnung symbolischer Elemente bedeuten würde, ist eine symbolische Dimension strafrechtlicher Regelungsbereiche kaum zu leugnen. Dass die Übergänge zwischen symbolischer und nicht-symbolischer Gesetzgebung fließend

429 Nicht veröffentlichte schriftliche Äußerung von *Albrecht* zur Strafzumessung bei Aufklärungs- und Präventionshilfe (Kronzeugenregelung, BT-Ds 16/6268) vom 24. März 2009, S. 2.

430 *Hassemer*, in: FS Roxin, 2001, S. 1009 ff.

431 *Hassemer* erachtet die von ihm als solche bezeichnete Symbolismuskritik als weiterführend, so lange sie nicht einfach und „ohne theoretische Anstrengung“ die Forderung eines schärferen Strafrechts beinhalte, vgl. *Hassemer*, in: FS Roxin, 2001, S. 1010.

432 So *Baratta*, KrimJ 1993, S. 249 f.

433 *Lehne*, KrimJ 1994, S. 216.

434 Vgl. *Lehne*, KrimJ 1994, S. 216 f.

sein können[435] zeigt die Straftheorie der positiven Generalprävention, die auf symbolische Effekte setzt. Deshalb empfiehlt *Hassemer*, das Phänomen symbolischen Strafrechts weiter zu zerlegen und symbolisches von so genanntem kommunikativen Strafrecht abzugrenzen[436]. Die Eigenschaft jeglichen „modernen" Strafrechts, symbolisch zu sein, bezeichnet *Hassemer* als kommunikativ und erkennt diesen kommunikativen Einschlag auch im Strafzweck der positiven Generalprävention[437]. Die Vorstellung dieser Theorie davon, eine Bestandskraft der Rechtsordnung zu manifestieren, den Bürgern die Vertrauenswürdigkeit jener Ordnung zu demonstrieren und dadurch diese Rechtsordnung zu zelebrieren, ist mit Symbolik ausgezeichnet. Der positiv-generalpräventive Leitgedanke einer Bewahrung und Kräftigung des Vertrauens in die Rechtsordnung ist ein anerkannter Zweck von Strafe[438]. Die Einwirkung auf das allgemeine Rechtsbewusstsein als symbolischer Akt trägt wesentlich zur Rechtfertigung des Strafens bei. Symbolisches Strafrecht ist mithin tatsächlich existent.

Die Berechtigung symbolischen Strafrechts ist damit nicht bejaht. Die Einwände gegen seinen Gebrauch wiegen schwer und die Gefahr einer Entwertung der eigentlichen Fähigkeit des Strafrechts, wirksam in Fällen schwerster Rechtsgutsverletzungen reagieren zu können, ist sichtbar. Indes ist eine Untersuchung unter Berücksichtigung rechtstatsächlicher Umstände in einem bestimmten Maße an die gegenwärtigen Gegebenheiten gebunden. Um die Existenz von Symbolik im strafrechtlichen Rahmen zu erkennen, genügt das Heranziehen der Theorie positiver Generalprävention[439]. Zusammengefasst darf das symbolische Strafrecht als eine grundsätzlich zu meidende Regelungsart verstanden werden, ohne deren Elemente die Gesetzgebung jedoch nicht auszukommen scheint, möglicherweise weil symbolische Strafgesetze letztlich Ausfluss symbolischer Politik sind[440].

Es bleibt zu klären, inwiefern die Regelungen zum Schwangerschaftsabbruch lediglich symbolische Funktion innehaben und was das für die Wahrnehmung der Beobachtungs- und Nachbesserungspflicht bedeutet.

---

435 *Beyme*, Der Gesetzgeber, 1997, S. 63.

436 *Hassemer*, in: FS Roxin, 2001, S. 1011 f.

437 *Hassemer*, in: FS Roxin, 2001, S. 1012.

438 Vgl. *Roxin*, Strafrecht AT 1, 2006, § 2 Rdnr. 38; § 3 Rdnr. 26.

439 Symbolik in Strafvorschriften aufgrund der Theorie positiver Generalprävention erkennt auch *Baratta*, in: FS Kaufmann, 1993, S. 412; *Lehne*, KrimJ 1994, S. 215 f.; *Roxin*, Strafrecht AT 1, 2006, § 2 Rdnr. 38 f.

440 Vgl. *Lehne*, KrimJ 1994, S. 217 ff.

(2) Die Symbolik der Strafbarkeit von Schwangerschaftsabbrüchen

Worin könnte die Symbolik der Strafbarkeit des Schwangerschaftsabbruchs liegen? Ist wirksamer Rechtsgüterschutz bezweckt oder sollen durch die Strafdrohung die grundsätzliche Verwerflichkeit des Abbruchs einer Schwangerschaft gezeigt und die Abbrechenden als falsch handelnd bewertet werden? Und wie ehrlich wäre diese symbolische Demonstration der Verwerflichkeit in Anbetracht der tatsächlichen Bedeutung und Vornahme von Schwangerschaftsabbrüchen?

Nach einem Beispiel von *Gusfield*[441], der die Diskussion um symbolische Gesetzgebungsakte wesentlich prägte, könnte formuliert werden, dass die grundsätzliche Strafbarkeit des Schwangerschaftsabbruchs dann instrumental wirksam[442] ist, wenn keine oder zumindest wenige Schwangerschaftsabbrüche stattfänden. Wenn sich die Menschen nicht an das Verbot hielten, verbleibe dem Gesetz eine symbolische Wirkung dahingehend, dass es sie von der Verwerflichkeit des Abbruchs überzeugen solle und die Wertvorstellungen einer nicht abbrechenden Person als gefestigter erscheinen lasse[443]. Die Strafbarkeit des Schwangerschaftsabbruchs würde nach diesem Verständnis ihre Wirksamkeit nicht darauf gründen können, dass Schwangerschaftsabbrüche unterlassen und Rechtsgüter geschützt werden, sondern darauf, dass der moralische Appell ankommt.

Die (nicht symbolische, sondern allgemeine) Wirksamkeit der Norm an der Normübertretung beziehungsweise Normkonformität festzumachen, wurde zu Beginn der Arbeit als untauglich erachtet, sodass der Annahme, die Wirksamkeit der Regelungen zum Schwangerschaftsabbruch könne derart ermittelt werden, eine Absage erteilt wird. Vielmehr ist zu fragen, inwiefern die Regelungen den mit ihnen verknüpften Zwecken gerecht werden und dabei verfassungsrechtlichen Vorgaben entsprechen. Genau hier ist die Fraglichkeit symbolischer Rechtsetzungsakte erkennbar: Wie ist die Wirksamkeitsbeobachtung von Gesetzen, die keine tatsächliche Wirksamkeit, sondern lediglich symbolische

441 Nachweis bei *Friedman*, Bemerkungen, in: Jahrbuch für Rechtssoziologie und Rechtstheorie, 1972 Band 3, S. 210. Das Beispiel in jener Fundstelle wird anhand des Alkoholverbots gebildet.

442 Als instrumentale Gesetze bezeichnet *Gusfield* solche, die dem gesetzgeberischen Willen wirklich Geltung verschaffen sollen. *Gusfield* grenzt diese von symbolischen Gesetzen, die seines Erachtens der öffentlichen Bestätigung sozialer Ideale unabhängig von ihrer tatsächlichen Durchsetzung dienen, ab. Vgl. *Gusfield*, The Symbolic Process, in: Social Problems 1967, S. 176 ff.

443 Vgl. zu dieser These am Beispiel des Alkoholverbots auch *Friedman*, Bemerkungen, in: Jahrbuch für Rechtssoziologie und Rechtstheorie, 1972 Band 3, S. 210.

Wirkung entfalten sollen, möglich? Diese Frage stellt sich, wenn die Strafbarkeit des Schwangerschaftsabbruchs ein Beispiel für symbolisches Strafrecht ist.

Die gesetzgeberische Wertung, dass der Schwangerschaftsabbruch grundsätzlich in höchstem Maße verwerflich ist, findet seinen Niederschlag in der Pönalisierung. Bereits die Strafbarkeit ist ein symbolischer Ausdruck des Gesetzgebers dahingehend, dass der Abbruch geächtet wird[444]. Diese Symbolik ist auch dem § 218a I StGB zu entnehmen. Die Straflosigkeit des Schwangerschaftsabbruchs unter den Voraussetzungen des § 218a I StGB wird im Einklang mit der Vorgabe des Bundesverfassungsgerichts[445] mit einem Tatbestandsausschluss konstruiert. Der vorgenommene Schwangerschaftsabbruch bleibt damit unter Schaffung einer Tatbestandslos-aber-rechtswidrig-Konstruktion rechtswidrig, um der empfundenen Unvereinbarkeit des Schwangerschaftsabbruch mit der normativen Ordnung Ausdruck zu verleihen.

Für *Noll* liegt die Symbolik des Regelungsbereichs „Schwangerschaftsabbruch" darin, dass zwar eine Sanktionsdrohung besteht, diese aber „von vornherein aussichtslos" sei[446]. Die Aussichtslosigkeit symbolischer Gesetze als Ausfluss symbolischer Politik ist indes abhängig vom Wirksamkeitsmaßstab und kann umgangen werden, wenn symbolische Effektivität, die einer empirischen Überprüfung zugänglich ist, als Zweck anerkannt wird. Letztlich tauchen dann „nur" die Probleme auf, die typisch für die Überprüfung der Wirksamkeit positiv-generalpräventiver Zwecksetzungen sind. Falls die Strafbarkeit des Schwangerschaftsabbruchs dahingehend verstanden wird, dass sie Ausdruck der sozialethischen und rechtlichen Bewertung menschlichen Tuns ist und vermitteln möge, was für den Einzelnen Recht und Unrecht zu bedeuten hat[447], ist darin nicht nur eine Bekräftigung symbolischer Gesetzgebung[448] zu erkennen, sondern der Strafzweck der positiven Generalprävention.

Die These, dass symbolische Gesetze mangels Zwecksetzung beobachtungsuntauglich sind, könnte für die Wahrnehmung der Beobachtungs- und Nachbesserungspflicht folgenschwer sein, wenn man ihr zustimmt. Im Rahmen der vorliegenden Untersuchung, die unter anderem das Aufzeigen von Möglichkeiten zur Wahrnehmung der Beobachtungs- und Nachbesserungspflicht bezweckt, ist für eine derartige Annahme kein Raum. Die bisherigen Ausführungen wiesen zwar auf die Bedenklichkeit symbolischer Regelungen hin. Doch in Anbetracht einer

---

444 So auch *Raiser*, Grundlagen, 2009, S. 244 f.

445 Vgl. nur BVerfGE 88, 203, 273.

446 *Noll*, ZSchwR 1981, S. 353.

447 So das Bundesverfassungsgericht in seiner ersten Entscheidung zum Schwangerschaftsabbruch, vgl. BVerfGE 39, 1, 59.

448 So auch *Driendl*, Strafgesetzgebungswissenschaft, 1983, S. 35 f. Kritisch dagegen *Voß*, Symbolische Gesetzgebung, 1987, S. 154 f.

realitätsnahen und praktisch orientierten Auseinandersetzung, die schlussendlich Optionen für die effektive Beobachtung von Gesetzeswirkungen aufzeigen soll, darf die Existenz symbolischer Regelungen nicht nur zweifelnd gewürdigt werden. Vielmehr stellt sich auch bei symbolischen Gesetzen die Frage nach Beobachtungsmöglichkeiten.

Es ist zwar grundsätzlich bedenklich, unerwünschte gesellschaftliche Zustände durch den Einsatz eingriffsintensiver Strafgesetze lediglich zu symbolisieren. Doch die für die Beobachtungs- und Nachbesserungspflicht relevante Effektivitätsermittlung kann auch auf symbolischer Ebene gelingen[449], indem das mit der Symbolik intendierte Verhalten einer Effektivitätsprüfung unterzogen wird[450]. Die symbolische Geltung der Norm könnte dann empirisch beispielsweise mit den bekannten Mitteln der Meinungsbefragung festgestellt werden[451].

Zudem ist zu berücksichtigen, dass die Strafbarkeit des Schwangerschaftsabbruchs zumindest einen unstreitigen und vom Bundesverfassungsgericht für die Begründung der Beobachtungs- und Nachbesserungspflicht des Gesetzgebers maßgeblichen Zweck hat, der keine bloße symbolische Bekundung darstellt: Der Schutz ungeborenen Lebens. Folglich hat die Strafbarkeit des Schwangerschaftsabbruchs nicht nur eine symbolische, sondern – nach *Gusfields* Worten – auch eine instrumentelle Bedeutung. Die symbolische Bedeutung der Norm muss ihre instrumentelle nicht aushebeln, sondern kann sie ergänzen. Sämtliche Grundrechte und zahlreiche Generalklauseln im Zivilrecht haben starken symbolischen Charakter[452] und sind für die Rechtsanwendung unverzichtbar.

Die Bedenken gegenüber dem symbolischen Strafrecht bleiben jedoch berechtigt, selbst wenn eine Wahrnehmung der Beobachtungs- und Nachbesserungspflicht bezogen auf die Regelungen zum Schwangerschaftsabbruch trotz deren Symbolik möglich ist. Zwar sind Gesetzgebungsakte mit symbolischer Funktion nicht schlechthin sachfremd. Denn symbolische Deklarationen können bei der Verinnerlichung des Rechts wichtige Überzeugungsarbeit leisten[453]. Die Tatsache, dass der Gesetzgeber dem Bürger eine Verinnerlichung des Rechts über strafrechtliche Regelungen vermitteln möchte, drückt allerdings auch aus, in welchem Umfang er an der Eigenverantwortlichkeit des Einzelnen zweifelt.

449 *Beyme*, Der Gesetzgeber, 1997, S. 326 f.

450 *Beyme*, Der Gesetzgeber, 1997, S. 330.

451 Vgl. *Raiser*, Grundlagen, 2009, S. 245.

452 *Raiser*, Grundlagen, 2009, S. 244.

453 Vgl. *Noll*, ZSchwR 1981, S. 363 f.

g) Kritische Auseinandersetzung mit der bundesverfassungsgerichtlichen Ausrichtung der Beobachtungs- und Nachbesserungspflicht

Die Wahrnehmung der Beobachtungs- und Nachbesserungspflicht zum Schutz ungeborenen Lebens wird von Interessengruppen und einzelnen Politikern intensiv kontrolliert und eingefordert[454]. Bei der Forderung nach einer gewissenhaften Wahrnehmung der Pflicht orientiert sich der Gesetzgeber allerdings allein an der Maßgabe des Bundesverfassungsgerichts. Das Bundesverfassungsgericht hat die Notwendigkeit einer Beobachtungs- und Nachbesserungspflicht des Gesetzgebers in seiner Entscheidung zum Schwangerschaftsabbruch auf die Schutzwürdigkeit ungeborenen Lebens gestützt[455]. Die Berücksichtigung der Regelungsfolgen für die Frau, die von der strafrechtlichen Regelung zum Schwangerschaftsabbruch ebenso betroffen ist, hatte für die Begründung einer Beobachtungs- und Nachbesserungspflicht durch das Bundesverfassungsgericht keine Bedeutung. Die „Schutzfunktion" der Beobachtungs- und Nachbesserungspflicht ist nach der bundesverfassungsgerichtlichen Würdigung auf das ungeborene Leben bezogen. „Der hohe Rang des geschützten Rechtsgutes, die Art der Gefährdung ungeborenen Lebens und der in diesem Bereich festzustellende Wandel der gesellschaftlichen Verhältnisse und Anschauungen erfordern es, daß der Gesetzgeber beobachtet, wie sich sein gesetzliches Schutzkonzept in der gesellschaftlichen Wirklichkeit auswirkt (**Beobachtungspflicht**[456])"[457].

Das Bundesverfassungsgericht beschränkt die Beobachtungspflicht des Gesetzgebers auf den Schutz ungeborenen Lebens, obgleich die Formulierung, die den „Wandel gesellschaftlicher Verhältnisse und Anschauungen" betont, genug Spielraum für weitere Differenzierungen geboten und der ratio der Beobachtungs- und Nachbesserungspflicht entsprochen hätte. Die Beobachtungs- und Nachbesserungspflicht wird zwar richtigerweise auf den Schutz des ungeborenen Lebens gemünzt. Warum hingegen die Frau nicht ebenfalls in das Schutzkonzept einbezogen wird, obgleich sie wegen der Strafbarkeit des Schwangerschaftsabbruchs ebenfalls in grundrechtlich geschützten Positionen betroffen sein kann, bleibt unverständlich.

---

454 Vgl. oben VI., 2., e), S. 99 ff. und *Hillenkamp*, in: FS Amelung, 2009, S. 446; *ders.*, in: FS Eisenberg, 2009, S. 318 f. mit weiteren Nachweisen.

455 Vgl. allein BVerfGE 88, 203, 310.

456 Hervorhebung durch die Verfasserin.

457 BVerfGE 88, 203, 310.

Im abweichenden Sondervotum von *Mahrenholz* und *Sommer* wird dieser Gedanke aufgegriffen[458]. Die der Senatsmehrheit nicht folgenden Richter betonen, dass neben dem nicht zu bestreitenden Schutz des Ungeborenen[459] auch Grundrechtspositionen der Frau zu berücksichtigen sind[460]. Hierbei stützen sie ihre Aussage auf eine differenzierte Betrachtung des Adressaten der Schutzpflicht: Die verfassungsrechtliche Pflicht zur Protektion ungeborenen Lebens sei eine staatliche und treffe als solche gerade nicht unmittelbar die Frau[461]. Dass der staatliche Erfüllungsversuch dieser Schutzpflicht somit die grundrechtlichen Belange der Frau ebenfalls hinreichend zu berücksichtigen hat, ist die notwendige Schlussfolgerung, die von *Mahrenholz* und *Sommer* gezogen wird[462].

Die Aufnahme dieses Gedankengangs bei der Begründung der Beobachtungs- und Nachbesserungspflicht wäre nicht nur sinnvoll, sondern notwendig gewesen. Wie in der abweichenden Meinungsbegründung vorgebracht, hätte der gesetzgeberische Gestaltungsspielraum nicht nur unter Berücksichtigung des so genannten Untermaßverbotes, sondern auch des so genannten Übermaßverbotes gegenüber der Frau limitiert werden können[463]. Diese Beschränkung hätte nicht nur eine limitierende, sondern im Hinblick auf die Beobachtungs- und Nachbesserungspflicht auch eine erweiternde Wirkung aufgezeigt. Die gesetzgeberische Pflicht wäre dann nicht lediglich mit dem Auftrag zum Schutz ungeborenen Lebens begründet worden.

Die gesetzgeberische Schutzpflicht hinsichtlich ungeborenen Lebens ist für die Beobachtungs- und Nachbesserungspflicht von tragender Bedeutung. Sie ist nicht nur ratio der Pflichtenbegründung nach dem Verständnis des Bundesverfassungsgerichts, sondern wird auch verfassungsrechtlich mit Hilfe des Untermaßverbots abgesichert[464]. Dennoch sind gerade an diesem Punkt Zweifel an der Ausrichtung der Beobachtungs- und Nachbesserungspflicht im konkreten Fall angebracht. Denn auch die gesetzgeberische Schutzpflicht hinsichtlich ungeborenen Lebens darf die Hürde für den Einsatz von Strafregelungen nicht herabsetzen. Diese besondere Schutzpflicht zwingt den Gesetzgeber, zum Schutze ungeborenen Lebens

---

458 Vgl. BVerfGE 88, 203, 338 ff. Neben deren abweichender Meinung gibt es noch eine von *Bockenförde*, vgl. BVerfGE 88, 203, 359 ff. Diese Uneinigkeit der Verfassungsrichter ist zugleich auch Sinnbild für die Kontroverse um die rechtliche Ausgestaltung des Schwangerschaftsabbruchs.

459 Vgl. BVerfGE 88, 203, 339 (Sondervotum *Mahrenholz/Sommer*).

460 BVerfGE 88, 203, 340 f. (Sondervotum *Mahrenholz/Sommer*).

461 BVerfGE 88, 203, 340 (Sondervotum *Mahrenholz/Sommer*).

462 Vgl. BVerfGE 88, 203, 340 (Sondervotum *Mahrenholz/Sommer*).

463 Vgl. BVerfGE 88, 203, 340 (Sondervotum *Mahrenholz/Sommer*).

464 BVerfGE 88, 203, 254.

tätig zu werden. Allerdings darf dieses Tätigwerden das Grundprinzip im Umgang mit dem Strafrecht nicht verdrängen: Der besonderen Rechtfertigung und Begründung bedarf der **Einsatz** des Strafrechts und nicht der **Verzicht** auf Pönalisierung. Bei einer auf den Schwangerschaftsabbruch bezogenen Betrachtung der bundesverfassungsgerichtlich tendenziell weit verstandenen gesetzgeberischen Einschätzungsprärogative ist jedoch erkennbar, dass die gesetzgeberische Freiheit zumindest in der Entscheidung nicht für den **Verzicht** auf Bestrafung eingeräumt wird. Die Großzügigkeit des Bundesverfassungsgerichts beim Umgang mit der Einschätzungsprärogative des Gesetzgebers ist bereits in einem früheren Abschnitt Gegenstand einiger Überlegungen gewesen. An dieser Stelle ist ein zusätzlicher Rückschluss möglich. Bezeichnenderweise wird die Einschätzungsprärogative des Gesetzgebers für sein aktives, gesetzgeberisches Tun eingeräumt. Das Bundesverfassungsgericht hat die Richtung der Einschätzungsprärogative bei der legislativen, dem Schutz ungeborenen Lebens Rechnung tragenden Regelung des Schwangerschaftsabbruches festgelegt, indem es in einem ersten Schritt die „Aufstellung und normative Umsetzung eines solchen Schutzkonzepts[465]" zur Sache des Gesetzgebers erklärte[466] und dadurch die gesetzgeberische Gestaltungsfreiheit bestätigte.

In einem zweiten Schritt stellte das Gericht jedoch fest: Der Gesetzgeber sei „nach den bestehenden verfassungsrechtlichen Anforderungen [...] dabei nicht frei, den Schwangerschaftsabbruch über verfassungsrechtlich unbedenkliche Ausnahmetatbestände hinaus als nicht rechtswidrig, also erlaubt, anzusehen"[467]. Die Freiheit des Gesetzgebers wird damit bejaht, solange er zum Schutz des ungeborenen Lebens regulierend tätig wird. Ein Absehen von strafrechtlicher Regelung des Schwangerschaftsabbruchs ist dem Gesetzgeber verwehrt, die Freiheit auf Verzicht der Pönalisierung besteht insofern nicht. Diese Einseitigkeit bei der Beschränkung der Einschätzungsprärogative wird auch von *Mahrenholz* und *Sommer* erkannt[468] und bleibt nicht folgenfrei für das Verständnis der Beobachtungs- und Nachbesserungspflicht. Im Ergebnis wäre eine umfassendere Begründung der Beobachtungs- und Nachbesserungspflicht wünschenswert gewesen, die auch den Eingriffscharakter der Regelungen zum Schwangerschaftsabbruch berücksichtigt.

---

465 Gemeint ist der Schutz ungeborenen Lebens, Anm. der Verfasserin.
466 BVerfGE 88, 203, 261 f.
467 BVerfGE 88, 203, 261 f.
468 Vgl. BVerfGE 88, 203, 340 (Sondervotum *Mahrenholz/Sommer*).

h) Konsequenzen der Kritik für die Beobachtungs- und Nachbesserungspflicht

Die rechtliche Grundlage der Beobachtungs- und Nachbesserungspflicht des Gesetzgebers liegt in der Verfassung selbst. Schon allein deshalb sollte die Wahrnehmung der Beobachtungs- und Nachbesserungspflicht in alle Richtungen verfassungsrechtlicher Unwägbarkeiten und Zweckverfehlungen orientiert sein.

Die festgestellte positive gesetzgeberische Aktivität auf dem Gebiet des Schwangerschaftsabbruchs ist allein auf den Schutz ungeborenen Lebens bezogen. So lässt der Ruf einiger Abgeordneter nach einer Ausdehnung der Statistik zwar die Gewissenhaftigkeit bei der Forderung nach einer Beobachtung der Gesetzeswirkungen erkennen. Doch dieser Ruf ist gekennzeichnet von einer Einseitigkeit im Hinblick auf den Beobachtungsgegenstand. Sämtliche Beobachtungstendenzen und -forderungen beziehen sich auf den Schutz des ungeborenen Lebens als Regelungszweck. Der zu Beginn der Arbeit formulierte Beobachtungsmaßstab soll hingegen eine Beobachtung oder Kontrolle der Regelung hinsichtlich aller mit dem Gesetz verfolgter Zwecke ermöglichen. Die Bedeutung dieses Maßstabs wird greifbar, wenn man neben dem Schutz noch ungeborenen menschlichen Lebens als Zweck der strafrechtlichen Regelungen zum Schwangerschaftsabbruch[469] nach vielfach vertretener, dennoch umstrittener Ansicht die Gesundheit und das Leben der Schwangeren[470] betrachtet. An der Kontroverse darüber, ob die Gesundheit oder das Leben der Schwangeren überhaupt zum Schutzgut gehören, ist die Schwierigkeit bei der Heranziehung des Gesetzeszwecks als Beobachtungsmaßstab erkennbar, auch wenn diese Schwierigkeit den Maßstab nicht untauglich macht. Der Regelungskomplex zum Schwangerschaftsabbruch zeigt, dass sich Gesetzeszwecke widersprechen können und welche Konsequenzen dieser Widerspruch für eine Wirksamkeitskontrolle haben kann: Wenn es beispielsweise zu einer nach § 218a II StGB gerechtfertigten Abbruchsentscheidung kommt, ist der Schutz ungeborenen Lebens gerade nicht bewirkt. Dem Gesundheits- und Lebensschutz der Frau ist jedoch möglicherweise gedient.

Eine fehlende Sensibilität und Aktivität zur Erfüllung der an der Bundesverfassungsgerichtsentscheidung zum Schwangerschaftsabbruch orientierten

469 Vgl. statt vieler SK-StGB/*Rudolphi*/*Rogall*, 2012, Vor § 218 Rdnr. 57 m.w.N.

470 Schönke/Schröder/*Eser*, 2010, Vor §§ 218 ff. Rdnr. 12. Nur mittelbarer Schutz der Schwangeren nach *Fischer*, StGB, 2012, Vor § 218 Rdnr. 2; die Gesundheit der Schwangeren als „Schutzreflex" umfasst sehen *Gössel*/*Dölling*, Strafrecht BT 1, 2004, § 8 Rdnr. 6; SK-StGB/*Rudolphi*/*Rogall*, 2012, Vor § 218–219b Rdnr. 58; *Wessels*/*Hettinger*, Strafrecht BT 1, 2012, Rdnr. 224.

Beobachtungs- und Nachbesserungspflicht ist dem Gesetzgeber nicht zu unterstellen. Die Ansätze gingen und gehen zwar teilweise von Interessengruppen außerhalb des Parlaments aus, mündeten jedoch in parlamentarischen Diskussionen und letztlich sogar in einer Gesetzesänderung.

Die Wahrnehmung der Beobachtungs- und Nachbesserungspflicht im Hinblick auf die Regelungen zum Schwangerschaftsabbruch weist wegen der Einseitigkeit der Schutzrichtung dennoch Mängel auf. Diese bestehen zwar nicht beim Schutz ungeborenen Lebens[471]. Es findet jedoch keine Beobachtung hinsichtlich der Regelungsfolgen für die Schwangere oder die tatsächliche Wirksamkeit eines strafrechtlichen Umgangs mit Schwangerschaftsabbrüchen statt. Dabei ist ratio der Beobachtung die Vermeidung zweck- und verfassungswidriger Gesetzeszustände; diese ratio umfasst auch die Frage, ob die Regelung per Strafgesetz an sich gegebenenfalls nicht mehr sinnvoll sein kann und ob dem gesetzgeberischen Schutzkonzept tatsächlich durch die strafrechtlichen Regelungen gedient ist.

i) Stellungnahme und Ausblick

Die Regelungen zum Schwangerschaftsabbruch als Musterbeispiel für die fehlende durchschlagende Wirkung der Beobachtungs- und Nachbesserungspflicht aufzuführen[472], vermag bei einem direkten Vergleich zwischen ihnen und der lebenslangen Freiheitsstrafe nicht zu überzeugen.

Doch die Beobachtung der Regelungswirkungen muss neben dem Lebensschutz des Ungeborenen weitere schützenswerte Güter umfassen. Die Frage, ob gesetzgeberische Zwecksetzungen mit den Regelungen erreicht werden können oder ob gesellschaftspolitische Maßnahmen außerhalb des Strafrechts sowohl den Lebensschutz als auch die Freiheitsrechte der Frau besser gewährleisten, sind in die Beobachtung durch den Gesetzgeber aufzunehmen. Diesem Verständnis liegt die Annahme zu Grunde, dass die Beobachtungs- und Nachbesserungspflicht keiner Instrumentalisierung durch Partikularinteressen unterliegen darf und eine Einseitigkeit der Beobachtungsrichtung zu vermeiden ist. Der Wunsch, gesellschaftliche Anschauungswandlungen durch den Einsatz von Strafrecht aufhalten oder verlangsamen zu können, ist kein neues Phänomen. Dieser Wunsch erhält aber mit der Abbruchsthematik neuen Antrieb. Denn der Einsatz für intensiveren Lebensschutz durch stärkere Regulierung wird teilweise damit begründet, dass das

471 Anders beispielsweise *Ellwanger*, ZfL 2007, S. 86 f.

472 So *Huster*, ZfRS 2003, S. 23 FN 80. Dagegen *Hillenkamp*, in: FS Amelung, 2009, S. 446.

Unrechtsbewusstsein für Schwangerschaftsabbrüche in der Gesellschaft schwände[473]. Diese Argumentation weist die Tendenz zu einer autoritative Strukturen begünstigenden Erwartungshaltung gegenüber dem Gesetzgeber auf. Die Erwartungshaltung umfasst eine Steuerung von „oben" nach „unten", indem durch das Gesetz eine Unrechtsdimension diktiert wird, die in dieser Form möglicherweise nicht mehr existent ist.

3. Cannabis-Entscheidung

Der Einsatz des Strafrechts zur Regelung des Umgangs mit Cannabisprodukten war stets umstritten. Der Gesetzgeber räumte bereits bei Erlass des BtMG im Jahre 1972 ein, dass die wissenschaftliche Kontroverse um die Gefährlichkeit von Cannabis noch nicht beendet sei, sondern eine Beobachtung und Überprüfung diesbezüglich erfolgen müsse[474]. Die Notwendigkeit einer Regelungsbeobachtung wurde mithin früh und nicht erst vom Bundesverfassungsgericht erkannt. Demzufolge war die juristische Auseinandersetzung bereits vor der Entscheidung über die Verfassungsmäßigkeit der Pönalisierung im Jahre 1994 intensiv.

So gelangte beispielsweise das Schweizerische Bundesgericht im Jahre 1992 zu dem Ergebnis, dass sich nach dem momentanen wissenschaftlichen Stand die Gefährlichkeit von Cannabis für die körperliche und seelische Gesundheit selbst bei großen Mengen nicht bestätigen lasse[475]. Die Bewertung der Gefahren, die durch Cannabisprodukte verursacht werden, ist folglich weiterhin umstritten.

In der Bundesrepublik startete die hessische Kommission „Kriminalpolitik" zum Betäubungsmittelstrafrecht im Jahre 1992 einen Entkriminalisierungsversuch mit dem Vorschlag, Cannabisprodukte aus der Anlage I zum BtMG zu entfernen[476]. Der Blick in die Anlage I zum BtMG zeigt, dass dieser Vorschlag nicht erfolgreich war.

Zeitlich kurz nach dem Vorschlag der hessischen Kommission hatte dann auch das Bundesverfassungsgericht auf die Vorlage des LG Lübeck[477] hin über die

473 So *Ellwanger*, ZfL 2007, S. 89.

474 BR-Ds 655/70 vom 18. Dezember 1970, S. 7.

475 BGE StV 1992, S. 18 ff. Dieses Ergebnis gilt in der Schweiz weiterhin, vgl. *Malek*, Betäubungsmittelstrafrecht, 2008, S. 14.

476 Vgl. die Dokumentation der Entkriminalisierungsvorschläge in StV 1992, S. 249 ff.

477 LG Lübeck NJW 1992, S. 1571 ff. Der Senat hat dabei fünf weitere, ähnlich gelagerte und ebenfalls ausschließlich Cannabis betreffende Vorlagebeschlüsse nach Art. 100 GG sowie eine Verfassungsbeschwerde einbezogen. Sieben weitere Vorlagebeschlüsse wurden nicht zugelassen.

Verfassungsmäßigkeit einer Strafbarkeit der Abgabe von, des Handeltreibens mit und der Einfuhr von Haschisch zu entscheiden.

a) Sachverhalt

Das Bundesverfassungsgericht hatte sich mit der Frage auseinander zu setzen, ob die Tatbestände des BtMG, soweit sie verschiedene Formen des unerlaubten Umgangs mit Cannabisprodukten mit Strafe bedrohen, mit dem Grundgesetz vereinbar sind.

Die Richtervorlagen sahen in der Strafandrohung unter anderem einen Verstoß gegen Art. 3 I GG, weil der Umgang mit Alkohol und Nikotin nicht unter Strafe gestellt ist[478].

Zudem gewähre die allgemeine Handlungsfreiheit ein „Recht auf Rausch", das durch die Strafvorschriften unzulässig eingeschränkt werde[479]. Die Strafandrohung für den Umgang mit Cannabisprodukten sei unverhältnismäßig, da die vom Gesetzgeber angenommene Gefährlichkeit sich nicht bewahrheitet habe[480].

Cannabis-Konsumenten würden unter Verstoß gegen Art. 2 II 1 GG zu schädlicheren Alternativen, insbesondere dem nicht strafbaren Alkoholkonsum, gedrängt[481].

Das Bundesverfassungsgericht kam in seinem grundlegenden Urteil zum Ergebnis, dass die Strafbarkeit des unerlaubten Umgangs mit Cannabisprodukten nicht gegen die Verfassung verstoße[482]. Es begründete seine Entscheidung unter anderem mit der Erwägung, dass sich zwar die von Cannabisprodukten ausgehenden Gesundheitsgefahren als geringer darstellten, als der Gesetzgeber bei Erlass des Gesetzes annahm. Doch auch nach dem Erkenntnisstand zum Zeitpunkt der Entscheidung verblieben nicht unbeträchtliche Gefahren und Risiken, sodass die Gesamtkonzeption des Gesetzes in Bezug auf Cannabisprodukte weiterhin verfassungsrechtlich gültig sei[483]. Die Strafvorschriften des BtMG seien geeignet, die Verbreitung der Droge in der Gesellschaft einzuschränken und damit die von ihr ausgehenden Gefahren im Ganzen zu verringern. Die Strafvorschriften seien damit generell geeignet, den Gesetzeszweck zu fördern[484].

---

478 BVerfGE 90, 145, 152.
479 BVerfGE 90, 145, 154.
480 BVerfGE 90, 145, 155.
481 BVerfGE 90, 145, 155 f.
482 BVerfGE 90, 145, 171 ff.
483 BVerfGE 90, 145, 181.
484 BVerfGE 90, 145, 182.

Was die Strafandrohung für den Erwerb gem. § 29 I 1 Nr. 1 BtMG und den Besitz gem. § 29 I 1 Nr. 3 BtMG anbelangt – Verhaltensweisen, die ausschließlich den gelegentlichen Eigenverbrauch vorbereiten sollen und keine Fremdgefährdung darstellen – verstießen diese nur deshalb nicht gegen das Übermaßverbot, weil der Gesetzgeber es den Strafverfolgungsorganen ermögliche, durch das Absehen von Strafe, § 29 V BtMG, oder von Strafverfolgung, §§ 153 ff. StPO, § 31a BtMG[485], einem geringen individuellen Unrechts- und Schuldgehalt der Tat Rechnung zu tragen[486].

Das Bundesverfassungsgericht erachtete die Tauglichkeit des „Cannabisverbots" für die Gewährleistung der Gesundheit des Einzelnen und der Gesamtbevölkerung sowie für die Verhinderung der Abhängigkeit von Betäubungsmitteln[487] als gegeben[488].

b) Festsetzung der Beobachtungs- und Nachbesserungspflicht

Das Bundesverfassungsgericht erinnerte den Gesetzgeber in seiner Beschlussbegründung wegen der „offenen kriminalpolitischen und wissenschaftlichen Diskussion über die vom Cannabiskonsum ausgehenden Gefahren und den richtigen Weg ihrer Bekämpfung" daran, „[...] die Auswirkungen des geltenden Rechts unter Einschluß der Erfahrungen des Auslands zu **beobachten** und zu **überprüfen**"[489]. Der Gesetzgeber werde dabei „insbesondere einzuschätzen haben, ob und inwieweit die Freigabe von Cannabis zu einer Trennung der Drogenmärkte führen und damit zur Eindämmung des Betäubungsmittelkonsums insgesamt beitragen kann oder ob umgekehrt nur die strafbewehrte Gegenwehr gegen den Drogenmarkt insgesamt und die sie bestimmende organisierte Kriminalität hinreichenden Erfolg verspricht"[490].

485 § 31a StGB war zum Zeitpunkt der Entscheidung eine neue Vorschrift, sodass auch das Bundesverfassungsgericht auf den Mangel gesicherter Erkenntnisse hinwies, vgl. BVerfGE 90, 145, 191.

486 Vgl. BVerfGE 90, 145, 187 ff.

487 Vgl. BVerfGE 90, 145, 174.

488 Vgl. BVerfGE 90, 145, 182.

489 BVerfGE 90, 145, 194.

490 BVerfGE 90, 145, 194.

c) Begründung der Beobachtungspflicht

Das Bundesverfassungsgericht begründete die Pflicht des Gesetzgebers mit der soeben zitierten „offenen kriminalpolitischen und wissenschaftlichen Diskussion über die vom Cannabiskonsum ausgehenden Gefahren und den richtigen Weg ihrer Bekämpfung"[491].

d) Hinweise des Bundesverfassungsgerichts zur Pflichterfüllung

Der Hinweis des Bundesverfassungsgerichts an den Gesetzgeber, „[...] die Auswirkungen des geltenden Rechts unter **Einschluß der Erfahrungen des Auslands** zu beobachten und zu überprüfen"[492], enthält zugleich die Vorstellung des Gerichts davon, wie der Gesetzgeber seiner Pflicht nachkommen könnte. Das Bundesverfassungsgericht erwähnt die Beobachtung unter Berücksichtigung von Erfahrungen des Auslands als einen Weg zur Erfüllung der Beobachtungspflicht.

e) Kritische Auseinandersetzung

Die dargelegte Entscheidung des Bundesverfassungsgerichts verdient eine kritische Auseinandersetzung, die die mit der Strafbarkeit des Cannabiskonsums verbundenen Probleme verdeutlicht und die Beobachtungs- und Nachbesserungspflicht des Gesetzgebers in diesem Bereich konturiert.

aa) Die gesetzgeberische Freiheit beim Erlass von Straftatbeständen

Das Bundesverfassungsgericht bejaht die Tauglichkeit des „Cannabisverbots" für die Gewährleistung der Gesundheit des Einzelnen und der Gesamtbevölkerung sowie für die Verhinderung der Abhängigkeit von Betäubungsmitteln[493]. Eine Überprüfung, ob das Verbot tatsächlich geeignet ist, die Zwecke zu erfüllen, nimmt das Gericht dagegen nicht vor[494]. Zwar ist die empirische Eignungskontrolle nicht Aufgabe des Bundesverfassungsgerichts. Das Gericht betont regelmäßig, dass es

491 BVerfGE 90, 145, 194.
492 BVerfGE 90, 145, 194.
493 Vgl. BVerfGE 90, 145, 174, 182.
494 *Hörnle*, Grob anstößiges Verhalten, 2005, S. 24.

die Zwecktauglichkeit eines Gesetzes „stets sehr einschränkend behandelt“ und einen eingeschränkten Prüfungsmaßstab anlegt[495]. Doch der Freiraum, der dem Gesetzgeber bei der Einschätzung der befürchteten Gefahren eingeräumt wird, ist groß. Obgleich seitens des Gerichts eingestanden wird, dass die vom Gesetzgeber bei Erlass des BtMG angenommenen Gesundheitsgefahren keine Aktualität beanspruchen können, wird die Eignung der Strafvorschrift für die Zweckerreichung weiterhin nicht bezweifelt[496].

Die Erforderlichkeit des Gesetzes wird mit dem Hinweis auf die Freiheit des Gesetzgebers schlicht bejaht. Dass dem Gesetzgeber bei der Beurteilung der Eignung und Erforderlichkeit des gewählten Mittels zur Zielerreichung ein Beurteilungsspielraum zusteht[497], ist bekannt. Doch im Ergebnis werden dem Gesetzgeber beim Erlass von Straftatbeständen kaum Grenzen gesetzt[498], da es nach dem Bundesverfassungsgericht „verfassungsrechtlich hinzunehmen“ ist, dass der Gesetzgeber von der verbesserten Abschreckung durch strafrechtliche Verbote ausgeht[499]. Er habe die Einschätzungs- und Entscheidungsprärogative[500].

Dagegen gerichtete Bedenken *Sommers*, der sich nicht der Senatsmehrheit anschloss, sind seinem abweichenden Sondervotum zu entnehmen[501]. Im Ergebnis ist nach *Sommer* eine teilweise[502] Entkriminalisierung der verfassungsrechtlich gangbare Weg[503]. Dabei belässt *Sommer* es nicht bei theoretischen Forderungen, sondern versucht kompromissbildend Möglichkeiten für die Gestaltung einer entkriminalisierenden Regelung „auf der Ebene des materiellen Strafrechts“[504] aufzuzeigen. Seine – nach *Böllinger* im Vergleich zur Mehrheitsentscheidung des Senats und zum abweichenden Sondervotum der Richterin *Graßhof*[505] fast „radikal“ wirkende[506] – Beurteilung stützt *Sommer* unter anderem darauf, dass

495 Vgl. BVerfGE 30, 250, 263 f.; 47, 109, 117.
496 Vgl. BVerfGE 90, 145, 181 f.
497 BVerfGE 90, 145, 173.
498 *Hörnle*, Grob anstößiges Verhalten, 2005, S. 25.
499 Vgl. BVerfGE 90, 145, 183.
500 Vgl. BVerfGE 90, 145, 183.
501 Vgl. BVerfGE 90, 145, 212 ff. (Sondervotum *Sommer*).
502 Der Vorschlag bezieht sich auf Einfuhr, Durchfuhr, Erwerb und Besitz geringer Mengen von Cannabisprodukten zum Eigengebrauch.
503 Vgl. BVerfGE 90, 145, 219 ff., 222 (Sondervotum *Sommer*).
504 BVerfGE 90, 145, 223 (Sondervotum *Sommer*). Konkret nennt er dabei die Option eines zwingenden Strafausschließungsgrundes oder die Anknüpfung der Pönalisierung an das Überschreiten einer Mindestmenge als objektive Bedingung der Strafbarkeit.
505 BVerfGE 90, 145, 199 ff. (Sondervotum *Graßhof*).
506 *Böllinger*, KritJ 1994, S. 419.

die Strafbarkeit von Handlungen, die dem Eigenkonsum vorgelagert sind, im Ergebnis zu einer Kriminalisierung von vermuteten schädlichen Neigungen beziehungsweise zur strafrechtlichen Haftung für kriminelles Verhalten Dritter führe[507]. Die allgemeine Strafdrohung der § 29 I 1 Nr. 1, Nr. 3 und Nr. 5 BtMG könne mehr als zwanzig Jahre nach Inkrafttreten der Regelung nicht auf dem Fundament einer unsicheren Gefahreneinschätzung akzeptiert werden[508]. Auch wenn dem Gesetzgeber von damals noch nicht mit diesem Vorwurf begegnet wurde, weil die strafrechtliche Würdigung des Umgangs mit Cannabisprodukten zu jener Zeit vollumfänglich legitimiert gewesen sei, könne dieser „aufgrund veränderter Umstände zur Überprüfung und Nachbesserung einer ursprünglich verfassungsgemäßen Regelung gehalten sein“[509].

Eine verfassungsrechtliche Legitimation der umfassenden Pönalisierung ist nach *Sommer* nur bei einer zuverlässigeren Gefahreneinschätzung auf der Grundlage weitergehender Erkenntnisse möglich. Wenn jedoch erhebliche Bedenken an einer getroffenen Regelung bestehen, was hinsichtlich der erschöpfenden Kriminalisierung des Umgangs mit Cannabis der Fall sei, so komme der Gesetzgeber seiner Beobachtungs-, Prüfungs- und Nachbesserungspflicht[510] nur nach, wenn er sich über die Fortdauer der faktischen Grundlagen seiner Entscheidung vergewissert[511].

Sommer betont nicht lediglich die Existenz der Beobachtungs- und Nachbesserungspflicht des Gesetzgebers, sondern auch ihre mangelnde Erfüllung zum Zeitpunkt der Entscheidung[512]. Die Senatsmehrheit hingegen geht an die Beobachtungs- und Nachbesserungspflicht des Gesetzgebers nicht retrospektiv heran und fragt nicht danach, ob mögliche tatsächliche Grundlagen zu wenig beachtet sein könnten. Ohne die gesetzgeberische Freiheit und die verfassungsrechtliche Legitimation der Pönalisierung in Frage zu stellen, ermahnt das Bundesverfassungsgericht den Gesetzgeber nur, **künftig** „die Auswirkungen des geltenden Rechts unter Einschluss der Erfahrungen des Auslandes zu **beobachten** und zu **überprüfen**[513]“.

Der große gesetzgeberische Freiraum, auch bei ungewissen Sachlagen regulierend tätig zu werden, mag mangels absoluter Sicherheiten und Prognosen zur

---

507 BVerfGE 90, 145, 220 f. (Sondervotum *Sommer*).
508 BVerfGE 90, 145, 220. (Sondervotum *Sommer*).
509 BVerfGE 90, 145, 219 f. (Sondervotum *Sommer*).
510 So die Bezeichnung von *Sommer*, vgl. BVerfGE 90, 145, 221 (Sondervotum *Sommer*).
511 BVerfGE 90, 145, 221 (Sondervotum *Sommer*).
512 Vgl. BVerfGE 90, 145, 221 (Sondervotum *Sommer*).
513 BVerfGE 90, 145, 194 (Sondervotum *Sommer*). Hervorhebungen durch die Verfasserin.

Erreichbarkeit gesetzgeberischer Ziele als Realität akzeptiert werden. Dennoch dürfte diese Akzeptanz zu bezweifeln sein, wenn es um Grundrechtseingriffe durch strafrechtliche Regelungen geht. Fragwürdig ist insbesondere, warum das Bundesverfassungsgericht gerade bei der Überprüfung von strafrechtlichen Normen große Zurückhaltung übt.

bb) Gründe für die Gewährung großer Freiräume bei strafrechtlichen Gesetzgebungsakten

Es gibt durchaus pragmatische und rational nachvollziehbare Gründe für die eingeschränkte Kontrolldichte bei Strafgesetzen. Die durch die Einschränkung verursachte Gefährdung des so genannten fragmentarischen Charakters unseres Strafrechts existiert jedoch ebenso.

Der Gewaltenteilungsgrundsatz ist ein wesentlicher Grund für die fehlende Fähigkeit des Bundesverfassungsgerichts, dem Gesetzgeber eine Beobachtungs- und Nachbesserungspflicht allein durch seine Entscheidungsmacht aufzuerlegen. Der Gewaltenteilungsgrundsatz und der so genannte „judicial self restraint" als Ausfluss dessen sind zudem mitverantwortlich dafür, dass das Bundesverfassungsgericht die detaillierte Überprüfung von Geeignetheit und Erforderlichkeit eines Strafgesetzes und dadurch die mögliche Verwerfung der gesetzgeberischen Entscheidung vermeidet[514].

Speziell für die Cannabis-Entscheidung des Bundesverfassungsgerichts führt *Hörnle* weiterhin einen praktischen Grund an, den sie als mitursächlich dafür ansieht, dass die Senatsmehrheit nicht *Sommer* und seinem Votum folgte[515]: Falls das Gericht mehrheitlich zu einer Verfassungswidrigkeit der entsprechenden BtMG-Regelungen gekommen wäre, hätte es jene Bestimmungen gem. § 78 BVerfGG für nichtig erklären müssen, soweit sie Cannabisprodukte zum Eigengebrauch umfassen[516]. Die prozessuale Konsequenz, nämlich die Zulässigkeit der Wiederaufnahme des Verfahrens gegen rechtskräftige Strafurteile nach § 79 I BVerfGG, würde nach *Hörnle* bei so genannten Massendelikten zum ihres Erachtens „drastischen" Ergebnis in Gestalt einer „unabsehbaren Zahl von Wiederaufnahmeverfahren führen"[517]. Da die Strafrechtspflege diese Folgen kaum bewältigen

514 *Appel*, Verfassung und Strafe, 1998, S. 96 ff.; *Hörnle*, Grob anstößiges Verhalten, 2005, S. 31 f.; *Lagodny*, Strafrecht vor den Schranken, 1996, S. 173.

515 Vgl. *Hörnle*, Grob anstößiges Verhalten, 2005, S. 32.

516 *Hörnle*, Grob anstößiges Verhalten, 2005, S. 32.

517 *Hörnle*, Grob anstößiges Verhalten, 2005, S. 33. Zur Unterstreichung der Folgen nennt *Hörnle* Zahlen aus der PKS für das Berichtsjahr 2003.

könnte, sei die zurückhaltende Vorgehensweise des Gerichts spezifisch für beanstandete Strafgesetze. Mehr als eine dezente Kritik könne man nicht erwarten, wenn es sich um in der Praxis häufig angewandte Strafnormen handle[518]. Rational nachvollziehbar ist dieser Gedanke, der in der Tat wohl zumindest mitursächlich für die Gewährung großer gesetzgeberischer Freiräume sein dürfte, durchaus. Der Beigeschmack dieser teilweisen Aufopferung rechtsstaatlicher Grundsätze durch prozessökonomische Erwägungen ist indes bitter. Besonders fragwürdig ist, dass dadurch bei Strafgesetzen, die eine große Eingriffsintensität innehaben, die Regelungsfreiheit größer ist als bei anderen Akten öffentlicher Gewalt.

Hörnle hebt schließlich die pointierte soziologische Bedeutung strafrechtlicher Normen als Grund für eine stark eingeschränkte Kontrolldichte hervor und verknüpft dabei den symbolischen Gehalt zentraler Strafgesetze mit der Beobachtungs- und Nachbesserungspflicht des Gesetzgebers[519]. *Hörnle* stellt die These auf, dass das Bundesverfassungsgericht vor einer Beanstandung solcher Gesetze, bei denen die Auseinandersetzung mit der Legislative in besonderem Maße erkennbar wäre, zurückschreckt und die Statuierung von Beobachtungs- und Nachbesserungspflichten als ausgleichendes Mittel für die eigene Zurückhaltung gebraucht[520].

Diese These *Hörnles* ist zustimmungswürdig. Bei den Verbotsvorschriften zum Umgang mit Cannabisprodukten spielt das symbolische Strafrecht als normatives und empirisches Problem erneut eine Rolle. Denn die strafrechtlichen Regelungen zum Umgang mit Cannabisprodukten enthalten ebenfalls das Element symbolischer Bekräftigung von Unwerturteilen. Diese symbolische Bekräftigung zehrt weniger von der tatsächlichen Zweckerreichung, sondern mehr von der vermuteten Wirkung auf die Bevölkerung. Zentrale Strafgesetze haben aufgrund dieser Symbolik eine andere Signifikanz, schon deswegen würde die Nichtigerklärung einer Strafnorm mehr Aufmerksamkeit erregen als die einer anderen öffentlich-rechtlichen Bestimmung[521]. Die Funktion der Beobachtungs- und Nachbesserungspflicht, als Ergänzung und Ausgleich zum großen Freiraum des Gesetzgebers zu wirken, wird in der Entscheidung zum Umgang mit Cannabisprodukten besonders deutlich.

Hörnles Ausführungen zeigen auch, dass die Symbolismus-Debatte bei den Strafregelungen zu Cannabisprodukten erneut an Bedeutung gewinnt. Der Zusammenhang

518 *Hörnle*, Grob anstößiges Verhalten, 2005, S. 33.

519 Vgl. *Hörnle*, Grob anstößiges Verhalten, 2005, S. 32.

520 *Hörnle*, Grob anstößiges Verhalten, 2005, S. 32. Die Beobachtungs- und Nachbesserungspflicht ist für *Hörnle* indes „nicht mehr als ein Appell an den guten Willen des Gesetzgebers".

521 So auch *Hörnle*, Grob anstößiges Verhalten, 2005, S. 32.

zwischen der Statuierung von Unwert- oder Wertvorstellungen durch Akte der Strafgesetzgebung und deren Aufrechterhaltung durch das Bundesverfassungsgericht mit dem Korrektiv der Beobachtungs- und Nachbesserungspflicht ist erkennbar. Deswegen wird im Folgenden kurz erörtert, ob der Cannabis-Beschluss „grenzenloses symbolisches Strafrecht“[522] darstellt.

cc) Die symbolische Dimension des „Cannabisverbots“

Böllinger kritisiert die Symbolik in der Cannabis-Debatte und zieht dabei einen Vergleich zum Schwangerschaftsabbruch[523]. Sein Vorwurf eines „geistig-moralischen Steuerungsversuchs zur Vermeidung unerwünschter Kulturausprägungen unter Missachtung destruktiver Nebenwirkungen der Kriminalisierung“ trifft jedoch nicht den Gesetzgeber, sondern das Bundesverfassungsgericht. Einen geistig-moralischen Steuerungsversuch hat das Bundesverfassungsgericht nach *Böllinger* in der Entscheidung zum Schwangerschaftsabbruch ebenfalls unternommen[524].

Auch wenn der Formulierung *Böllingers* die Polemik kaum abgesprochen werden kann, ist sein Vergleich beachtenswert. Die Gefahr einer nur symbolischen Problemlösung steht gerade bei den Regelungen zum Schwangerschaftsabbruch zur Debatte[525]. Die Qualifizierung des Schwangerschaftsabbruchs als strafwürdiges Unrecht dient in erheblichem Umfang einer Manifestierung von Wertvorstellungen. Das lässt sich entsprechend auf den Umgang mit Cannabisprodukten übertragen. Die Vorstellung, dass Drogen schädlich und zu vermeiden sind, wird mit einer Strafbarkeit deutlich ausgedrückt. So verwundert es nicht, dass auch *Sommer* die Gefahr der lediglich symbolischen Problemlösung und damit verbundenen Reduzierung der strafrechtlichen Aussagekraft in Bereichen, in denen das Strafrecht tatsächlich notwendig ist, erkennt[526].

Nach den bisherigen Gedanken zum symbolischen Strafrecht ist diese Sorge um die Aussagefähigkeit des Strafrechts nicht unberechtigt und *Sommers* Entkriminalisierungsvorschlag auch konsequent. Die Forderung nach Ansätzen außerhalb des Strafrechts – es sei denn, die Beobachtung der rechtstatsächlichen Lage ergibt die Notwendigkeit für eine Lösung durch Strafgesetze – entspricht dem „In dubio pro libertate“-Prinzip[527].

---

522 So der Titel *Böllingers* Anmerkung zum Beschluss, vgl. *Böllinger*, KritJ 1994, S. 405.
523 *Böllinger*, KritJ 1994, S. 413.
524 *Böllinger*, KritJ 1994, S. 413.
525 Vgl. oben VI., 2., f), bb), S. 104 ff.
526 Vgl. BVerfGE 90, 145, 225 (Sondervotum *Sommer*).
527 Vgl. *Böllinger*, KritJ 1994, S. 408 f.

Prognosen über die soziale Wirklichkeit sind naturgemäß gekennzeichnet durch Unwägbarkeiten, sodass absolute Sicherheiten unerreichbar bleiben. Dennoch dürfen grobe Unsicherheiten nicht zur Regulierung durch Strafe führen, wenn Rationalität und Widerspruchsfreiheit justizieller Wirklichkeitserfassung dem gesetzgeberischen Tun als Maßstab dienen sollen[528]. Die bestehenden Zweifel führten bei der Suche nach einer möglichst optimalen Reaktion auf den Umgang mit Cannabisprodukten nicht zu einer außer-strafrechtlichen Lösung.

dd) Widersprüchliche Wertung des Gerichts

Das Bundesverfassungsgericht hat sich bei der Begründung der Verfassungskompatibilität strafrechtlicher Vorschriften zum Umgang mit Cannabis um differenzierte Maßstäbe und um eine Berücksichtigung interdisziplinärer Erkenntnisse über Wirkungen von Cannabisprodukten bemüht. Dennoch war das Gericht nicht völlig gefeit vor teilweise widersprüchlichen Wertungen und einem geringen Vertrauen in die menschliche Selbststeuerungsfähigkeit ohne strafrechtliche Bevormundung.

Exemplarisch für den Gebrauch sich widersprechender Maßstäbe sei kurz dargestellt, wie der Senat auf das Argument, die Pönalisierung des Cannabis-Konsums zwinge den Konsumenten, auf andere Rauschmittel wie Alkohol zurückzugreifen, reagiert hat. Hierzu betont der Senat, dass der Entschluss, sich durch den Missbrauch im Handel erhältlicher Rauschmittel selbst gesundheitlich zu schädigen, im Verantwortungsbereich des Konsumenten liege[529]. Mit dieser Begründung widerspricht der Senat selbst dem eigenen Standpunkt, demzufolge Zweck des Betäubungsmittelgesetzes auch der Gesundheitsschutz des Einzelnen vor sich selbst ist[530]. Die Eigenverantwortlichkeit des Einzelnen jeweils nach der Art des Rauschmittels einerseits als Argument für und andererseits als Argument gegen strafrechtliche Regelung zu gebrauchen, überzeugt wenig.

f) Maßnahmen des Gesetzgebers zur Erfüllung der Beobachtungspflicht

1996 gab das Gesundheitsministerium zur Erfassung der tatsächlichen Situation eine Expertise in Auftrag, die als Forschungsbericht die bereits existierenden

528 Vgl. *Böllinger*, KritJ 1994, S. 408 f.
529 BVerfGE 90, 145, 195.
530 Vgl. BVerfGE 90, 145, 174.

wissenschaftlichen Erkenntnisse zu pharmakologischen, toxikologischen und psychosozialen Auswirkungen des Cannabiskonsums zusammenfassen und auswerten sollte. Zwei Jahre später legten *Kleiber* und *Kovar* ein Gutachten vor[531]. Neben jenem Gutachten erschien eine weitere, zwischen 1992 und 1996 gleichfalls unter der Mitwirkung von *Kleiber* entstandene Forschungsarbeit[532].

Soweit man diese Arbeiten als „im Lichte der Beobachtungs-, Prüfungs- und Nachbesserungspflicht" angefertigt betrachtet[533], ist zu berücksichtigen, dass sie ohne gesetzgeberisches Wirken von Ministerien verlangt und von Wissenschaftlern erbracht worden sind. Eine Aktivität des Gesetzgebers ist hier nicht erkennbar. Indes wären wohl selbst bei einer Aktivität des Gesetzgebers Ministerien und Wissenschaftler für die Erfüllung der Beobachtungs- und Nachbesserungspflicht eingespannt worden. Diese Delegation von Aufgaben ist symptomatisch, insbesondere wenn die eingangs angesprochene Heterogenität des Gesetzgebers[534] berücksichtigt wird.

Die Erwartung, mit Hilfe des Strafrechts die Drogenkriminalität erfolgreich zu bekämpfen, ist nicht eingetreten[535]. Soweit als Zweck der Verbotsvorschriften der Schutz der so genannten „Volksgesundheit"[536] und die Gesundheit des Einzelnen[537] betont werden, hat bereits das LG Lübeck in seiner damaligen Vorlage an das Bundesverfassungsgericht mit der fehlenden Eignung strafrechtlicher Mittel zur Erreichung dieser paternalistisch anmutenden gesetzgeberischen Ziele argumentiert[538].

Bei Heranziehung statistischer Daten erscheint es nicht unberechtigt, die Tauglichkeit der Verbotsregelungen in ihrer gegenwärtigen Gestalt zu hinterfragen. Im Jahr 2008 wurden 45% der wegen Drogendelikten inhaftierten Drogentäter aufgrund leichter Verstöße[539] gegen das BtMG verurteilt[540], 2009 betrug der Anteil der „kleinen Fische" unter den Inhaftierten 43%[541].

531 Vgl. *Kleiber/Kovar*, Auswirkungen, 1998.

532 Vgl. *Kleiber/Soellner*, Cannabiskonsum, 1998. Auf S. 233 weisen *Kleiber/Soellner* ausdrücklich auf die Beobachtungs- und Nachbesserungspflicht des Gesetzgebers hin.

533 So *Malek*, Betäubungsmittelstrafrecht, 2008, S. 11.

534 Vgl. oben IV., 4., S. 26.

535 *Malek*, Betäubungsmittelstrafrecht, 2008, S. 8.

536 Zum Begriff der Volksgesundheit in der Rechtsprechung des Bundesverfassungsgerichts vgl. *Steiner*, MedR 2003, S. 1 ff. *Böllinger* nennt den Begriff „faschistoid", vgl. *Böllinger*, KritJ 1994, S. 411.

537 *Weber*, BtMG, 2009, § 1 Rdnr. 3.

538 BVerfGE 90, 145, 154 f.

539 D. h. Besitz von und Handel mit kleineren Mengen Drogen.

540 Vgl. die Auswertung und Übersicht bei *Dünkel*, APuZ 7/2010, S. 11.

541 Vgl. Statistisches Bundesamt, Fachserie 10, Reihe 4.1, 2009, S. 30.

g) Stellungnahme und Ausblick

Sowohl die Forschungsergebnisse der Arbeiten von *Kleiber* und *Kovar*, als auch die genannten Erkenntnisse zur Wirksamkeit der Verbotsvorschriften zum Umgang mit Cannabisprodukten legten es nahe, die Verfassungsmäßigkeit der Verbotsvorschriften erneut prüfen zu lassen[542]. Leider hat das Bundesverfassungsgericht diese Möglichkeit der verfassungsgerichtlichen Nachprüfung, die sich durch die Vorlage des AG Bernau im Jahre 2004 bot, nicht genutzt und jene Vorlage als unzulässig verworfen[543].

Es ist auch aus Gründen der Rechtssicherheit bedauerlich, dass das Bundesverfassungsgericht die Vorlage des AG Bernau aus formalen Gründen[544] und unter Bestätigung seiner Entscheidung aus dem Jahre 1994 nicht zur Entscheidung annahm. Denn trotz der vom Bundesverfassungsgericht vorgegebenen einheitlichen Handhabung[545] ist die Anwendung des entpönalisierenden § 31a BtMG, wonach ein Absehen von Verfolgung bei besonders leichten Fällen möglich ist, in den Bundesländern äußerst uneinheitlich. Diese Uneinheitlichkeit kann als Missachtung der vom Bundesverfassungsgericht geforderten Rechtsgleichheit klassifiziert werden[546]. Der Vergleich zwischen Berlin und Bayern bei der Anwendung des § 31a BtMG veranschaulicht die Unterschiede. Während in Berlin ein staatsanwaltschaftliches Absehen von der Verfolgung bei bis zu 15 Gramm Cannabisharz oder Marihuana möglich ist[547], zieht Bayern die Obergrenze bei 6 Gramm[548].

Die Verwerfung der Vorlage des AG Bernau drückt mehr aus als strikte formale Hürden auf dem Weg zum Bundesverfassungsgericht. Das Gericht gab damit auch zu erkennen, dass es offenbar keine dringende Notwendigkeit für eine von der im Jahre 1994 abweichende Beurteilung sieht[549]. Diejenigen, die für eine stufenweise

---

542 So auch *Malek*, Betäubungsmittelstrafrecht, 2008, S. 11; *Schneider*, StV 2000, S. 230.

543 BVerfG NJW 2004, S. 3620 ff.

544 Vgl. BVerfG NJW 2004, S. 3621. Die Vorlage des AG genüge den Anforderungen des Art. 100 I GG nicht, insbesondere weil besondere Begründungsanforderungen im Rahmen einer erneuten Richtervorlage zu beachten seien.

545 Vgl. BVerfGE 90, 145, 190 f.

546 So ausdrücklich *Malek*, Betäubungsmittelstrafrecht, 2008, S. 235 f.

547 Bei einer Bruttomenge von nicht mehr als 6 Gramm **ist** das Ermittlungsverfahren grundsätzlich einzustellen, vgl. die Verwaltungsvorschriften der Bundesländer zur Anwendung von § 31a BtMG und des Opportunitätsprinzips in Betäubungsmittelstrafsachen, abgedruckt bei MünchKommStGB/*Kotz*, 2007, Anh. § 31a BtMG.

548 MünchKommStGB/*Kotz*, 2007, Anh. § 31a BtMG.

549 *Malek*, Betäubungsmittelstrafrecht, 2008, S. 16 f.

Freigabe plädieren[550], dürfen gegebenenfalls auf eine Individualverfassungsbeschwerde hoffen, die die verfassungsrechtlichen Bedenken beinhaltet und eine Neubewertung herbeiführen könnte[551]. Es ist jedoch fraglich, ob tatsächlich Anlass für eine derartige Hoffnung besteht. Dem Gesetzgeber wurde für die Erprobung des richtigen Wegs eine große Freiheit im Umgang mit Cannabisprodukten eingeräumt. Dementsprechend kann nur der Gesetzgeber mögliche Nachbesserungen aus eigenem Antrieb vornehmen, indem er seiner Beobachtungspflicht entsprechend eine Wirkungskontrolle und darauf angepasste Korrekturen initiiert[552].

4. Entscheidung zur Medienöffentlichkeit im Gerichtssaal

Die Entscheidung des Bundesverfassungsgerichts zur Verfassungsmäßigkeit des in § 169 S. 2 GVG geregelten Ausschlusses von Ton- und Fernseh-Rundfunkaufnahmen in Gerichtsverhandlungen[553] hat keinen ausschließlich strafrechtlichen Bezug, da § 169 S. 2 GVG für zivil-, straf- und verwaltungsprozessuale Gerichtsverhandlungen gilt[554]. Doch die Frage, ob § 169 S. 2 GVG mit der Verfassung vereinbar ist, wurde im Rahmen eines Strafverfahrens akut und führte zur Verfassungsbeschwerde eines Fernsehsenders. Daher fügt sich die Entscheidung in die Reihe der Rechtsprechung zur Beobachtungs- und Nachbesserungspflicht im Strafrecht ein.

a) Sachverhalt

Konkret ging es um das Strafverfahren gegen Egon Krenz und weitere Mitglieder des Politbüros der SED. In dem Verfahren wurden mit Verweis auf § 169 S. 2 GVG Ton- und Fernseh-Rundfunkaufnahmen untersagt, woraufhin der beschwerte Nachrichtensender nach Erschöpfung des Rechtswegs Verfassungsbeschwerde erhob. Das Bundesverfassungsgericht erklärte in seiner Mehrheitsentscheidung § 169 S. 2 GVG für verfassungsmäßig[555].

---

550 Z.B. *Paul*, MSchrKrim 2005, S. 273 ff.
551 Diese Hoffnung bei *Endriß*, StraFo 2004, S. 312 f.
552 Ähnlich *Malek*, Betäubungsmittelstrafrecht, 2008, S. 17.
553 BVerfGE 103, 44.
554 Im Verwaltungsprozess gelangt § 169 GVG über § 55 VwGO zur Anwendung.
555 Vgl. BVerfGE 103, 44, 59.

b) Festsetzung der Beobachtungspflicht

Drei überstimmte Richter erklärten dagegen in ihrem Minderheitsvotum[556], dass „ein ausnahmsloses Verbot von Ton- und Fernseh-Rundfunkaufnahmen [...] nicht mehr zu rechtfertigen" sei[557]. Die von der Mehrheitsentscheidung abweichenden Richter regten den Gesetzgeber zu einer **Neubewertung** der **„gegenwärtigen Lage"** an[558]. Falls der Gesetzgeber „bei der Bewertung der gegenwärtigen Lage zum Ergebnis" komme, „dass die bisher verfügbaren Erfahrungen nicht ausreichen, um eine dauerhafte und umfassende Neuregelung verantworten zu können", bleibe ihm „die Möglichkeit einer begrenzten Zulassung von Ausnahmen, ergänzt um eine gesetzliche Regelung, die hilft, weitere Erfahrungen durch Pilotprojekte und deren systematische Auswertung" zu gewinnen[559]. Falls der Gesetzgeber die Notwendigkeit einer Neuregelung feststelle, müsse bei der Neuregelung zwischen straf- und verwaltungsprozessualen Verhandlungen differenziert werden, weil der Gesetzgeber im Strafverfahren „zur Herstellung von begrenzter Medienöffentlichkeit zwar berechtigt, aber nicht verpflichtet" sei[560].

c) Begründung der Beobachtungspflicht und Vorschläge zur Pflichterfüllung

Die Aufforderung an den Gesetzgeber, die „gegenwärtige Lage" neu zu bewerten, stützten die Richter in ihrem Minderheitsvotum unter anderem darauf, dass der Gesetzgeber die Erfahrungen mit § 17a BVerfGG nicht ausgewertet habe[561]. § 17a BVerfGG regelt eine Ausnahme zu § 169 S. 2 GVG und ermöglicht für Verfahren vor dem Bundesverfassungsgericht grundsätzlich Ton- und Fernseh-Rundfunkaufnahmen. Die Erfahrungen mit § 17a BVerfGG bei bundesverfassungsgerichtlichen Verfahren ließen nicht erkennen, „dass die dort praktizierte begrenzte Medienöffentlichkeit Schutzbedürfnisse der Beteiligten verletzt oder die Funktionstüchtigkeit des verfassungsgerichtlichen Verfahrens beeinträchtigt hat"[562]. Daher sei es naheliegend, diese „Erfahrungen jedenfalls auf Verfahren zu

556 Vgl. BVerfGE 103, 44, 72 ff.
557 BVerfGE 103, 44, 79.
558 Vgl. BVerfGE 103, 44, 79. Hervorhebung durch Verfasserin.
559 BVerfGE 103, 44, 79.
560 BVerfGE 103, 44, 79.
561 BVerfGE 103, 44, 79.
562 BVerfGE 103, 44, 79.

übertragen, in denen ähnliche Rahmenbedingungen bestehen"[563]. Mit dieser Kritik gaben die überstimmten Richter dem Gesetzgeber einen Hinweis darauf, wie der Gesetzgeber eine Bewertung der „gegenwärtigen Lage" durchführen könnte.

Weitere Gründe, warum der Gesetzgeber die Lage neu zu bewerten habe, seien „nicht nur die Veränderungen der Medienrealität, sondern auch die Erfahrungen mit der Öffnung von Gerichtsverhandlungen für Hörfunk und Fernsehen, die in vielen westlichen Industriestaaten vorliegen, beispielsweise in Frankreich, Norwegen, Belgien, Spanien, Israel und Australien"[564]. Zwar würden Erfahrungen aus dem Ausland auch Anlass zur Vorsicht bei „der Wahrheitsfindung in Kriminalsachen" geben, wie beispielsweise der so genannte „Simpson-Prozess" in den USA[565]. Die Erfahrungen zeigten jedoch, dass es gerichtliche Verfahren „ohne besonderen Schutzbedarf" des Angeklagten und der Zeugen gebe[566].

Diese Erwägungen im Minderheitsvotum lassen sich ebenfalls als Hinweis an den Gesetzgeber, wie er die „gegenwärtige Lage" bewerten kann, verstehen. Erfahrungen aus dem Ausland sollen nach der Vorstellung der überstimmten Richter herangezogen und ausgewertet werden.

5. Zwischenergebnis

Die bisherige Betrachtung der Beobachtungs- und Nachbesserungspflichten in der Rechtsprechung des Bundesverfassungsgerichts zu strafrechtlichen Regelungen hat die (rechts-) politische Atmosphäre, in der die Pflicht festgesetzt wird, spüren lassen. Gleich ob es um die lebenslange Freiheitsstrafe, den Schwangerschaftsabbruch oder den Umgang mit Cannabisprodukten ging: Durch die Bestätigung der Verfassungsmäßigkeit billigte das Bundesverfassungsgericht nicht nur die gesetzgeberische Würdigung. Zugleich richtete das Gericht in sensiblen Bereichen den Appell an den Gesetzgeber, trotz der Verfassungsmäßigkeit seines Produkts dieses weiter zu beobachten. Die folgenden strafrechtlichen Beispiele aus der Rechtsprechung des Bundesverfassungsgerichts zur Beobachtungs- und Nachbesserungspflicht lassen eine ähnliche Stoßrichtung erkennen.

---

563 BVerfGE 103, 44, 79.

564 BVerfGE 103, 44, 77.

565 BVerfGE 103, 44, 77. Im Simpson-Prozess wurde der ehemalige US-amerikanische Football-Spieler O. J. Simpson wegen Mordes an seiner früheren Ehefrau und an einem Mann angeklagt. Der Prozess, der live vom US-amerikanischen Fernsehen übertragen wurde, endete mit einem Freispruch für Simpson.

566 BVerfGE 103, 44, 77.

6. Entscheidung zur Sicherungsverwahrung

Die Debatte um die Sicherungsverwahrung hat nach dem rechtskräftigen[567] Urteil des EGMR vom 17. Dezember 2009[568] zur rückwirkenden Verlängerung dieser Maßregel der Besserung und Sicherung neue Impulse erhalten. Zu dem Urteil kam es durch die Individualbeschwerde eines im Jahre 1986 zu einer fünfjährigen Haftstrafe Verurteilten, bei dem zugleich eine Unterbringung in Sicherungsverwahrung angeordnet wurde. § 67d I StGB sah in der damaligen Fassung für die erstmalige Unterbringung in Sicherungsverwahrung eine Höchstfrist von zehn Jahren vor[569]. Diese Frist wurde mit dem Gesetz zur Bekämpfung von Sexualdelikten und anderen gefährlichen Straftaten aus dem Jahre 1998[570] aufgehoben.

Bis zur Bundesverfassungsgerichtsentscheidung vom 4. Mai 2011 bestand nach § 67d III StGB die Option einer Verlängerung der Unterbringungsdauer[571]. Von dieser Option wurde beim Beschwerdeführer, der nach Verbüßung seiner Freiheitsstrafe ab 1991 im Maßregelvollzug untergebracht wurde, Gebrauch gemacht. Die Sicherungsverwahrung wurde verlängert, obgleich diese Verlängerungsmöglichkeit zum Zeitpunkt der Anordnung seiner Sicherungsverwahrung nicht bestand. Das Bundesverfassungsgericht wies die Verfassungsbeschwerde des Beschwerdeführers mit seiner Entscheidung zur Sicherungsverwahrung vom 5. Februar 2004, die auch die Beobachtungs- und Nachbesserungspflicht des Gesetzgebers enthält, zurück[572]. Daraufhin strengte der Beschwerdeführer mit Erfolg das Verfahren der Individualbeschwerde vor dem EGMR an.

Trotz der Bedeutung der EGMR-Entscheidung, ihrem Bemühen, „deutsche" und „europäische" Argumentationsansätze vereinen zu können[573] und trotz der mit

567 Der Antrag der Bundesregierung auf Verweisung der Rechtssache an die Große Kammer des EGMR wurde am 10. Mai 2010 abgelehnt. Das Kammerurteil des EGMR vom 17. Dezember 2009 ist somit rechtskräftig.

568 EGMR NStZ 2010, S. 263 ff.

569 Diese Begrenzung galt mit dem Inkrafttreten des Zweiten Gesetzes zur Reform des Strafrechts, vgl. BGBl I 1969, S. 717, 730.

570 BGBl I 1998, S. 160.

571 Mit seinem Urteil vom 4. Mai 2011 hat das Bundesverfassungsgericht Teile der Regelungen zur Sicherungsverwahrung in den §§ 66 ff. StGB für verfassungswidrig erklärt, vgl. BVerfG HRRS 2011 Nr. 488. Die verfassungswidrigen Regelungen bleiben bis zu einer Neuregelung, spätestens jedoch bis zum 31. Mai 2013, weiter anwendbar.

572 Vgl. BVerfGE 109, 133.

573 Vgl. allein die Diskussion darum, ob der Schutzbereich des Art. 103 II GG Maßregeln der Besserung und Sicherung – und damit auch die Sicherungsverwahrung – umfasst. Das Bundesverfassungsgericht verneinte dies, das absolute Rückwirkungsverbot

Spannung erwarteten Neugestaltung der Regelungen zur Sicherungsverwahrung wird an dieser Stelle die Konventionswidrigkeit einer verlängerten Vollstreckung der Sicherungsverwahrung in „Altfällen“ nicht vertieft dargestellt. Im Kontext der Beobachtungs- und Nachbesserungspflicht zeigt die EGMR-Entscheidung jedoch, wie notwendig eine Qualitätskontrolle bei der Anwendung von Strafgesetzen ist.

a) Die Festsetzung der Beobachtungs- und Nachbesserungspflicht

Die Beobachtungs- und Nachbesserungspflicht des Gesetzgebers wurde in dem Bundesverfassungsgerichtsverfahren, das der Beschwerdeführer vor seiner Individualbeschwerde zum EGMR anstrengte, erwähnt und ist die konsequente Fortsetzung[574] der zur lebenslangen Freiheitsstrafe gefassten Gedanken.

Um zu vermeiden, dass die Sicherungsverwahrung einen Verwahrvollzug gefährlicher Straftäter darstellt oder sich zu einem solchen entwickelt, bedürfe es regelmäßiger und nachvollziehbarer Überprüfung, ob die von dieser Maßregel Betroffenen „eine konkrete und realisierbare Chance haben, die Freiheit wieder zu erlangen“[575]. Das Bundesverfassungsgericht bezieht sich dabei explizit auf die Entscheidung zur lebenslangen Freiheitsstrafe[576] und hebt hervor, dass auch neuere Forschungen zu den Auswirkungen langjährigen Freiheitsentzugs nicht belegten, dass die Maßregel der Sicherungsverwahrung zwangsläufig zu irreparablen Schäden psychischer oder physischer Art führe[577]. Zwar seien gesundheitliche Beeinträchtigungen auf Grund langjährigen Strafvollzugs nicht auszuschliessen, doch das Gesetz und die Vollzugspraxis steuerten derartigen Schäden entgegen[578].

---

umfasse keine Maßregeln der Besserung und Sicherung, vgl. BVerfGE 109, 133, 167 ff. Kritisch dazu schon vor der Entscheidung *Kinzig*, StV 2000, S. 330 ff. Nach Ansicht des EGMR hingegen ist die Sicherungsverwahrung vom in Art. 7 I EMRK verankerten Rückwirkungsverbot umfasst, vgl. EGMR NStZ 2010, S. 264 f., zustimmend *Eisenberg*, NJW 2010, S. 1509.

574 *Hillenkamp*, in: FS Eisenberg, 2009, S. 304 f.

575 BVerfGE 109, 133, 155 f.

576 Vgl. BVerfGE 109, 133, 155.

577 BVerfGE 109, 133, 153.

578 BVerfGE 109, 133, 153.

b) Vorschläge des Bundesverfassungsgerichts zur Pflichterfüllung

Ein Vorschlag des Bundesverfassungsgerichts dazu, wie der Gesetzgeber seiner Beobachtungs- und Nachbesserungspflicht nachkommen könnte, wurde bereits bei der Darstellung der Entscheidung zur lebenslangen Freiheitsstrafe aufgeführt[579]: Das Bundesverfassungsgericht bezieht sich in seinem Urteil zur Sicherungsverwahrung vom 5. Februar 2004 auf „neuere Forschungen" zu den Auswirkungen langjährigen Freiheitsentzugs, um zu begründen, dass die Sicherungsverwahrung nicht wegen möglicher Haftschäden gegen Art. 1 I GG verstoße[580]. Mit der Verweisung auf Forschungsergebnisse von *Weber*[581] nennt das Bundesverfassungsgericht die wissenschaftliche Begleitforschung als eine Möglichkeit, die Folgen langjährigen Freiheitsentzugs zu beobachten. Dieser Vorschlag des Bundesverfassungsgerichts wurde bereits bei der Entscheidung zur lebenslangen Freiheitsstrafe dargestellt[582]. Denn die lebenslange Freiheitsstrafe ist der Prototyp langjährigen Freiheitsentzugs und wird in der Forschungsarbeit von *Weber*, die das Bundesverfassungsgericht ausdrücklich nennt[583], thematisiert.

Zudem hat das Bundesverfassungsgericht zur Urteilsfindung den Landesregierungen einen Katalog mit Fragen zur „vollstreckungs- und vollzugsrechtlichen Handhabung der Sicherungsverwahrung in den einzelnen Ländern" übersandt und ausgewertet[584]. Dadurch hat das Bundesverfassungsgericht dem Gesetzgeber gleichzeitig demonstriert, wie der Gesetzgeber seiner Pflicht nachkommen könnte[585].

Die Auswertung der Fragenkataloge hat schließlich ergeben, dass die Landesregierungen nicht über einheitliches statistisches Material verfügten[586]. Das Bundesverfassungsgericht weist in diesem Zusammenhang insbesondere auf Erhebungen darüber, „ob den Sicherungsverwahrten hinreichende Resozialisierungsangebote, insbesondere Behandlungs-, Therapie- oder Arbeitsmöglichkeiten, angeboten werden", hin[587]. Dadurch zeigt das Bundesverfassungsgericht dem

---

579 Vgl. oben VI., 1., d), S. 73 f.

580 BVerfGE 109, 133, 153.

581 *Weber*, Die Abschaffung, 1999.

582 Vgl. oben VI., 1., d), S. 73 f.

583 Vgl. BVerfGE 109, 133, 153.

584 Vgl. BVerfGE 109, 133, 147.

585 *Hillenkamp*, in: FS Eisenberg, 2009, S. 311.

586 BVerfGE 109, 133, 155.

587 BVerfGE 109, 133, 156.

Gesetzgeber nicht nur, dass die Beobachtungspflicht durch statistische Erhebungen erfüllt werden könnte. Es präsentiert dem Gesetzgeber zudem die erhebungsrelevanten Tatsachen.

c) Maßnahmen des Gesetzgebers und Ausblick

Da Teile der bisherigen Regelungen zur Sicherungsverwahrung mit dem Urteil des Bundesverfassungsgerichts vom 4. Mai 2011 für verfassungswidrig erklärt wurden und die verfassungswidrigen Regelungen nur bis zu einer Neuregelung, spätestens jedoch bis zum 31. Mai 2013 weiter anwendbar bleiben[588], ist der Gesetzgeber nunmehr gezwungen, das zu Beginn des nationalsozialistischen Regimes entstandene[589] Institut der Sicherungsverwahrung zu korrigieren.

Es bleibt abzuwarten, ob und wie die neuen Regelungen zur Sicherungsverwahrung tatsächlich überprüft werden. Die Aufbruchstimmung hinsichtlich einer Neuregelung der Sicherungsverwahrung[590] kann nicht darüber hinwegtäuschen, dass die Neuregelung nicht auf parlamentarischen Bestrebungen und Erkenntnissen – beispielsweise durch Wahrnehmung der gesetzgeberischen Beobachtungspflicht – beruht. Sie ist vielmehr erst durch die Entscheidung des EGMR initiiert und nun durch das Urteil des Bundesverfassungsgerichts vom 4. Mai 2011 unvermeidbar geworden. Es ist anzunehmen, dass der Gesetzgeber ohne die zuletzt genannten Entscheidungen seine Bemühungen um einen weiteren Ausbau der Sicherungsverwahrung fortgesetzt hätte. Dafür spricht die Entwicklung dieser Maßregel in der jüngeren Geschichte: Die Maßregel der Sicherungsverwahrung wurde seit den 1990er Jahren in mehreren Schritten wesentlich ausgedehnt[591] und hatte mit der im Jahre 2008 eingeführten[592] Möglichkeit der nachträglichen

588 Urteil des Bundesverfassungsgerichts vom 4. Mai 2011, abrufbar unter http://www.bundesverfassungsgericht.de/entscheidungen/rs20110504_2bvr236509.html (zuletzt aufgerufen am 15. Oktober 2012).

589 Vgl. das so genannte Gesetz gegen gefährliche Gewohnheitsverbrecher und über Maßregeln der Sicherung und Besserung vom 24. November 1933, RGBl I, S. 995. Zur nationalsozialistischen Herkunft des Instituts siehe auch BVerfGE 90, 133, 135 f.; EGMR NStZ 2010, S. 264; *Möllers*, ZRP 2010, S. 154.

590 Vgl. die Pressemitteilung des BMJ vom 19. Juli 2011 unter http://www.bmj.de/SharedDocs/Kurzmeldungen/DE/2011/20110719_Sicherungsverwahrung_Neuregelung_wird_schnell_auf_den_weg_gebracht.html (zuletzt aufgerufen am 15. Oktober 2012).

591 Vgl. dazu *Düx*, ZRP 2006, S. 82.

592 BGBl I 2008, S. 1212.

Anordnung der Sicherungsverwahrung im Jugendstrafrecht ihren vorläufigen Höhepunkt erreicht[593].

Die Neuordnung der Sicherungsverwahrung wird folglich kein Ergebnis von gesetzgeberischen Erkenntnisprozessen sein, sondern sich an den detaillierten Vorgaben des Bundesverfassungsgerichts orientieren[594]. Die gesetzgeberische Korrektur ist begrüßenswert, doch optimal im Sinne der Beobachtungs- und Nachbesserungspflicht wäre eine Situation, in der die Korrektur autonom, d. h. aufgrund eigener Erkenntnisprozesse des Gesetzgebers und nicht aufgrund des Zwangs zur Anpassung der Rechtslage in Gang gesetzt würde. Stattdessen wird es eine Nachbesserung der Regelungen zur Sicherungsverwahrung geben, ohne dass eine Beobachtung durch den Gesetzgeber erfolgt ist. Im Hinblick auf die Neuregelungen bleibt zu hoffen, dass eine gesetzgeberische Beobachtung stattfindet.

7. Entscheidung zum Global Positioning System (GPS)

Die Allgegenwärtigkeit technischer Hilfsmittel hinterlässt bereits seit längerem auch auf dem Gebiet des Strafverfahrensrechts eine Spur. Das GPS-Verfahren, das durch satellitengestützte Ortung – insbesondere von Fahrzeugen – eine Verfolgung von Bewegungen und Standzeiten ermöglicht[595], ist hier nicht wegen seiner unter

593 Die Anordnungsmöglichkeit der nachträglichen Sicherungsverwahrung gem. § 7 II JGG wurde vom Bundesverfassungsgericht in seinem Urteil vom 4. Mai 2011 für verfassungswidrig erklärt. Im Vorfeld dieser Entscheidung wurde das Institut heftig kritisiert. Vgl. zur Kritik allein *Ostendorf*, NK-JGG, 2009, § 7 Rdnr. 18 f.; *Ullenbruch*, NJW 2008, S. 2612 f. Der Hinweis, dass mit § 7 II JGG selbst das NS-Unrecht aus dem Jahre 1939, das die Altersgrenze von 16 Jahren nicht unterschritt, übertroffen wurde, findet sich bei *Eisenberg*, NJW 2010, S. 1508. Die nachträgliche Sicherungsverwahrung als ein Institut, das der Sicherung der Allgemeinheit vor als besonders gefährlich eingestuften Tätern dienen soll und damit keine Verbindung zum im Jugendstrafrecht primär geltenden Erziehungsgedanken aufweist, wurde trotz Bedenken erst im Jahr 2008 seitens des Gesetzgebers im JGG verankert.

594 Das BMJ spricht in diesem Zusammenhang von einer „1 zu 1 Umsetzung der Vorgaben" des Bundesverfassungsgerichts, vgl. http://www.bmj.de/SharedDocs/Pressemitteilungen/DE/2011/20110816_Statement_PSt_Sicherungsverwahrung.html?nn=1930246 (zuletzt aufgerufen am 15. Oktober 2012).

595 Vgl. *Kutscha*, LKV 2008, S. 483; *Meyer-Goßner*, StPO, 2012, § 100h Rdnr. 2.

den Observationsinstrumentaria herausragenden Bedeutung[596] als Beispiel für diese Allgegenwärtigkeit genannt. Vielmehr erging zum GPS-Verfahren eine Bundesverfassungsgerichtsentscheidung[597] mit dem Hinweis auf die Beobachtungs- und Nachbesserungspflicht des Gesetzgebers.

Das Bundesverfassungsgericht befand, dass der damalige § 100c I Nr. 1b StPO[598] eine Ermächtigungsgrundlage sowohl für Beweiserhebungen unter Einsatz des GPS als auch für die anschließende Verwertung dieser Beweise sei[599]. Nach der damaligen Fassung des § 100c I Nr. 1b StPO, dem gegenwärtig durch § 100h I Nr. 2 StPO entsprochen wird, dürfen unter den jeweiligen Voraussetzungen „besondere für Observationszwecke bestimmte technische Mittel“ zur Sachverhaltserforschung verwendet werden.

Das Bundesverfassungsgericht sieht in der Verwendung des Merkmals „besondere für Observationszwecke bestimmte technische Mittel“ eine hinreichende Wahrung des Bestimmtheitsgebots, auch wenn jenes Gebot vom Gesetzgeber verlange, dass dieser technische Eingriffsinstrumente genau bezeichne und der Normadressat den Inhalt erkennen könne[600]. Denn eine Formulierung, die „jede Einbeziehung kriminaltechnischer Neuerungen“ ausschließt, verlange das Bestimmtheitsgebot gerade nicht[601]. Hier stellt das Bundesverfassungsgericht unter Verweis auf den Cannabis-Beschluss[602] die Verbindung zur Beobachtungs- und Nachbesserungspflicht her. „Wegen des schnellen und für den Grundrechtsschutz riskanten informationstechnischen Wandels [...] muss der Gesetzgeber die technischen Entwicklungen aufmerksam **beobachten** und bei Fehlentwicklungen hinsichtlich der konkreten Ausfüllung offener Gesetzesbegriffe durch die Strafverfolgungsbehörden und die Strafgerichte notfalls durch ergänzende Rechtsetzung **korrigierend eingreifen**“[603].

Die Beobachtungs- und Nachbesserungspflicht des Gesetzgebers in diesem Bereich mahnte das Bundesverfassungsgericht mit dieser Entscheidung vom 12. April 2005 vor nicht allzu langer Zeit an. Der Blick ist mit Spannung auf das

596 Erinnert sei lediglich an die Überwachung der Telekommunikation oder des Wohnraums, wobei nicht selten Observationsmaßnahmen ohnehin kumulativ angeordnet werden, so auch im Fall des Beschwerdeführers in der BVerfGE 112, 304.

597 BVerfGE 112, 304.

598 Heute § 100h I Nr. 2 StPO, vgl. *Meyer-Goßner*, StPO, 2012, § 100h Rdnr. 2

599 Vgl. BVerfGE 112, 304, 315 ff.

600 BVerfGE 112, 304, 316 f.

601 BVerfGE 112, 304, 316.

602 Vgl. BVerfGE 112, 304, 317.

603 BVerfGE 112, 304, 316 f. Hervorhebungen durch die Verfasserin.

Ergebnis der gesetzgeberischen Beobachtung zu richten. Dabei ist festzuhalten, dass das Bundesverfassungsgericht hier Tatsachen in Gestalt „technischer Entwicklungen“ als Beobachtungsgegenstand festlegte.

8. Entscheidung zur gesetzlichen Grundlage für den Jugendstrafvollzug

Im Jahr 2006 entschied das Bundesverfassungsgericht, dass der Jugendstrafvollzug einer eigenen gesetzlichen Grundlage bedarf[604] und setzte dem Gesetzgeber eine Übergangsfrist zur Schaffung dieser Grundlage, die mit Ablauf des Jahres 2007 endete[605]. Die Beendigung des für verfassungswidrig erklärten Zustands einer quasi Nichtregelung „bescherte“[606] uns pünktlich zum 1. Januar 2008 aufgrund der Föderalismusreform[607] sechzehn Länder-Jugendstrafvollzugsgesetze.

In seiner Entscheidung wies das Bundesverfassungsgericht den Gesetzgeber auf die Besonderheiten des Jugendalters und des Jugendstrafrechts hin[608]. Die Bedeutung des Fähigkeitserwerbs für eine berufliche Integration nach dem Vollzug, die Folgen einer Trennung des Jugendlichen vom gewohnten sozialen Umfeld in Begleitung einer oktroyierten Isolation und die Berücksichtigung grundrechtlich geschützter Positionen der Erziehungsberechtigten sollten nach Vorstellung des Zweiten Senats den Gesetzgeber während der Schaffung einer gesetzlichen Grundlage für den Jugendstrafvollzug leiten[609]. So müssten „die gesetzlichen Vorgaben für die Ausgestaltung des Vollzugs [...] auf sorgfältig ermittelten Annahmen und Prognosen über die Wirksamkeit unterschiedlicher Vollzugsgestaltungen und Behandlungsmaßnahmen beruhen“[610]. Der Gesetzgeber habe dabei existierende Erkenntnisquellen, „zu denen auch das in der Vollzugspraxis verfügbare Erfahrungswissen gehört“, auszuschöpfen und sich dabei am wissenschaftlichen Erkenntnisstand zu orientieren[611].

604 BVerfGE 116, 69, 80 ff.

605 BVerfGE 116, 69, 93.

606 *Ostendorf*, ZRP 2008, S. 14.

607 Streichung des Strafvollzugs aus dem Katalog der konkurrierenden Gesetzgebung durch das Gesetz zur Änderung des Grundgesetzes vom 28. August 2006, BGBl I, S. 2035.

608 Vgl. BVerfGE 116, 69, 84 ff.

609 Vgl. BVerfGE 116, 69, 86 f.

610 BVerfGE 116, 69, 90.

611 BVerfGE 116, 69, 90.

a) Die Festsetzung der Beobachtungs- und Nachbesserungspflicht

Im Zusammenhang mit den Anforderungen an die prognostische Tätigkeit des Gesetzgebers erinnert das Gericht an die besondere gesetzgeberische Pflicht, das künftige Produkt zu beobachten. Denn „die Verpflichtung, der gesetzlichen Ausgestaltung des Vollzugs möglichst realitätsgerechte Annahmen und Prognosen zugrunde zu legen, wirkt auch in die Zukunft. Mit Rücksicht auf das besonders hohe Gewicht der grundrechtlichen Belange, die durch den Jugendstrafvollzug berührt werden, ist der Gesetzgeber zur **Beobachtung** und nach **Maßgabe der Beobachtungsergebnisse** zur **Nachbesserung** verpflichtet“[612]. Als Gegenstand der Beobachtungs- und Nachbesserungspflicht setzte das Bundesverfassungsgericht damit die künftige, d. h. nach Schaffung der gesetzlichen Grundlage eintretende Verpflichtung des Gesetzgebers fest, weiterhin zu beobachten, ob der gesetzlichen Ausgestaltung des Jugendstrafvollzugs realitätsnahe Tatsachen zugrunde liegen.

b) Vorschläge des Bundesverfassungsgerichts zur Pflichterfüllung

In seiner Entscheidung macht das Bundesverfassungsgericht dem Gesetzgeber einen konkreten Vorschlag dazu, wie er seiner „Verpflichtung, der gesetzlichen Ausgestaltung des Vollzugs möglichst realitätsgerechte Annahmen und Prognosen zugrunde zu legen“, nachkommen kann. Das Gericht weist auf die Bedeutung statistischer Erhebungen hin und verlangt vom Gesetzgeber, dass er „sich selbst und den mit der Anwendung der gesetzlichen Bestimmungen befassten Behörden die Möglichkeit“ sichert, „aus Erfahrungen mit der jeweiligen gesetzlichen Ausgestaltung des Vollzugs und der Art und Weise, in der die gesetzlichen Vorgaben angewendet werden, und im Vergleich mit entsprechenden Erfahrungen außerhalb des eigenen räumlichen Kompetenzbereichs zu lernen“[613].

In diesem Zusammenhang legt das Gericht dem Gesetzgeber „[...] vor allem die Erhebung aussagefähiger, auf Vergleichbarkeit angelegter Daten [...], die [...] eine Feststellung und Bewertung der Erfolge und Misserfolge des Vollzuges – insbesondere der Rückfallhäufigkeiten – sowie die gezielte Erforschung der hierfür verantwortlichen Faktoren ermöglichen“, nahe[614]. Diese Daten dienten

612 BVerfGE 116, 69, 91.
613 BVerfGE 116, 69, 91.
614 BVerfGE 116, 69, 91.

„wissenschaftlicher und politischer Erkenntnisgewinnung sowie einer öffentlichen Diskussion, die die Suche nach besten Lösungen anspornt und demokratische Verantwortung geltend zu machen erlaubt“[615].

c) Maßnahmen des Gesetzgebers

Der Vorwurf einer mangelnden Beobachtung kann gegen den jeweiligen (Landes-) Gesetzgeber nicht erhoben werden, hierfür sind die Jugendstrafvollzugsgesetze noch nicht lang genug in Kraft. Erst künftig wird sichtbar werden, ob und wie der Gesetzgeber seiner Beobachtungspflicht nachkommt.

Dass die inzwischen in Kraft getretenen Jugendstrafvollzugsgesetze der Länder zur kriminologischen Forschung im Jugendstrafvollzug verpflichten[616], stellt für sich keine bemerkenswerte Besonderheit im Hinblick auf die Beobachtungspflicht des Gesetzgebers dar. Denn die Pflicht zur kriminologischen Forschung war in § 166 StVollzG und Nr. 109 der Verwaltungsvorschriften für den Jugendstrafvollzug bereits enthalten.

In einigen Bundesländern ist jedoch eine positive Tendenz sichtbar. § 189 II 1 des Niedersächsischen Justizvollzugsgesetzes schreibt beispielsweise unter dem Titel „Evaluation“ vor, dass „landesweit von den einzelnen Vollzugsbehörden aussagefähige und auf Vergleichbarkeit angelegte Daten zu erheben“ sind, „die eine Feststellung und Bewertung der Erfolge und Misserfolge des Vollzugs, insbesondere im Hinblick auf Rückfallhäufigkeiten, sowie die gezielte Erforschung der hierfür verantwortlichen Faktoren ermöglichen“. Nach § 189 I 4 sollen dann auf der Grundlage der erhobenen Daten „Konzepte für den Einsatz vollzuglicher Maßnahmen“ geschaffen werden.

Eine vergleichbare Regelung findet sich in § 87 I (Buch 4) des so genannten Gesetzbuchs über den Justizvollzug in Baden-Württemberg[617]. Dort heißt es: „Der Jugendstrafvollzug ist fortzuentwickeln. Maßnahmen zur Erziehung der jungen Gefangenen sind auf der Grundlage wissenschaftlicher Erkenntnisse zu konzipieren, zu standardisieren und auf ihre Wirksamkeit zu überprüfen“.

Derartige Formulierungen lassen die Vorgaben des Bundesverfassungsgerichts[618] erkennen[619]. Ihre Anerkennung und Umsetzung mit den nötigen Haushaltsmitteln

---

615 BVerfGE 116, 69, 91.

616 Vgl. z. B. § 97 des Berliner oder § 66 des Hessischen JStVollzG.

617 Vgl. das so genannte Gesetz zur Umsetzung der Föderalismusreform im Strafvollzug vom 10. November 2009, GBl Baden-Württemberg, S. 545.

618 Vgl. oben VI., 8., a), S. 139 f.

619 *Hillenkamp*, in: FS Eisenberg, 2009, S. 314.

würde wichtige Impulse für die Beobachtungs- und Nachbesserungspflicht des Gesetzgebers setzen[620].

d) Auswirkung der Föderalismusreform

Der Bund hat eine „Gesamtverantwortung für den Vollzug jugendstrafrechtlicher Sanktionen und für die Belange junger Inhaftierter“[621]. Doch der Strafvollzug ist nunmehr föderal ausgerichtet. Das kann der effektiven Wahrnehmung der Beobachtungs- und Nachbesserungspflicht Schwierigkeiten bereiten. Um dieser Schwierigkeit begegnen zu können, müssen die Länder gewillt sein, föderale Gefälle zu vermeiden. Sie dürfen bei der Erhebung der Daten den Vergleich mit anderen Bundesländern nicht scheuen. Dieser Überlegung entspricht beispielsweise § 189 II 2 des Niedersächsischen Justizvollzugsgesetzes. Dort heißt es, dass die entsprechenden Daten „für Bereiche außerhalb des räumlichen Geltungsbereichs dieses Gesetzes“ einzubeziehen und abzugleichen sind.

e) Besonderheit der Entscheidung

Eine Besonderheit der hier angemahnten gesetzgeberischen Pflicht liegt darin, dass sie sich auf ein (zum damaligen Zeitpunkt) erst künftiges Gesetz bezog und folglich schon gesetzgeberische Vorfeldmaßnahmen hätten getroffen werden können, die eine spätere Beobachtung erleichtern. Ob es neben der Beobachtungs- und Nachbesserungspflicht schon eine **Ermittlungspflicht** hinsichtlich der gegenwärtigen Erscheinung und des Entstehungszusammenhanges vor Erlass eines Gesetzes gibt, ist zwar nicht unumstritten[622]. Sinnvoll für die effiziente Wahrnehmung der Beobachtungs- und Nachbesserungspflicht ist eine solche prospektive Ermittlung aber in jedem Fall, unabhängig davon, ob der Gesetzgeber zu Ermittlungen im Vorfeld verpflichtet ist oder nicht. Auch das Bundesverfassungsgericht hat die Notwendigkeit von Vorfeldermittlungen erkannt und vom Gesetzgeber gefordert, dass bei der Regelung des Jugendstrafvollzugs „die gesetzlichen Vorgaben für die Umgestaltung des Vollzugs [...] auf sorgfältig ermittelten Annahmen und Prognosen über die Wirksamkeit unterschiedlicher Vollzugsgestaltungen und Behandlungsmaßnahmen beruhen“ müssten[623].

---

620 Vgl. *Hillenkamp*, in: FS Eisenberg, 2009, S. 314.

621 So *Pollähne*, StV 2007, S. 558.

622 Die Ermittlungspflicht neben der „Kontroll- und Modifizierungspflicht“ ausdrücklich bejahend *Eisenberg*, Kriminologie, 2005, § 23 Rdnr. 39.

623 BVerfGE 116, 69, 90.

f) Ausblick

Das gesamte Gebiet des Jugendstrafvollzugsrechts ist gerade wegen der nunmehr föderalen Ausrichtung stark vom Wandel betroffen. Einen zwischen den Bundesländern herrschenden „Wettbewerb der Schäbigkeit“[624] gibt es zwar nicht[625]. Dennoch sind regional teilweise erhebliche Unterschiede vorhanden[626]. Als Beispiel kann hier § 2 II JVollzGB (4. Buch) Baden-Württemberg herangezogen werden, wonach bei der Erziehung der jungen Gefangenen unter anderem die Ehrfurcht vor Gott, der Geist der christlichen Nächstenliebe und die Liebe zu Volk und Heimat als Erziehungsgrundsätze dienen sollen. Abgesehen von der Wirksamkeit dieser patriotisch und symbolisch anmutenden Regelung, ist sie auch verfassungsrechtlich bedenklich[627]. Eine konsequente Erfüllung der Beobachtungs- und Nachbesserungspflicht muss dem möglichen Gefälle zwischen den Ländern entgegenwirken und dabei auch die kritische Hinterfragung von Regelungen wie § 2 II JVollzGB umfassen[628].

---

624 So *Dünkel/Schüler-Springorum*, ZfStrVo 2006, S. 145 ff., die just diesen Wettbewerb bei einer „Zersplitterung im Strafvollzug“ befürchten und eine „bundeseinheitliche Qualitätsverbesserung“ fordern.

625 *Hillenkamp*, in: FS Eisenberg, 2009, S. 314 FN 66.

626 Eine Übersicht dazu mit dem Fazit, dass die Jugendstrafvollzugsgesetze der Länder in wesentlichen Bereichen „eklatante Unterschiede“ aufweisen, bei *Eisenberg*, NStZ 2008, S. 250 ff.

627 Die Fragwürdigkeit dieser Formulierung ebenfalls erwähnend *Eisenberg*, NStZ 2008, S. 262 FN 9.

628 Auch die in § 3 I JVollzGB des vierten Buches normierte so genannte Mitwirkungspflicht der jungen Gefangenen an Maßnahmen zur Erfüllung des Erziehungsauftrags ist eine Regelung, die kritisch hinterfragt werden dürfte. Sie wurde bereits im Rahmen der Gesetzentwürfe zum ersten Jugendstrafvollzugsgesetz in Baden-Württemberg kritisiert. Ungeachtet der „tief greifenden Bedenken“, denen eine erzwungene und damit dem Erziehungsgedanken im Jugendstrafrecht widersprechende Mitarbeit begegnet, haben sich die Bundesländer durchgehend für die Einführung einer Mitwirkungspflicht entschieden, vgl. *Eisenberg*, JGG, 2012, § 92 Rdnr. 44 f. Insbesondere die Sanktionierung bei fehlender Mitwirkung des jungen Gefangenen, beispielsweise durch seinen Ausschluss von freien Vollzugsformen, vgl. § 7 II JVollzGB, droht eine repressive oder gar willkürliche Vollzugspraxis zu fördern, vgl. *Eisenberg*, JGG, 2012, § 92 Rdnr. 45 und die Stellungnahme der DVJJ Landesgruppe Baden-Württemberg vom 27. Februar 2007, S. 4.

VII. Die Beobachtungs- und Nachbesserungspflicht im Strafrecht als Dauerpflicht

Die Darstellung der Beobachtungs- und Nachbesserungspflicht des Gesetzgebers im Strafrecht anhand der einschlägigen bundesverfassungsgerichtlichen Rechtsprechung weist die bezweckte Anpassung der Gesetzeslage an gesellschaftliche, soziale oder technische Entwicklungen, den Wandel rechtstatsächlicher Grundlagen und die Protektion von schützenswerten oder als solche etikettierten Gütern als einende Elemente auf.

Doch die Feststellung, dass die Beobachtungs- und Nachbesserungspflicht des Gesetzgebers aus der Verfassung selbst abzuleiten ist[629], führt zu der Frage, ob eine Ausdehnung der Pflicht nicht konsequent wäre.

Es ist anzunehmen, dass die Beobachtungs- und Nachbesserungspflicht des Gesetzgebers mangels einer ausdrücklichen Kodifizierung in der Verfassung ohne ihre Erwähnung und Ausprägung durch das Bundesverfassungsgericht wohl kaum eine tatsächliche Relevanz hätte entfalten können. Das Bundesverfassungsgericht erschuf die Pflicht nicht aus dem Nichts, sondern wies auf die Existenz dieser Pflicht hin und tut es immer noch[630]. Gegenwärtig und für die Zukunft ist die Beobachtungs- und Nachbesserungspflicht des Gesetzgebers nun bekannt. Die alleinige Fokussierung auf die Bereiche, in denen das Gericht den Gesetzgeber tatsächlich an seine Pflicht erinnerte, geht jedoch nicht weit genug. Wenn ausschließlich für die seitens des Gerichts als beobachtungs- und unter Umständen nachbesserungswürdig erachteten Regelungen die darauf bezogene gesetzgeberische Pflicht akzeptiert würde, würde dem Bundesverfassungsgericht die Definitionsmacht zugeschrieben. Gerade an der Schnittstelle zwischen Straf- und Verfassungsrecht leuchtet nicht ein, warum ausschließlich die Regelungen, die wegen mannigfaltiger, kaum kontrollierbarer Umstände dem höchsten nationalen Gericht vorgelegt und als dem Anwendungsbereich der Beobachtungs- und Nachbesserungspflicht zugehörig klassifiziert werden, zu betrachten sein sollten. Die verfassungsrechtliche Pflicht droht bei diesem Verständnis zu einer beliebigen und an politischen Interessen sowie aktuellen Gemütslagen orientierten

629 Vgl. oben V., 3., d), S. 54.

630 Z. B. am 10. Juni 2009, vgl. BVerfGE 123, 186 (Leitsatz), 266.

Pflicht zu werden. Der Weg zur Vermeidung dieser Beliebigkeit könnte mit der Überlegung gegangen werden, die Beobachtungs- und Nachbesserungspflicht des Gesetzgebers als stete Pflicht zu manifestieren.

Bevor zur Demonstration des Bedarfs an umfassenderen Beobachtungs- und Nachbesserungspflichten im Strafrecht exemplarisch Regelungen des StGB herangezogen werden, soll die Notwendigkeit dieses erweiterten Verständnisses theoretisch skizziert werden.

1. Die Notwendigkeit einer umfassenden Beobachtungs- und Nachbesserungspflicht

Das Bundesverfassungsgericht bekommt lediglich einen punktuellen Ausschnitt der Rechtsordnung zur Überprüfung vorgelegt. Was für Regelungsbereiche gilt, deren Vorlage entweder an den formalen Hürden oder aus anderen Gründen scheitert, bleibt offen.

Realistisch ist die Annahme, dass der Gesetzgeber weit mehr als lediglich die vom Bundesverfassungsgericht ausdrücklich genannten Regelungsbereiche zu beobachten hätte[631]. Wenn ein politisches System mit dem Anspruch agiert, Lösungsansätze für gesellschaftliche Probleme mit Aussicht auf Erfolg bieten zu können, bedarf es der Einsicht, dass Gesetzgebung nicht nur ein Entscheidungs-, sondern auch ein Erkenntnisprozess ist[632]. Diese Einsicht impliziert ein Bewusstsein für die Folgen politischer Entscheidungen[633] und erinnert an den Gedanken der Produkthaftung.

Das Bewusstsein in Gestalt einer „gesteigerten Nachsorgeverantwortung" schafft im Übrigen den Ausgleich zur großen gesetzgeberischen Freiheit bei Prognosen, Zwecksetzungen und der Festlegung von Regelungsbedürftigem[634]. Wenn der Gesetzgeber schon bei Regelungserlassen Freiheiten genießt, dann muss er für die aufgrund dieser Freiräume entstandenen Ergebnisse Sorge tragen. Das Recht des Gesetzgebers zur Gesetzgebung ergänzt sich idealerweise mit seiner Nachsorgepflicht.

631 So auch *Nagel*, DÖV 2010, S. 270, 274, der aber auf die Ressourcenproblematik des Gesetzgebers hinweist und auf eine endgültige Stellungnahme verzichtet.

632 Vgl. *Nagel*, DÖV 2010, S. 272.

633 *Nagel*, DÖV 2010, S. 273.

634 In diese Richtung geht wohl auch *Nagel*. Nach ihm beinhaltet die „verfassungsrechtlich akzeptierte Prognosefreiheit des Gesetzgebers [...] eine gesteigerte Nachsorgeverantwortung", vgl. *Nagel*, DÖV 2010, S. 275.

Schon allein aufgrund der Eingriffsintensität strafrechtlicher Normbereiche und der damit stets existenten Grundrechtsrelevanz könnte eine dauerhafte Beobachtungs- und Nachbesserungspflicht angedacht werden. Dieser Ansatz wird allerdings nicht nur befürwortet.

Beispielsweise erachtet *Huster* die Beobachtungspflicht des Gesetzgebers lediglich zur Verhinderung endgültiger Schäden an „besonders hochwertigen Rechtsgütern" legitimierbar[635]. Diese rechtsgutsbezogene Argumentation von *Huster* bedeutet aber auch – möglicherweise entgegen seiner eigenen Absicht -, dass die Beobachtungspflicht nicht auf die Entscheidungen beschränkt werden kann, in denen das Gericht die Beobachtungs- und Nachbesserungspflicht des Gesetzgebers ausdrücklich nennt. Vielmehr müsste jede Regelung, die auf ihre Verfassungsmäßigkeit hin überprüft wird, von der Pflicht umfasst sein. Denn wenn es aufgrund der Fragwürdigkeit einer bestimmten Regelung bis zur Erörterung vor dem Bundesverfassungsgericht gekommen ist und damit bereits rein formal äußerst hohe Hindernisse genommen wurden[636], sind die verfassungsrechtliche Relevanz und mit ihr regelmäßig die Bedeutung und der hohe Rang des Rechtsguts kaum mehr problematisch. Auch ohne die ausdrückliche Beschäftigung des Bundesverfassungsgerichts mit der Beobachtungs- und Nachbesserungspflicht müsste die Pflicht als gegeben vorausgesetzt werden, weil es sich – mit *Husters* Worten – um besonders wichtige Rechtsgüter handelt. Bei dieser rechtsgutsbezogenen Argumentation müsste bei konsequenter Anwendung eine dauerhafte Beobachtungs- und Nachbesserungspflicht zumindest bezüglich der Regelungen, die Gegenstand bundesverfassungsrichterlicher Würdigung wurden, angenommen werden (naturgemäß nur wenn die Regelung als verfassungsmäßig qualifiziert wurde, somit noch rechtlich gültig ist). Denn wenn das Bundesverfassungsgericht als „Hüter der Verfassung"[637] die Vereinbarkeit einer Regelung mit höherrangigem Recht prüft, geht es regelmäßig um die mögliche Beeinträchtigung verfassungsmäßig geschützter und somit wichtiger Rechtsgüter.

Auch *Huster* scheint diese Konsequenz erkannt zu haben und möchte das daraus resultierende, „triviale Gebot [...], dass der Gesetzgeber immer die Auswirkungen seiner Gesetze und die Veränderungen der sozialen Auswirkungen

---

635 *Huster*, ZfRS 2003, S. 20.

636 Beispielsweise wurden 97,82 % aller Verfassungsbeschwerden aus dem Zeitraum 2000 bis 2004 abschlägig beschieden und gar nicht erst zur Entscheidung angenommen, vgl. *Brodocz/Schäller*, Hinter der Blende, in: Die Deutungsmacht, 2006, S. 253.

637 Selbsttitulierung des Gerichts unter anderem in BVerfGE 1, 184, 195; 2, 124, 129; 40, 88, 93.

im Auge behalten muss [...]"[638] als Ergebnis vermeiden, indem er die Pflicht des Gesetzgebers auf einzelne Bereiche beschränkt, die dynamischen Prozessen intensiver unterworfen seien als andere, „statischere"[639]. Diese Herangehensweise führt unweigerlich zu der Frage, wie denn die Dynamik oder Statik von Regelungsbereichen bestimmt werden soll. Dies könnte gerade durch Beobachtung der Wirkungen eines Gesetzes geschehen, was wiederum das Gebot einer ständigen Beobachtungspflicht nicht trivial wirken ließe.

Husters Sorge vor dem „trivialen" Gebot, wonach der Gesetzgeber stets „die Auswirkungen seiner Gesetze und die Veränderungen der sozialen Auswirkungen im Auge behalten muss"[640], ist Indiz dafür, dass eine dauerhafte Pflicht nicht fernliegend ist und wohl auch angenommen werden muss, wenn die Beobachtungs- und Nachbesserungspflicht als verfassungsrechtliche Pflicht verstanden wird. Es ist einzuräumen, dass die Erfüllung einer solchen dauerhaften Beobachtungs- und Nachbesserungspflicht insbesondere wegen beschränkter Ressourcen schwer zu bewerkstelligen sein könnte. Indes ist zu berücksichtigen, dass bei strafrechtlichen Normen, die intensiven Bezug zu Grundrechten haben, die Gefahr irreparabler Schäden an hochwertigen Rechtsgütern gegenwärtig ist. Dies gilt nicht nur für den Rechtsgüterschutz, der durch strafrechtliche Bestimmungen gewährt werden soll, sondern auch und gerade für den Eingriff in die Freiheitsrechte aufgrund der Regelung. Der starke Eingriffscharakter strafrechtlicher Regelungen bringt es mit sich, dass die Normen nur zum Schutz wichtiger Rechtsgüter gerechtfertigt sein können. Gleich wie angreifbar und umstritten strafrechtliche Regelungen teilweise sein mögen: Bezweckt ist stets der Schutz höchster Güter. Gestritten wird oftmals nicht über das Ziel eines optimalen Rechtsgüterschutzes, sondern über den Weg. Daher muss zumindest folgender Maßstab *Nagels* nutzbar gemacht werden: Je größer die Ungewissheit und je bedeutender das Rechtsgut ist, desto stärker ist die Beobachtung des Regelungsbereichs auszurichten[641].

Auch *Baumeisters* Überlegungen gehen in diese Richtung, wenn er die Pflichten über die Tangierung bedeutender Schutzpflichten und damit auch über den Ansatz des Bundesverfassungsgerichts hinaus derart erweitern möchte, dass bei „erheblich" grundrechtsrelevanten Normen, zu denen solche gehörten, die bedeutend in Grundrechtspositionen eingreifen, eine dauerhafte Beobachtung der Gesetzeswirkung angebracht sei[642]. *Baumeister* hält eine ständige Beobachtungspflicht aufgrund der

638 *Huster*, ZfRS 2003, S. 21.
639 *Huster*, ZfRS 2003, S. 21.
640 *Huster*, ZfRS 2003, S. 21.
641 *Nagel*, DÖV 2010, S. 274.
642 *Baumeister*, Das Rechtswidrigwerden, 1996, S. 397 f.

Eingriffsintensität bestimmter Normen – und diese Intensität ist charakteristisch für Strafnormen – für geboten[643].

2. Beispiele für den Bedarf umfassender Beobachtungs- und Nachbesserungspflichten im Strafrecht

Eine Akzeptanz der Beobachtungs- und Nachbesserungspflicht lediglich in den Bereichen, die mehr oder weniger ausdrücklich seitens des Bundesverfassungsgerichts definiert wurden, birgt die Gefahr des Übersehens wesentlicher Entwicklungen in sich. Dies könnte im schlimmsten Fall die Existenz und Anwendung von wenig tragbaren, ihren Zweck nicht erfüllenden oder einen nicht mehr tolerierbaren Zweck enthaltenden Regelungen zur Folge haben. Das erste Beispiel für die besonders im Strafrecht latente Gefahr der „Überholung" von Regelungsbereichen bildet die umstrittene Strafbarkeit des so genannten Beischlafs zwischen Verwandten gem. § 173 StGB.

a) Inzesttatbestand, § 173 StGB

Die Forderung, das Strafrecht nicht als Instrument für Moralschutz zu gebrauchen, ist in der Vergangenheit nicht nur kriminalpolitisch erhoben worden, sondern hat unter anderem mit der Abschaffung der Strafbarkeit des Ehebruchs, der Homosexualität unter Erwachsenen oder der Sodomie[644] teilweise erfüllt werden können. Der den so genannten Beischlaf zwischen Verwandten regelnde § 173 StGB hingegen, dessen Legitimation wegen eines möglicherweise fehlenden Rechtsgüterschutzes ebenfalls in Frage gestellt wird[645], wurde beibehalten. Im Jahr 2008

643 Die Wahl der Instrumente für die praktische Durchführung ist dabei nach *Baumeister* allein dem Gesetzgeber überlassen, vgl. *Baumeister*, Das Rechtswidrigwerden, 1996, S. 397.

644 Vgl. BGBl I 1969, S. 645.

645 Vgl. allein das abweichende Sondervotum *Hassemers* in BVerfGE 120, 224, 255 ff.; *Hörnle*, Grob anstößiges Verhalten, 2005, S. 452 ff.; *dies.*, NJW 2008, 2085 ff.; *Roxin*, StV 2009, S. 544 ff.; *Thurn*, KritJ 2009, S. 74 ff. Vgl. in diesem Zusammenhang auch die aktuelle Diskussion in der Schweiz um die Entkriminalisierung des Beischlafs zwischen Geschwistern, z. B. in der FAZ vom 12. Januar 2011, S. 27. Angestoßen wurde die Diskussion von der Schweizer Regierung.

bestätigte das Bundesverfassungsgericht dann die Verfassungsmäßigkeit der Strafbarkeit des so genannten Geschwisterinzests nach § 173 II 2 StGB[646].

aa) Skizzierung der Bundesverfassungsgerichtsentscheidung zu § 173 StGB und des Sondervotums von Hassemer

Eine Beobachtungs- und Nachbesserungspflicht hat das Bundesverfassungsgericht in der Entscheidung nicht erwähnt. Dabei ist die Umstrittenheit der Regelung im Wesentlichen auf den Gedanken nicht (mehr) legitimierbarer Zwecksetzungen im Strafrecht zurückzuführen, denen durch eine Beobachtung und bei Bedarf Nachbesserung gegebenenfalls entgegengesteuert werden könnte. Der weit reichende legislative Spielraum wurde in der Entscheidung des Bundesverfassungsgerichts zur Verfassungsmäßigkeit des § 173 II 2 StGB erneut bestätigt[647]. Zwar habe das Gericht darüber zu wachen, dass die Strafvorschrift materiell in Einklang mit den Bestimmungen der Verfassung stehe. Doch Strafnormen unterlägen, so das Bundesverfassungsgericht, von Verfassungs wegen keinen darüber hinausgehenden, strengeren Anforderungen hinsichtlich der mit ihnen verfolgten Zwecke[648].

Gegen diese uneingeschränkte Freiheit wandte sich *Hassemer* in seinem von der Senatsmehrheit abweichenden Sondervotum[649]. Die hinsichtlich des Beischlafs unter Verwandten aufgeführten Rechtsgüter, deren Schutz durch das Verbot bezweckt sein soll, namentlich der Schutz der Institutionen Ehe und Familie, die Vermeidung erblicher Schädigungen unter eugenischen Gesichtspunkten und die Protektion von „Inzestkindern“[650] vor sozialer Ausgrenzung[651], sind nach *Hassemer* verfassungsrechtlich nicht legitimierbar[652]. Ohnehin sei nicht gewiss, ob und wie sich diese Zwecke durch den Tatbestand erreichen ließen[653]. Weil der Gesetzgeber die Norm in ihren wesentlichen Teilen „über Jahrzehnte hinweg“ habe bestehen lassen und sich kaum oder nur vage Gedanken über ihren Sinn machte,

---

646 Vgl. BVerfGE 120, 224, 238 ff.

647 Vgl. BVerfGE 120, 224, 240 ff.

648 BVerfGE 120, 224, 241.

649 Vgl. BVerfGE 120, 224, 255 ff. (Sondervotum *Hassemer*).

650 Als solche bezeichnet in BVerfGE 120, 224, 248.

651 BT-Ds 6/1552 vom 4. Dezember 1970, S. 14; Schriftlicher Bericht des Sonderausschusses für die Strafrechtsreform, BT-Ds 6/3521, S. 17 f.; bestätigend BVerfGE 120, 224, 243.

652 Vgl. BVerfGE 120, 224, 263 f. (Sondervotum *Hassemer*); zustimmend *Fischer*, StGB, 2012, § 173 Rdnr. 3 ff.; *Roxin*, StV 2009, S. 546 ff.

653 BVerfGE 120, 224, 263 f. (Sondervotum *Hassemer*).

lasse sich nicht klären, ob sie den nicht verlässlich feststellbaren Erwartungen des Gesetzgebers gerecht werde[654]. Selbst wenn die Zwecke als verfassungsrechtlich legitim akzeptiert würden, könnte der Tatbestand die genannten Ziele möglicherweise nicht fördern[655].

Hassemer stützt seine Argumentation gegen die Strafwürdigkeit des Inzests im Allgemeinen und des Geschwisterinzests im Besonderen somit nicht nur darauf, dass die Pönalisierung lediglich dem Schutz einer gesellschaftlichen Moralvorstellung dienen solle[656] und die gesetzgeberischen Zwecke an sich verfassungswidrig seien[657], sondern dass sich auch bei einer Wertung der gesetzgeberischen Ziele als verfassungsgemäß eine Zweckerreichung zumindest nicht mit strafrechtlichen Instrumenten bewerkstelligen lasse.

bb) Bedeutung der Beobachtungs- und Nachbesserungspflicht

Das Bundesverfassungsgericht hat in seiner Entscheidung zur Verfassungsmäßigkeit des § 173 II 2 StGB keine Beobachtungs- und Nachbesserungspflicht des Gesetzgebers angenommen. Das bedeutet allerdings nicht, dass sie nicht existiert. Die stillschweigende Ausklammerung des Inzesttatbestandes aus dem Bereich der Beobachtungs- und Nachbesserungspflicht des Gesetzgebers zeigt die Gefahr der Unvollständigkeit, wenn lediglich verfassungsgerichtlich als beobachtungswürdig definierte Regelungsbereiche als Gegenstand der gesetzgeberischen Pflicht verstanden werden. Durch eine Wirkungskontrolle könnte die Gefahr einer Verfassungswidrigkeit von Regelungen wegen ihrer Zielsetzung oder wegen der Unmöglichkeit einer Zielerreichung zumindest verringert werden.

Auf die Fragwürdigkeit der gesetzgeberischen Zielsetzung und ihrer tatsächlichen Erreichbarkeit weist nicht allein *Hassemer* hin[658]. Warum sollte der Gesetzgeber nicht auch hier angehalten sein, sein Produkt einer Nachkontrolle zu unterziehen? Dem Gesetzgeber stehen für den Regelungsbereich „Inzest“ weitgehende Freiheiten bei der Zwecksetzung und Ausgestaltung zu. Selbst überaus fragliche Zwecke, wie beispielsweise eugenische, werden als legitim anerkannt. Die auf das Produkt bezogene Beobachtungs- und Nachbesserungspflicht wäre das Mindeste, um die aus solchen Regelungen resultierenden Risiken abfangen zu können. Auch wenn

---

654 Vgl. BVerfGE 120, 224, 264.

655 BVerfGE 120, 224, 265 (Sondervotum *Hassemer*).

656 Vgl. BVerfGE 120, 224, 265 (Sondervotum *Hassemer*).

657 Vgl. BVerfGE 120, 224, 254 ff. (Sondervotum *Hassemer*).

658 Vgl. vielmehr auch *Fischer*, StGB, 2012, § 173 Rdnr. 2 ff.; *Hörnle*, NJW 2008, 2085 ff.; *Roxin*, StV 2009, S. 544 ff.

die Regelungen in der Praxis selten eine Rolle spielen, weisen sie die Dimension staatlicher Strafbefugnisse auf[659]. Eine weitere Kontrolle ist daher sinnvoll.

Der Inzesttatbestand zeigt, dass die Beobachtungs- und Nachbesserungspflicht des Gesetzgebers im Strafrecht nicht an die Bedingung ihrer Festsetzung durch das Bundesverfassungsgericht geknüpft werden darf. Weder die Beschäftigung des Bundesverfassungsgerichts, noch die Auferlegung der Beobachtungs- und Nachbesserungspflicht durch das Gericht können unabdingbare Voraussetzung für die gesetzgeberische Haftung für sein Produkt sein, wenn die Haftung konsequent als ohnehin in der Verfassung verankerte verstanden wird. Dass sich das Gericht in der jüngeren Vergangenheit tatsächlich mit der Strafbarkeit des Inzests beschäftigte, ändert dies nicht; auch ohne die bundesverfassungsgerichtliche Auseinandersetzung wäre der Inzesttatbestand ein taugliches Beispiel. Und es ist nur eins. Die Anpassungsnotwendigkeit legislativer Akte an wandlungsbedingte Veränderungen der Rechtswirklichkeit tangiert den Strafgesetzgeber dauerhaft, falls die Regelungen nicht losgelöst von der Wirklichkeit und ohne Zielerreichung existieren sollen.

Das Inzest-Beispiel offenbart eine weitere Schwachstelle der Beschränkung von gesetzgeberischen Beobachtungs- und Nachbesserungspflichten auf die bundesverfassungsgerichtlichen Vorgaben. Die Absegnung des § 173 StGB durch das Bundesverfassungsgericht impliziert eine Bestätigung des Gesetzgebers. Die Hinterfragung des eigenen Produkts ist dadurch noch weiter, als es *Hassemer* in seiner abweichenden Meinung anmerkt[660], in die Ferne gerückt. Dies zum einen, weil die Verfassungsmäßigkeit nunmehr seitens des allein entscheidungsbefugten Organs bestätigt und zum anderen, weil keine Beobachtungs- und Nachbesserungspflicht erwähnt worden ist. Ohne diese Anmahnung ist wohl ein „weiter so" des Gesetzgebers nicht fern liegend und verdeutlicht, dass die Haftung für das eigene Produkt unabhängig von der Ermahnung durch das Bundesverfassungsgericht Bestandteil des gesetzgeberischen Bewusstseins sein müsste[661]. In Anbetracht der defizitären Wahrnehmung der Pflicht selbst in Bereichen, die das Bundesverfassungsgericht ausdrücklich absteckte, sind Zweifel an der Entwicklung eines solchen Bewusstseins nicht unberechtigt.

---

659 Vgl. *Roxin*, StV 2009, S. 544 f. Das Bundesverfassungsgericht stützt die Verhältnismäßigkeit der Strafdrohung erstaunlicherweise auch auf die Seltenheit des Geschwisterinzests in der Rechtspraxis, vgl. BVerfGE 120, 224, 252. Zur Kritik an dieser Überlegung vgl. BVerfGE 120, 224, 273 (Sondervotum *Hassemer*); *Roxin*, StV 2009, S. 549.

660 Vgl. BVerfGE 120, 224, 263 f. (Sondervotum *Hassemer*).

661 Ähnlich *Baumeister*, Das Rechtswidrigwerden, 1996, S. 395 ff., der eine „ständige Kontrolle" positiv wertet und ebenfalls über die gerichtlich „angeordneten" Fälle hinausgehen möchte.

Die Notwendigkeit einer Wahrnehmung der Beobachtungs- und Nachbesserungspflicht ist groß. Die dem Gesetzgeber gewährten Freiheiten, Spielräume und Prärogativen finden ihren Niederschlag darin, dass das Bundesverfassungsgericht zum Erstaunen einiger Strafrechtler und Kriminalwissenschaftler in seiner Geschichte fast nie die Verfassungswidrigkeit einer Strafvorschrift angenommen hat[662]. Diese Zurückhaltung und die dem Gesetzgeber damit gewährte Aktionsfreiheit sollte in Anbetracht der Zielsetzung, „gute" Gesetze mit tatsächlichen Einwirkungsmöglichkeiten zu schaffen und zu halten, nicht nur als Bestätigung und Freiheitsgewährung, sondern überdies als Übertragung der Verantwortung an den Gesetzgeber erachtet werden.

Der Inzesttatbestand ist ein deutliches Beispiel für die Sinnhaftigkeit einer dauerhaften Kontrolle von Regelungen, Regelungszwecken und der Erfüllung dieser Zwecke. Neben dem Inzesttatbestand bieten sich aber auch Tatbestände aus dem Bereich des Wirtschaftsstrafrechts an, um für eine dauerhafte Beobachtungspflicht des Gesetzgebers einzutreten.

b) Tatbestände aus dem Wirtschaftsstrafrecht

Einigen Regelungen, die zur effektiven Bekämpfung wirtschaftskrimineller Verhaltensweisen durch das erste[663] und das zweite Gesetz zur Bekämpfung der Wirtschaftskriminalität[664] (WiKG) in das StGB eingeführt worden sind, haftet ebenfalls das Problem der zweifelhaften Zwecksetzung und der fehlenden Zwekkerreichung an. Namentlich geht es hierbei um die Tatbestände des Subventions-, des Kapitalanlage- und des Kreditbetruges.

Der Subventionsbetrug (§ 264 StGB) und der Kreditbetrug (§ 265b StGB) wurden mit dem 1. WiKG 1976 in das StGB aufgenommen, während der Kapitalanlagebetrug (§ 264a StGB) im Jahre 1986 seinen Niederschlag im StGB fand. Allen drei Regelungen liegt die wesentliche Zielsetzung des 1. und des 2. WiKG zu Grunde, die darin besteht, wirtschaftskriminelle Verhaltensweisen strafrechtlich erfassen und bekämpfen zu können[665].

662 Vgl. dazu *Hörnle*, Grob anstößiges Verhalten, 2005, S. 24; *Roxin*, StV 2009, S. 545; *Vogel*, StV 1996, S. 112 mit einer eingehenden Anlayse anhand von Rechtsprechungsbeispielen.

663 BGBl I 1976, S. 2034.

664 BGBl I 1986, S. 721.

665 *Hillenkamp*, Beweisprobleme, in: Recht und Wirtschaft, 1985, S. 225 ff.; MünchKommStGB/*Wohlers*, 2006, § 264 Rdnr. 3.

aa) Subventionsbetrug, § 264 StGB

Vor der Einfügung des Subventionsbetruges in das StGB gab es keinen gesonderten Straftatbestand, der die Erschleichung von Subventionen erfasste. Vielmehr war lediglich der allgemeine Betrugstatbestand anwendbar[666].

(1) Zwecksetzung

Die Schaffung eines eigenen Tatbestandes zur Bekämpfung der Erschleichung von Subventionen wurde unter anderem mit der kriminogenen Wirkung, die von der Subventionsgewährung ausgehe, begründet[667]. Zudem wurde auf Sog-, Ansteckungs- und Spiralwirkungen verwiesen, die mit der missbräuchlichen Erschleichung von Subventionen verbunden seien[668].

Der wesentliche Grund für die Schaffung des § 264 StGB lag jedoch darin, die prozessualen Schwierigkeiten bei der Feststellung der objektiven und subjektiven Merkmale des Betrugstatbestands zu umgehen[669]. Denn in der Praxis tauchten bei der missbräuchlichen Inanspruchnahme von Subventionen regelmäßig erhebliche Schwierigkeiten auf, den allgemeinen Betrugstatbestand des § 263 StGB anzuwenden. Auf der Ebene des objektiven Tatbestands war es wegen der häufig komplexen Vergabevoraussetzungen schwierig, eine Täuschungshandlung des Subventionsempfängers bzw. einen auf die Täuschungshandlung zurückzuführenden Irrtum des Subventionsgebers nachzuweisen[670]. Auch das Tatbestandsmerkmal des Vermögensschadens bereitete Beweisschwierigkeiten, weil er dogmatisch nur über die Anwendung der umstrittenen Zweckverfehlungslehre bejaht werden konnte[671]. Hinzu traten die Schwierigkeiten beim Nachweis des subjektiven Tatbestandes[672].

Der Gesetzgeber betonte zwar bei der Entwurfsbegründung zum 1. WiKG, „dass allein praktische Schwierigkeiten bei der Anwendung des Betrugstatbestandes

---

666 NK-StGB/*Hellmann*, 2010, § 264 Rdnr. 1.

667 BT-Ds 7/3441, S. 15; *Tiedemann*, Subventionskriminalität, 1974, S. 14, S. 357 f.

668 Vgl. *Geerds*, Wirtschaftsstrafrecht, 1990, S. 307 f.

669 HWSt/*Wattenberg*, 2012, S. 413 f.; MünchKommStGB/*Wohlers*, 2006, § 264 Rdnr. 3; NK-StGB/*Hellmann*, 2010, § 264 Rdnr. 5.

670 *Hillenkamp*, Beweisprobleme, in: Recht und Wirtschaft, 1985, S. 237 f.; NK-StGB/*Hellmann*, 2010, § 264 Rdnr. 3.

671 MünchKommStGB/*Wohlers*, 2006, § 264 Rdnr. 3. Dies gilt zumindest dann, wenn man am wirtschaftlichen Vermögensbegriff für die Schadensbestimmung festhält.

672 BT-Ds 7/3441, S. 16 f.; NK-StGB/*Hellmann*, 2010, § 264 Rdnr. 5; *Ranft*, NJW 1986, S. 3163.

nicht die Einführung leichter handhabbarer Straftatbestände rechtfertigen"[673]. Es ergibt sich aber aus den Materialien zum Gesetzgebungsverfahren, dass der wesentliche Grund für die Entstehung des § 264 StGB das Bedürfnis war, die missbräuchliche Inanspruchnahme von Subventionen effektiv strafrechtlich ahnden zu können[674]. Für den Gesetzgeber stand fest, dass die Erschleichung direkter Subventionen ein sozialschädliches Verhalten darstellt, das mit strafrechtlichen Mitteln bekämpft werden sollte[675].

Der durch das 1. WiKG neu geschaffene Tatbestand des Subventionsbetruges stellt folglich eine Reaktion auf die Beweisschwierigkeiten bei der Anwendung des allgemeinen Betrugstatbestandes dar und weist sich durch eine geringe Anzahl von Tatbestandsmerkmalen aus. Denn der Gesetzgeber verzichtete bei der Schaffung des § 264 StGB auf die Tatbestandsmerkmale, die bei der Anwendung des allgemeinen Betrugstatbestandes Probleme verursachten: § 264 StGB setzt weder einen Irrtum noch eine Vermögensverfügung oder einen Vermögensschaden voraus[676]. Weil zudem gem. § 264 IV StGB Leichtfertigkeit genügt[677], kann bereits die leichtfertige Abgabe wahrheitswidriger Erklärungen im Rahmen einer Subventionsvergabe strafbar sein.

Diese Vorverlagerung und Ausdehnung der Strafbarkeit auf eine bloße (ggf. nur leichtfertige, vgl. § 264 IV StGB) Täuschungshandlung begründete der Gesetzgeber mit dem Hinweis, dass für denjenigen, der freiwillig und zu seinem Vorteil eine unentgeltliche Leistung des Staates in Anspruch nehme, die strafrechtliche Absicherung der Wahrheitspflicht keine unzumutbare Belastung darstelle[678].

(2) Kriminalpolitische Bewertung

Die Zielsetzung, wirtschaftsstrafrechtlich relevante Verhaltensweisen inkriminieren zu wollen, ist nicht der Grund, warum eine Beobachtungs- und Nachbesserungspflicht des Gesetzgebers sinnvoll sein könnte. Die missbräuchliche Erschleichung von Subventionen im Wirtschaftsleben darf – wie auch betrügerisches Handeln im Zusammenhang mit Kapitalanlagen oder Kreditvergaben – als strafwürdiges Unrecht erachtet und dementsprechend verfolgt werden.

---

673 BT-Ds 7/3441, S. 18.

674 Vgl. BT-Ds 7/5291, S. 4 f.

675 Vgl. BT-Ds 7/5291, S. 4 f.

676 Vgl. dazu MünchKommStGB/*Wohlers*, 2006, § 264 Rdnr. 4.

677 Vgl. dazu *Hillenkamp*, Beweisprobleme, in: Recht und Wirtschaft, 1985, S. 245 f.

678 BT-Ds 7/5291, S. 4.

Die Frage ist vielmehr, auf welche Weise diese Bekämpfung wirtschaftskrimineller Verhaltensweisen erfolgen soll. Die Strafbarkeit des Subventionsbetruges weist an dieser Stelle Probleme auf, die mit der Zwecksetzung und dem Tatbestand des § 264 StGB zusammenhängen. Das Hauptproblem im Rahmen der Zwecksetzung ist nicht, den Subventionsbetrug als strafwürdiges Unrecht zu erklären und zu verfolgen. Vielmehr gibt die Art und Weise, wie der Gesetzgeber dieses Ziel effektiv erreichen möchte, Anlass zu Bedenken.

Der erste problematische Punkt besteht darin, vornehmlich aus Beweisnöten eine Norm zu schaffen und diese dann so auszustatten, dass schwer beweisbare Tatbestandsmerkmale nicht aufgenommen werden, um die Effektivität zu gewährleisten[679]. Beim Subventionsbetrug führte dieses Vorgehen des Gesetzgebers dazu, dass die Strafbarkeit gegenüber dem allgemeinen Betrugstatbestand erheblich vorverlagert ist.

Selbst wenn man die Einführung eines gesonderten Tatbestands für den Subventionsbetrug mit dem Ziel, die im Rahmen der Anwendung des allgemeinen Betrugstatbestandes aufgetretenen Schwierigkeiten zu vermeiden, als legitim erachtet, gibt es einen weiteren problematischen Punkt im Zusammenhang mit der Zwecksetzung. Neben der dargestellten Kritik wird auch die Existenz der Sog-, Ansteckungs- und Spiralwirkungen, die als Begründung für die Strafbarkeit des Subventionsbetruges vorgetragen wurden, bestritten, weil es an empirischen Belegen für die behaupteten Wirkungen fehlt[680].

bb) Kapitalanlagebetrug und Kreditbetrug, §§ 264a, 265 StGB

Der Kapitalanlagebetrug nach § 264a StGB und der Kreditbetrug nach § 265 StGB begegnen denselben Bedenken, die bei der Darlegung des Subventionsbetruges erwähnt wurden. Auch der Kapitalanlage- und der Kreditbetrug sind aus dem gesetzgeberischen Bemühen, Wirtschaftsstraftaten effektiv bekämpfen zu können, entstanden[681]. Da der Kreditbetrug wie der Subventionsbetrug mit dem 1. WiKG in das StGB eingeführt wurde, darf wegen der Gründe für die Schaffung des § 265b StGB auf die Ausführungen zum Subventionsbetrug verwiesen werden[682].

Bei der Einführung des Kapitalanlagebetruges betonte der Gesetzgeber, wie in seiner Entwurfsbegründung zum 1. WiKG, zwar, „dass allein praktische Schwierigkeiten

---

679 Vgl. zur Kritik allein MünchKommStGB/*Wohlers*, 2006, § 264 Rdnr. 15.

680 *Herzog*, Gesellschaftliche Unsicherheit, 1991, S. 113 f. Vgl. zu den fehlenden empirischen Belegen auch HWSt/*Wattenberg*, 2012, S. 414 f.

681 MünchKommStGB/*Wohlers*, 2006, § 264 Rdnr. 3; vgl. auch BT-Ds 10/318, S. 22.

682 Vgl. auch BT-Ds 7/5291, S. 14.

bei der Anwendung des Betrugstatbestandes nicht die Einführung leichter handhabbarer Straftatbestände rechtfertigen"[683]. Er brachte aber mit der Einführung des Kapitalanlagebetruges durch das 2. WiKG erneut unmissverständlich zum Ausdruck, dass die neue Regelung darauf zurückzuführen sei, dass „die Herbeiführung der Kapitalanlage mit unrichtigen Behauptungen oder durch das Verschweigen erheblicher Umstände" sich nicht ausreichend mit § 263 StGB bekämpfen lasse, weil es Beweisprobleme gebe[684].

Folglich stellen die Tatbestände des Kapitalanlage- und des Kreditbetruges wie der Tatbestand des Subventionsbetruges eine Reaktion auf die Beweisschwierigkeiten bei der Anwendung des allgemeinen Betrugstatbestandes dar und weisen sich ebenfalls durch eine geringe Anzahl von Tatbestandsmerkmalen aus. Der Gesetzgeber verzichtete auch bei der Schaffung der Tatbestände des Kapitalanlage- und Kreditbetruges auf die Tatbestandsmerkmale, die bei der Anwendung des allgemeinen Betrugstatbestandes Probleme verursachten, d. h., dass schon allein die vorsätzliche Abgabe wahrheitswidriger Erklärungen zur Strafbarkeit führen kann[685]. Auch beim Kapitalanlage- und Kreditbetrug hat der Gesetzgeber im Unterschied zu § 263 StGB auf einen Irrtum, eine Vermögensverfügung und einen Vermögensschaden als Strafbarkeitsvoraussetzungen verzichtet.

Die kriminalpolitische Wertung des Subventionsbetruges ist sinngemäß auch auf den Kapitalanlage- und den Kreditbetrug übertragbar. Allein aus Beweisnöten geschaffene Strafnormen, die sich zudem durch eine große Merkmalsarmut auszeichnen, werfen die Frage auf, ob die Vermeidung von praktischen Beweisproblemen als Zweck legitim sein kann.

Darüber hinaus ist auch hinsichtlich der Tatbestände des Kapitalanlage- und des Kreditbetruges fraglich, ob die Erwartungen des Gesetzgebers – unabhängig von ihrer Zweifelhaftigkeit – erfüllt wurden und werden[686]. Beiden Tatbeständen wird weitestgehend ein geringer praktischer Nutzen zugeschrieben[687].

cc) Bedeutung der Beobachtungs- und Nachbesserungspflicht

Die dargestellten Tatbestände, die mit der Erwartung einer effektiven Bekämpfung der Wirtschaftskriminalität in das StGB eingeführt wurden, zeigen, dass

683 BT-Ds 10/318, S. 22.

684 Vgl. BT-Ds 10/318, S. 22, dort verweist der Gesetzgeber ausdrücklich auf seine Begründung zum 1. WiKG.

685 MünchKommStGB/*Wohlers*, 2006, § 264 Rdnr. 4.

686 MünchKommStGB/*Wohlers*, 2006, §§ 264a Rdnr. 12, 265b Rdnr. 6.

687 Vgl. allein HWSt/*Hellmann*, 2012, S. 1056 und HWSt/*Joecks*, 2012, S. 1106.

eine Beobachtungs- und Nachbesserungspflicht des Gesetzgebers neben den ausdrücklich durch das Bundesverfassungsgericht abgesteckten Regelungsbereichen sinnvoll ist. Die Wirkungskontrolle ist hier sogar besonders naheliegend, da nicht nur die Erreichung der gesetzgeberischen Zwecke, sondern bereits die Zwecksetzung selbst zweifelhaft ist. Eine gesetzgeberische Beobachtung der Tatbestände des Subventions-, des Kapitalanlage- und des Kreditbetruges dahingehend, ob die Zwecke, die die Tatbestände erfüllen sollen, legitim sind und ob sie tatsächlich erreicht werden, ist angezeigt.

3. Zusammenfassung

Der Inzesttatbestand und die dargestellten Tatbestände aus dem Wirtschaftsstrafrecht sind Beispiele dafür, dass die Beobachtungs- und Nachbesserungspflicht des Gesetzgebers über die Rechtsprechung des Bundesverfassungsgerichts hinaus existieren muss. Die Beschäftigung des Bundesverfassungsgerichts mit der Beobachtungs- und Nachbesserungspflicht darf keine unabdingbare Voraussetzung für die Haftung des Gesetzgebers sein, wenn die rechtliche Grundlage der Haftung in der Verfassung verankert ist.

VIII. Möglichkeiten der Pflichterfüllung

Die Darstellung der Beobachtungs- und Nachbesserungspflicht bis zu diesem Bearbeitungsabschnitt lässt eine die Pflicht extensiv auslegende Tendenz erkennen. Demnach ist die Haftung des Gesetzgebers für sein Gesetzgebungsprodukt als ausgedehnte und dabei kritische Kontrolle des jeweiligen Regelungsbereiches zu verstehen. Diese Nachkontrolle und Überprüfung des Gesetzes sowie seiner Folgen sind der Weg zur Wahrnehmung der Beobachtungspflicht[688]. Die durch die Wahrnehmung der Beobachtungspflicht gewonnenen Ergebnisse können wiederum eine Gesetzeskorrektur auslösen.

Die Wirksamkeitsüberprüfung ist aufgrund möglicher Wandlungsprozesse und zur Ermittlung der Folgen von Regelungsproblemen nicht abdingbar[689]. Dass die Beobachtungs- und Nachbesserungspflicht existiert, sie umfassend zu verstehen ist und bei bewusster Wahrnehmung sinnvoll sein könnte, wird nach der hier vertretenen Auffassung angenommen. Doch *wie*, mit welchen Instrumenten und unter Begleitung welcher Schwierigkeiten diese Pflicht eigentlich erfüllt werden kann, wird im Folgenden genauer dargestellt.

Das Bundesverfassungsgericht selbst lieferte zwar Ansätze und Überlegungen zur Pflichterfüllung, jedoch keine genauen Vorgaben. Dazu ist das Bundesverfassungsgericht auch nicht verpflichtet, insbesondere wenn die Beobachtungs- und Nachbesserungspflicht des Gesetzgebers im Strafrecht eine über die bundesverfassungsgerichtliche Judikatur hinausgehende Bedeutung erlangen soll. Eine genaue Erläuterung durch das Gericht selbst könnte die Wahrnehmung der Pflicht jedoch fördern und brächte gegebenenfalls systematische Vorteile und Orientierungshilfen. Deswegen ist die Forderung *Nagels* nach einer näheren Ausdifferenzierung der Beobachtungspflicht durch das Bundesverfassungsgericht zumindest verständlich[690].

Unabhängig von der Berechtigung dieser Forderung und der Frage, ob das Bundesverfassungsgericht überhaupt institutionell geeignet ist, Ansätze für die

688 So auch ausdrücklich *Brocker*, Parlamentarische Gesetzesfolgenabschätzung, in: Responsive Regulierung, 2002, S. 138.

689 *Eisenberg*, Kriminologie, 2005, § 23 Rdnr. 49.

690 *Nagel*, DÖV 2010, S. 275.

Wahrnehmung der Pflicht zu liefern[691], gilt es im folgenden Abschnitt Ideen für die Wahrnehmung zunächst der Beobachtungs- und schließlich der Nachbesserungspflicht gedanklich auszubauen und ihre Tauglichkeit hinsichtlich der Pflichterfüllung zu diskutieren.

1. Die Erfüllung der Beobachtungspflicht

Schröder stellte 1972 fest, dass es eine Kontrolle der Gesetzgebung mit dem Ziel ihrer Optimierung „schon immer" gegeben habe und nennt dabei das Strafrecht mit dem Hinweis auf die Kriminalstatistik und Dunkelziffer als „besonders sprechendes Beispiel"[692]. In der Tat wurde die Erfolgskontrolle gesetzgeberischer Entscheidungen – unabhängig vom Strafrecht – schon in das Allgemeine Landrecht für die Preußischen Staaten nach dem Vorbild des so genannten référé législatif, das erstmals 1667 in Frankreich eingeführt wurde[693], übernommen[694]. Das référé législatif sollte mit dem Modell einer richterlichen Rückmeldungspflicht bei Gesetzesmängeln die Gesetzesoptimierung begünstigen. Der Richter sollte Zweifel bezüglich einer Regelung dem Gesetzgeber angeben, diesen dadurch über Unklarheiten seiner Gesetzgebung durch rechtspraktische Rückmeldung ständig informieren und zur Überprüfung anregen[695]. Diese Überlegung fand in § 47 der Einleitung des ALR eine Ausprägung. § 47 lautete in seiner Fassung von 1794 wie folgt[696]:

> „Findet der Richter den eigentlichen Sinn des Gesetzes zweifelhaft, so muß er, ohne die prozeßführenden Parteyen zu benennen, seine Zweifel der Gesetzescommißion anzeigen, und auf deren Beurteilung antragen."

Auch wenn solch eine Verpflichtung zur Erleichterung einer Erfolgskontrolle von Gesetzen durch den Gesetzgeber heute wohl mit der richterlichen Unabhängigkeit (Art. 97 I GG) unvereinbar wäre, zeigt sie, dass die Beobachtung von Gesetzen

691 Kritisch auch *Baumeister*, Das Rechtswidrigwerden, 1996, S. 397.

692 *Schröder*, Zur Erfolgskontrolle der Gesetzgebung, in: Jahrbuch für Rechtssoziologie und Rechtstheorie, 1972 Band 3, S. 275.

693 *Miersch*, référé législatif, 2000, S. 25 ff.; *Schröder*, Zur Erfolgskontrolle der Gesetzgebung, in: Jahrbuch für Rechtssoziologie und Rechtstheorie, 1972 Band 3, S. 281.

694 *Schröder*, Zur Erfolgskontrolle der Gesetzgebung, in: Jahrbuch für Rechtssoziologie und Rechtstheorie, 1972 Band 3, S. 281.

695 Vgl. *Schröder*, Zur Erfolgskontrolle der Gesetzgebung, in: Jahrbuch für Rechtssoziologie und Rechtstheorie, 1972 Band 3, S. 281.

696 Vgl. die Textausgabe von Hattenhauer (Hrsg.), Allgemeines Landrecht, 1970.

und die damit einhergehende Qualitätskontrolle nicht erst Thema der letzten Jahrzehnte ist[697].

In der gegenwärtigen Diskussion über die Optimierung von Gesetzen und Gesetzeswirkungen wird indes von der so genannten Gesetzesfolgenabschätzung[698] gesprochen. Im Folgenden sollen der Bedeutung, dem Inhalt und der Ausgestaltung einer GFA und insbesondere der Frage, ob durch deren Instrumente die Wahrnehmung der Beobachtungspflicht des Gesetzgebers im Strafrecht gelingen könnte, nachgegangen werden.

a) Die (retrospektive) GFA: Ein möglicher Weg zur Erfüllung der Beobachtungspflicht

> „Auch von Gesetzen gilt der Spruch: An ihren Früchten sollt ihr sie erkennen! – Darum ist es eins der höchsten Anliegen des Gesetzgebers, daß er sich von den Wirkungen seiner Werke gehörig unterrichten könne“[699].

Die Bedeutung von Gesetzeswirkungen für die Messung der Gesetzesqualität liegt sowohl obigem historischen Zitat als auch dem „modernen“ Begriff der GFA als Kerngedanke zugrunde.

Verstanden wird unter der GFA der Versuch, die Notwendigkeit und Wirksamkeit einer Regelung und die Regelungsfolgen, die über die eigentlich bezweckten hinausgehen bzw. als nicht beabsichtigte Nebenfolgen auftreten, mit Hilfe eines interdisziplinären Forschungsansatzes umfänglich erfassen und bewerten zu können[700]. Durch die GFA soll der Weg für „gute“ Gesetze geebnet und damit die „Lücke zwischen Anspruch und Verwirklichung“ verkleinert werden[701].

aa) Verhältnis zwischen GFA und Beobachtungsplicht

Die interdisziplinär ausgerichtete Wirkungserforschung von Regelungsbereichen anhand der GFA scheint sich auf den ersten Blick fast mit der Beobachtungspflicht zu decken, weil beide auf die Erfassung und Bewertung von Gesetzesfolgen zielen. So lässt sich die Beobachtungspflicht des Gesetzgebers auch als

---

697 So ebenfalls *Wagner*, ZRP 1999, S. 480, 486. Vgl. auch *Köck*, VerwArch 2002, S. 2 f.

698 Im Folgenden als GFA abgekürzt.

699 *Zachariä*, Vierzig Bücher vom Staate, 1840, S. 32.

700 *Brocker*, Parlamentarische Gesetzesfolgenabschätzung, in: Responsive Regulierung, 2002, S. 133; *Köck*, VerwArch 2002, S. 2; *Grün*, in: Voran, Heft 5 (6/97), S. 10.

701 *Böhret*/*Konzendorf*, Handbuch GFA, 2001, S. 1.

verfassungsrechtlich begründete Pflicht zur Evaluation von Gesetzen bezeichnen[702]. Die Kernfrage sowohl der Beobachtungspflicht als auch der retrospektiven GFA lautet, ob bestimmte Absichten erreicht oder aber nicht bezweckte Folgen mit der bestehenden Regelung ausgelöst werden[703].

Die Beobachtungspflicht kann dennoch nicht mit der GFA gleichgesetzt werden[704]. Die GFA selbst verpflichtet keine Institution zur Beobachtung von Gesetzeswirkungen. Vielmehr bieten die Grundsätze der GFA die Möglichkeit, die Beobachtungspflicht wahrnehmen zu können. Auf diese Grundsätze gilt es im Folgenden weiter einzugehen, um die GFA als Option zur Beobachtung von Regelungsbereichen zu konkretisieren.

bb) Die einzelnen Module der GFA

Die Darlegung methodischer Grundlagen der GFA erfordert eine Kategorisierung. Nicht alle Module[705] der GFA sind für die Beobachtungspflicht des Gesetzgebers von unmittelbarer[706] Relevanz.

Die methodischen Grundlagen und die Module der GFA sind an die Technikfolgenabschätzung und die dort verwandte Terminologie angelehnt[707]. Zur Verwirklichung der an die GFA gestellten Anforderungen wird zwischen drei Modulen der GFA unterschieden: der prospektiven, der begleitenden und der retrospektiven GFA. Diese Unterscheidung ist im Wesentlichen eine zeitliche und betrifft verschiedene Phasen der gesetzgeberischen Aktivität.

(1) Prospektive GFA

Die prospektive GFA spielt sich noch vor dem eigentlichen Rechtsetzungsakt ab. Sie dient der prälegislativen Überprüfung der Regelungsnotwendigkeit und der Entwicklung von Alternativen[708]. Diese Regelungsalternativen werden auf

---

702 So auch *Führ*, Qualitätsstandards für die Gesetzesfolgenabschätzung, in: Gesetzesfolgenabschätzung in der Anwendung, 2010, S. 19; *Höland*, ZG 1994, S. 374 f.

703 Vgl. *Konzendorf*, Universitas 1999, S. 954.

704 So auch *Nagel*, DÖV 2010, S. 270.

705 Die GFA-Varianten oder Bausteine werden weitestgehend als Module bezeichnet, vgl. allein *Böhret/Konzendorf*, Handbuch GFA, 2001, S. 2; *Konzendorf*, Universitas 1999, S. 954.

706 Die Sinnhaftigkeit einer dennoch engen Verknüpfung zwischen den Varianten wird an späterer Stelle deutlich werden.

707 *Grün*, in: Voran, Heft 5 (6/97), S. 11; *Konzendorf*, Universitas 1999, S. 961 f.

708 *Bräunlein*, Integration der Gesetzesfolgenabschätzung, 2004, S. 31; *Konzendorf*, Universitas 1999, S. 954.

der Grundlage verschiedener Zukunftsszenarien auf ihr Zielerreichungspotential sowie sonstige Folgen und Wirkungen, auch die einer Nichtregelung der Materie, untersucht[709].

Die prospektive GFA ist für die Beobachtungspflicht des Gesetzgebers ausschließlich mittelbar relevant. Denn diese Phase findet zeitlich weit vor dem Einsetzen der hier behandelten Beobachtungspflicht des Gesetzgebers statt. Den Schwerpunkt der prospektiven GFA bildet die Überlegung, ob überhaupt und in welche Richtung gesetzgeberisches Handeln angezeigt ist. Die gesetzgeberische Beobachtungspflicht hingegen bezieht sich auf das Gesetz als fertiges Produkt.

Bedeutungslos ist diese erste Phase der GFA für die Beobachtungspflicht dennoch nicht, im Gegenteil. Mit den Ergebnissen der prospektiven GFA kann die spätere Beobachtung bedeutend gefördert werden, da die Ermittlung von Zielen und möglichen Nebenfolgen der Regelung eine wesentliche Aufgabe der prospektiven GFA ist und dadurch der Maßstab für die spätere Beobachtung der Regelung festgelegt werden kann.

(2) Begleitende GFA

Die begleitende GFA, die sich im Idealfall zeitlich an die prospektive GFA anschließt, ist für die gesetzgeberische Beobachtungspflicht ebenfalls mittelbar relevant. Die begleitende GFA setzt zu Beginn des Rechtsetzungsverfahrens und damit zu einem Zeitpunkt ein, in dem bereits ein Entwurf des Gesetzes besteht[710]. In diesem Abschnitt der GFA soll auf der Basis von Prüfkriterien eine Untersuchung der nunmehr existierenden Regelungsentwürfe stattfinden. Kriterien sind unter anderem die Vollzugspraktikabilität, Befolgbarkeit, Klarheit und Verständlichkeit der Norm[711]. Da diese Variante der GFA ebenfalls zeitlich vor dem Inkrafttreten einer Regelung einzuordnen ist, bleibt nunmehr das letzte Modul der GFA als Möglichkeit für die legislative Beobachtungspflicht übrig: die so genannte retrospektive GFA.

(3) Retrospektive GFA

Die retrospektive GFA soll mit einer ex-post-Evaluierung von Regelungsbereichen deren Bewährung, Zweckerreichung, sowie ihre Haupt- und Nebenfolgen nachprüfen[712]. Sie ist die Variante der GFA, die bereits eingetretene Folgen von

709 *Bräunlein*, Integration der Gesetzesfolgenabschätzung, 2004, S. 31.
710 *Bräunlein*, Integration der Gesetzesfolgenabschätzung, 2004, S. 32.
711 Vgl. *Konzendorf*, Universitas 1999, S. 954.
712 *Bräunlein*, Integration der Gesetzesfolgenabschätzung, 2004, S. 33; *Konzendorf*, Universitas 1999, S. 954.

Rechtsvorschriften ermitteln kann und je nach ihrem Ergebnis entweder die Korrekturbedürftigkeit der Regelung anzeigt oder ihre Tauglichkeit bestätigt[713]. Die Fragen, auf die die retrospektive GFA eine Antwort liefern soll, handeln typischerweise von der Zielerreichung der Regelung, von möglichen Nebenwirkungen und deren Erheblichkeit, von Belastungen und Praktikabilität der Regelung und letztlich von der Frage nach einem Nachbesserungserfordernis. Die ex-post-Analyse anhand der retrospektiven GFA macht diese zu einer passenden Option für die gesetzgeberische Beobachtungspflicht, die ebenfalls mit der Nachträglichkeit als Eigenschaft ausgezeichnet ist: Ex-post sollen die Regelungskonsequenzen erhoben und bewertet werden. Folglich könnte der Gesetzgeber die methodischen Grundlagen der retrospektiven GFA zur Wahrnehmung seiner Beobachtungspflicht verwenden.

Anzumerken ist, dass in dieser Arbeit der Begriff der retrospektiven GFA gebraucht wird, obgleich es sich genau genommen nicht mehr um eine ex-post **Abschätzung** der Gesetzesfolgen handelt. Abgeschätzt wird prospektiv oder begleitend, da mangels bestehender Regelung lediglich Prognosen möglich sind. Im Stadium der retrospektiven GFA ist die Regelung hingegen existent und es geht um die Ermittlung eingetretener Folgen, mithin nicht mehr um eine Abschätzung. Doch die Bezeichnung der ex-post-Kontrolle als retrospektive GFA hat sich etabliert[714] und wird in dieser Arbeit ebenfalls als terminus technicus gebraucht.

(4) Zwischenthesen

Die retrospektive GFA ist das Modul der GFA, das zur Wahrnehmung der Beobachtungspflicht in Betracht kommt. Die Bedeutung der prospektiven und begleitenden GFA ist jedoch nicht zu unterschätzen. Gerade prospektive, zeitlich vorgeschaltete Maßnahmen könnten eine retrospektive Beobachtung durch den Gesetzgeber fördern. Die Beobachtungspflicht des Gesetzgebers hinsichtlich des Regelungsbereichs zum Jugendstrafvollzug beispielsweise zeigt den Vorteil einer verknüpften Anwendung der Module. Auf die Beobachtungspflicht des Gesetzgebers wies das Bundesverfassungsgericht in jenem Beispiel bereits präventiv, d. h. noch vor Existenz der Regelung, hin[715]. Mit der Anwendung prospektiver beziehungsweise begleitender Maßnahmen hätten Vorarbeiten für die Wahrnehmung der Beobachtungspflicht geleistet werden können, indem beispielsweise das

---

713 *Böhret/Konzendorf*, Handbuch GFA, 2001, S. 255.

714 Zweifel an dieser Bezeichnung werden zumindest in einschlägigen Publikationen nicht geäußert.

715 Vgl. BVerfGE 116, 69, 91.

Zielerreichungspotenzial und mögliche Folgen und Nebenfolgen der zu entwikkelnden Jugendstrafvollzugsregelungen prognostisch ermittelt werden. Zudem entsprechen derartige Vorfeldmaßnahmen der so genannten Ermittlungs**pflicht** des Gesetzgebers. Diese Pflicht beinhaltet letztlich die prospektiven und begleitenden Maßnahmen der GFA vor Erlass eines Gesetzes, da sie den Gesetzgeber an die Ermittlung gegenwärtiger und zu erwartender Umstände des entsprechenden Regelungsbereichs binden möchte[716].

Vorfeldmaßnahmen können die Beobachtungspflicht des Gesetzgebers naturgemäß lediglich fördern und erleichtern, sie sind keine Option für die Erfüllung der Pflicht selbst. Dennoch sind sie für den Gesetzgeber im Falle der Umsetzung von Beobachtungspflichten unverzichtbar. Mögliche prospektive Maßnahmen zur Förderung retrospektiver Beobachtung und Folgenabschätzung werden Gegenstand noch folgender Überlegungen sein.

Vor einer Auseinandersetzung mit dem Ablauf der retrospektiven GFA stellt sich zunächst die Frage, wie der Gesetzgeber zur GFA steht und ob das Potenzial der GFA auf legislativer Ebene bereits genutzt wird.

cc) Retrospektive GFA durch den Gesetzgeber

Bei der Darstellung der höchstrichterlichen Entscheidungen zur Beobachtungspflicht wurde die Tendenz des Gesetzgebers zur Vernachlässigung der Beobachtungspflicht deutlich. Die Betrachtung der GFA bestätigt diesen Eindruck: Eine GFA durch den Gesetzgeber selbst, besonders die retrospektive, findet kaum statt[717]. Dabei scheint die defizitäre Beobachtung von Regelungen unter Beachtung rechtstatsächlicher Entwicklungen in erster Linie ein Problem der Legislative zu sein.

Wäldes Feststellung Ende der siebziger Jahre, nach der die tatsächliche Entscheidungsmacht über die inhaltliche Ausgestaltung und die Folgen von Gesetzen auf die Regierungsebene, insbesondere auf die der Ministerialverwaltung, verlagert ist[718], beansprucht auch gegenwärtig Gültigkeit. Die Zuständigkeit für eine ex-post-Überprüfung von Gesetzen wird weitestgehend der Exekutive übertragen, eine in Richtung GFA gehende Aktivität des Gesetzgebers ist kaum feststellbar[719].

---

716 Vgl. *Eisenberg*, Kriminologie, 2005, § 23 Rdnr. 39.

717 *Grimm*, ZRP 2000, S. 88.

718 *Wälde*, Juristische Folgenorientierung, 1979, S. 97 ff.

719 *Bräunlein*, Integration der Gesetzesfolgenabschätzung, 2004, S. 184 ff.; *Brocker*, Parlamentarische Gesetzesfolgenabschätzung, in: Responsive Regulierung, 2002, S. 134; *Grimm/Brocker*, ZG 1999, S. 61.

Dass „der Siegeszug der GFA“ am Gesetzgeber bisher vorbeigegangen ist[720], ist für die Beobachtungspflicht des Gesetzgebers relevant.

Die GFA auf Exekutivebene ist weniger problematisch, auch wenn hier ebenfalls defizitäre Strukturen bemängelt werden[721]. Es findet dort immerhin eine gewisses Maß an Aktivität statt. So ist die GFA in einer Gemeinsamen Geschäftsordnung der Bundesministerien, der so genannten GGO, rechtlich verankert, mithin institutionalisiert. In § 44 VII GGO beispielsweise ist niedergelegt, dass in der Begründung zum Gesetzentwurf durch das federführende Ressort festzulegen ist, nach welchem Zeitraum zu prüfen ist:

- ob die beabsichtigten Wirkungen erreicht worden sind,
- ob die entstandenen Kosten in einem angemessenen Verhältnis zu den Ergebnissen stehen und
- welche Nebenwirkungen eingetreten sind.

Auch wenn § 44 VII GGO erkennen lässt, dass eine Beobachtungspflicht als Aufgabe (an-) erkannt oder gar akzeptiert[722] wird, ist festzuhalten, dass § 44 VII GGO lediglich einen Exekutivbezug herstellt[723]. Die Vorschrift verpflichtet nicht den Gesetzgeber, die Prüfung vorzunehmen. Sie geht von einer Zuständigkeit der Ministerien aus. Die GFA auf der Exekutivebene kann allerdings für die Beobachtungspflicht des Gesetzgebers durch Rückgriff auf die gewonnenen Erkenntnisse nutzbar gemacht werden. Diese Methode ist als Möglichkeit der retrospektiven GFA akzeptabel und wird als Ansatz an späterer Stelle noch zu erörtern sein. Doch der Gesetzgeber kontrolliert bei einer GFA durch die Ministerien sein Produkt nicht selbst.

Bezüglich des Status quo ist festzuhalten, dass eine parlamentarische ex-post GFA kaum stattfindet und wenn, dann lediglich durch die Zurkenntnisnahme von Ergebnissen exekutiv durchgeführter GFA, beispielsweise durch Berichte[724]. Daher bietet es sich an dieser Stelle an, die Schwierigkeiten der gesetzgeberischen GFA als wesentliche Ursache für die defizitäre Ausgestaltung der legislativen GFA näher zu betrachten.

---

720 So *Brocker*, Parlamentarische Gesetzesfolgenabschätzung, in: Responsive Regulierung, 2002, S. 134.

721 Kritik zur Anwendung der GFA auf Exekutivebene beispielsweise bei *Konzendorf*, Institutionelle Einbettung, in: Evaluation, 2009, S. 33 f.

722 Die politische Akzeptanz der gesetzgeberischen Beobachtungspflicht erkennt *Nagel* in § 44 VII GGO, vgl. *Nagel*, DÖV 2010, S. 274 FN 53.

723 Dieser Hinweis auch bei *Böhret/Konzendorf*, Handbuch GFA, 2001, S. 319.

724 *Bräunlein*, Integration der Gesetzesfolgenabschätzung, 2004, S. 194 f.

Anschließend wird dargelegt, wie eine retrospektive GFA durch den Gesetzgeber verwirklicht und dadurch der Beobachtungspflicht entsprochen werden könnte.

dd) Schwierigkeiten der legislativen (retrospektiven) GFA

Der Gesetzgeber kann seine Beobachtungspflicht anhand einer retrospektiven Kontrolle beziehungsweise GFA durch eigene Informationsbeschaffung oder die Nutzbarmachung von auf Regierungsebene erlangten Informationen erfüllen[725]. Dabei wird er mit Schwierigkeiten konfrontiert, die die festgestellte rudimentäre Ausprägung der legislativen GFA möglicherweise begünstigen.

Gesetzgebung ist Politik[726]. Dementsprechend kommt die Betrachtung gesetzgeberischen Handelns oder eben Unterlassens nicht ohne politische Faktoren aus. Folglich gilt es neben institutionellen und finanziellen Hindernissen der retrospektiven GFA seitens des Gesetzgebers auch politische zu bedenken.

Bereits bei der kritischen Hinterfragung der Identität zwischen dem Gesetzgeber als dem Produktschaffenden und dem zur Beobachtung des Produkts Verpflichteten ist die unter Umständen fehlende Bereitschaft des Gesetzgebers, auch die Folgen seiner Gesetzgebung mit Entschlossenheit anzugehen, erkennbar gewesen[727]. Die Gefahr eines Desinteresses an den Konsequenzen politischen Handelns ist latent vorhanden, insbesondere wenn es um Rechtsetzungsakte symbolischer Natur geht, die die Handlungsfähigkeit des Gesetzgebers demonstrieren sollen. Diese Demonstration kommt auch ohne die Beobachtung der Gesetzeswirkungen aus.

Es besteht zwar eine andauernde Bereitschaft des Gesetzgebers, gesellschaftliche Ansichts- und Interessenkonflikte anzunehmen und zu entscheiden[728]. Diese Bereitschaft dauert jedoch als eine „vom Wähler honorierte Kernbetätigung" häufig lediglich für die Dauer der öffentlichen Aufmerksamkeit an[729]. Mit dem Schwinden der Aufmerksamkeit erlahmt auch das politische Interesse. Der Gesetzgeber nimmt neue Aufgaben in Angriff. Dies erschwert oder verhindert sogar die GFA und die nachträgliche Korrektur gesetzgeberischer

---

725 Vgl. *Brocker*, Parlamentarische Gesetzesfolgenabschätzung, in: Responsive Regulierung, 2002, S. 134 f.; 138.

726 So auch *Noll*, Gesetzgebungslehre, 1973, S. 58. *Noll* hebt hervor, dass es keiner genauen Umschreibung der Politik oder des Politischen bedarf, um feststellen zu können, dass Gesetzgebung die wichtigste Aufgabe der Politik ist.

727 Vgl. oben V., 4., b), S. 57 f.

728 *Nagel*, DÖV 2010, S. 273.

729 *Nagel*, DÖV 2010, S. 273.

Fehlentscheidungen, was wiederum vermehrt unbewältigte Regulierungskonsequenzen produziert[730]. An Brisanz gewinnt diese Entwicklung wegen der von *Nagel* als solcher bezeichneten Temporalisierung der Problemmaßstäbe[731]: Einst als problematisch Erachtetes ist nicht mehr wahrnehmbar, weil die ihm zugrunde liegenden Wertungen dem Wandel unterliegen. Der beschriebene Prozess könnte eine angemessene Folgenbeobachtung behindern. Zu berücksichtigen ist aber auch, dass die Veränderung der Wertungen, auf denen gesetzgeberische Entscheidungen basieren, und der soziale Wandel kein spezifisches Problem im Rahmen der retrospektiven GFA durch den Gesetzgeber darstellen. Vielmehr haften solche Veränderungen jeglichen ex-post Untersuchungen an. Ständiger sozialer Wandel ist nicht nur ein Grund für die Unverzichtbarkeit von Beobachtungspflichten, sondern begrenzt gleichzeitig ihre Erfüllung, da die Aussagekraft retrospektiver Beobachtungen bei langfristigen Untersuchungen durch jenen Wandel beeinträchtigt werden kann[732].

Neben diese Hindernisse treten zusätzlich Fragen der Finanzierung und Organisation einer legislativen GFA. Um die fachlichen und informationellen Defizite des Gesetzgebers gegenüber der Exekutive ausgleichen zu können, bedarf es unter Umständen zusätzlichen Personals[733]. Bereits die Aussicht auf diese Mehrbelastung könnte den Gesetzgeber vor der Wahrnehmung einer systematischen GFA abschrecken.

Die Aufzählung könnte noch um die bereits erwähnte Problematik symbolischer Gesetze und der Beobachtung ihrer Folgen ergänzt werden. Auf die Schwierigkeit einer Erfolgskontrolle bei Gesetzgebungsakten, deren Erfolg lediglich symbolischer Natur ist, wurde bereits eingegangen[734].

Die geschilderten Schwierigkeiten zeigen, dass die legislative GFA eine Herausforderung ist. Indes dürfen die Hürden nicht als Legitimation für eine Ablehnung der GFA vorgebracht werden. Die Wahrnehmung der Beobachtungspflicht kommt ohne die nachträgliche Kontrolle der Gesetzeswirkungen nicht aus. Wie solch eine Beobachtung der Gesetzeswirkungen durch eine legislative retrospektive GFA erfolgen kann, ist Gegenstand des folgenden Abschnittes.

---

730 Vgl. *Baumeister*, Das Rechtswidrigwerden, 1996, S. 394 f.; *Nagel*, DÖV 2010, S. 273.

731 Vgl. *Nagel*, DÖV 2010, S. 273.

732 Vgl. *Eisenberg*, Kriminologie, 2005, § 19 Rdnr. 13.

733 *Brocker*, in: Voran, Heft 5 (6/97), S. 54.

734 Vgl. oben VI., 2., f), bb), S. 104 ff.

ee) Ablauf der retrospektiven GFA

Das Verfahren der GFA ist durch einen eigenen methodischen Ablauf gekennzeichnet. Der Unterscheidung zwischen prospektiver, begleitender und retrospektiver GFA folgt die Differenzierung nach den Institutionen, die sich der GFA als Aufgabe annehmen. Die Beobachtungspflicht des Gesetzgebers als Gegenstand der vorliegenden Untersuchung ermöglicht die Fokussierung auf die parlamentarische, retrospektive GFA. Nur die retrospektive GFA ist die Variante der GFA, die bereits eingetretene Folgen von Rechtsvorschriften ermitteln kann und je nach ihrem Ergebnis entweder die Korrekturbedürftigkeit der Regelung anzeigt oder ihre Tauglichkeit bestätigt[735]. Daher macht die ex-post-Analyse anhand der retrospektiven GFA diese zu einer passenden Option für die gesetzgeberische Beobachtungspflicht. Ziel ist es nunmehr zu untersuchen, wie der Gesetzgeber mit der retrospektiven GFA seine Beobachtungspflicht erfüllen kann.

Die für eine retrospektive GFA empfohlene Vorgehensweise lässt sich in drei Hauptphasen gliedern und beginnt mit einer ersten, konzeptionellen Phase[736]. Auf diese folgt die so genannte Durchführungsphase. Den letzten Abschnitt der retrospektiven GFA bildet die so genannte Auswertungsphase.

(1) Erste Phase der retrospektiven GFA

Nach der grundsätzlichen Entscheidung, eine retrospektive GFA durchzuführen, wird in der ersten Phase die Vorgehensweise der retrospektiven GFA geplant. Die erste Phase dient somit der theoretischen Konzeption. Sie kann als Konzeptionsphase bezeichnet werden[737].

(a) Festlegung des Prüfungsmaßstabs und des Evaluationsumfangs

Die Konzeptionsphase beginnt mit der Festlegung des Prüfungsmaßstabs. Dieser Prüfungsmaßstab richtet sich grundsätzlich nach dem zu Beginn dieser Arbeit aufgestellten Maßstab für die Beobachtungspflicht. Denn das zentrale Prüfkriterium der retrospektiven GFA ist die Zweckerreichung der gesetzlichen Regelung[738].

Das zentrale Prüfkriterium der Zweckerreichung kann vom Gesetzgeber je nach dem Inhalt der konkreten Regelung erweitert werden[739]. So sind die Akzeptanz

---

735 *Böhret/Konzendorf*, Handbuch GFA, 2001, S. 255.
736 *Böhret/Konzendorf*, Handbuch GFA, 2001, S. 256 ff.
737 So *Böhret/Konzendorf*, Handbuch GFA, 2001, S. 258.
738 *Böhret/Konzendorf*, Handbuch GFA, 2001, S. 258.
739 Vgl. *Böhret/Konzendorf*, Handbuch GFA, 2001, S. 256 ff.

der gesetzlichen Regelung, die Praktikabilität und mögliche Nebenfolgen weitere wichtige Prüfkriterien[740]. Die Zusammenhänge zwischen den unterschiedlichen Kriterien sind dabei zu berücksichtigen.

In einem engen Zusammenhang mit der Festlegung des Prüfungsmaßstabs erfolgt in der Konzeptionsphase auch die Festlegung des Evaluationsumfangs[741]. Diese erfolgt nach politischen, fachlichen, personellen und finanziellen Überlegungen.

(b) Auswahl der Vergleichsart

Die Wahrnehmung der Beobachtungspflicht kann nur durch die Bewertung der Folgen der jeweiligen Rechtsvorschrift erfolgen. Eine Bewertung der Folgen ist wiederum nur möglich, wenn es Vergleichsdaten für die in der Praxis tatsächlich eingetretenen Folgen gibt. Deswegen umfasst die Konzeptionsphase auch die Auswahl der Vergleichsart[742]. Mögliche Vergleichsarten sind der Soll-Ist-Vergleich oder der Vorher-Nachher-Vergleich.

Für die Beobachtungspflicht des Gesetzgebers bietet sich der Soll-Ist-Vergleich an. Die Sollwerte des Vergleichs liefern die gesetzgeberischen Ziele. Der Vergleich dieser Sollwerte mit den tatsächlich in der Praxis ermittelten Istwerten ermöglicht eine Aussage darüber, ob die Sollwerte – d. h. die gesetzgeberischen Ziele – erreicht wurden[743].

(c) Operationalisierung

Der Vergleich beobachtbarer Entwicklungen ist die Grundlage der retrospektiven GFA. Um diesen Vergleich durchführen zu können, ist eine Operationalisierung der Prüfkriterien durchzuführen. Dies bedeutet, dass in der Konzeptionsphase in einem letzten Schritt messbare Begriffe verwendet werden müssen, die der Überprüfung zugänglich sind.

Bei der retrospektiven GFA im Rahmen der lebenslangen Freiheitsstrafe müsste die Operationalisierung in der Konzeptionsphase beispielsweise folgende Überlegungen beinhalten: Um in der anschließenden Durchführungsphase die Datenerhebung durchführen zu können, müssten die Zwecke der lebenslangen Freiheitsstrafe und damit notwendigerweise zusätzlich die dieser Zweckerreichung widersprechenden Folgen definiert werden. Dabei ist zu beachten, dass

---

740 *Böhret/Konzendorf*, Handbuch GFA, 2001, S. 258.
741 *Böhret/Konzendorf*, Handbuch GFA, 2001, S. 260.
742 Vgl. *Böhret/Konzendorf*, Handbuch GFA, 2001, S. 262.
743 Vgl. auch *Böhret/Konzendorf*, Handbuch GFA, 2001, S. 263.

die Operationalisierung des Prüfkriteriums „Zweckerreichung“ an den Gesetzeszwecken auszurichten ist. Bei der Operationalisierung der Nebenfolgen hingegen müssen Hinweise auf Nebenfolgen, die sich aus praktischen oder sonstigen Erfahrungen ergeben können, beachtet werden[744]. Wenn Hinweise auf derartige Nebenfolgen gefunden sind, kann eine messbare Aussage formuliert werden, die einer Überprüfung zugänglich ist. Am Beispiel der lebenslangen Freiheitsstrafe wären somit messbare Aussagen zu formulieren, an denen überprüfbar ist, ob der Vollzug der lebenslangen Freiheitsstrafe zu irreparablen Schäden führt, die gegen die Menschenwürde verstoßen.

(2) Durchführungsphase der retrospektiven GFA

Auf die konzeptionelle Phase zur Vorbereitung der retrospektiven GFA folgt die so genannte Durchführungsphase, in der die Datenerhebung und eine anschließende Auswertung der Daten erfolgt[745]. Die in der Konzeptionsphase vorbereiteten Ansätze werden auf diese Weise umgesetzt.

Folgende Datenerhebungswege kommen für den Gesetzgeber zur Erfüllung seiner Beobachtungspflicht unter Anwendung der retrospektiven GFA in Betracht.

(a) Berichte der Regierung

Mit der Verpflichtung der Regierung zu regelmäßigen Berichten über die Praxisbewährung von Gesetzen könnte der Gesetzgeber ein so genanntes Gesetzescontrolling bemühen und damit Korrektur- oder Reformbedürfnisse erkennen[746].

Unter dem so genannten Gesetzescontrolling versteht man die wirkungsorientierte Beobachtung von Rechtsetzungs- und Vollzugsprozessen[747]. Das Gesetzescontrolling ist ein dauerhafter Prozess der Analyse und Bewertung geltender Rechtsvorschriften durch die Anwendung der retrospektiven GFA. Periodisch laufende Berichtspflichten über die Bewährung von Gesetzen konkretisieren das Gesetzescontrolling[748].

Die von der Exekutive angeforderten Berichte sollten darlegen, ob und in welchem Umfang die mit dem Gesetz verfolgten Ziele erreicht werden und welcher

---

744 Vgl. *Böhret/Konzendorf*, Handbuch GFA, 2001, S. 265.

745 *Böhret/Konzendorf*, Handbuch GFA, 2001, S. 271.

746 *Bräunlein*, Integration der Gesetzesfolgenabschätzung, 2004, S. 185. Dort auch der kurze Hinweis auf mögliche Bedenken gegen Berichtspflichten wegen des Gewaltenteilungsprinzips.

747 *Böhret/Konzendorf*, Handbuch GFA, 2001, S. 344.

748 Vgl. *Böhret/Konzendorf*, Handbuch GFA, 2001, S. 344.

Änderungsbedarf gesehen wird[749]. Der Gesetzgeber kann seinen Bedarf an Berichterstattung je nach Notwendigkeit beispielsweise auf die Fragen der Kosten des Gesetzesvollzugs oder sonstige Fragen ausdehnen.

Vorteil einer derartigen retrospektiven Kontrolle ist, dass der Gesetzgeber anhand von Berichtspflichten die faktisch bessere Ausstattung der Exekutive nutzen kann[750]. Die Berichterstattung würde gesetzliche Schieflagen für den Gesetzgeber erkennbar machen. Diese Nutzung ist aus Praktikabilitätsgründen sinnvoll.

Diese Praktikabilität könnte jedoch zugleich problematisch für die Beobachtungspflicht des Gesetzgebers sein. Denn Berichtspflichten der Exekutive bergen die Gefahr einer strukturellen Abhängigkeit des Gesetzgebers von der Exekutive. Gegenwärtig gibt es auf Parlamentsebene ohnehin kaum Aktivitäten zur GFA. Hauptsächlich erfolgt eine parlamentarische Kenntnisnahme der Ergebnisse einer exekutiv durchgeführten retrospektiven GFA[751]. Dieser Zustand dürfte bei einer Beschränkung auf Regierungsberichte keine Verbesserung erfahren. Ob der Gesetzgeber seine Beobachtungspflicht vollumfänglich erfüllt, wenn er sich auf Berichte der Exekutive verlässt, ist somit fraglich. Der Gesetzgeber macht sich insbesondere dadurch von der Exekutive abhängig, dass er ihr die Beobachtung der Gesetzeswirkungen aufgibt und sich auf deren ausreichende Berichterstattung verlassen muss[752].

Trotz der erwähnten Schwierigkeiten ist eine retrospektive GFA auf Parlamentsebene anhand eines Gesetzescontrollings geeignet, gesetzliche Mängel durch Beobachtung früher zu erkennen und Korrekturen vorzunehmen. Der Rückgriff auf die bereits bestehenden Möglichkeiten der Exekutive stellt kein Hindernis für die selbständige retrospektive GFA des Gesetzgebers dar, wenn der Gesetzgeber sich nicht nur auf diese Möglichkeiten stützt, sondern auch selbst in der Durchführungsphase aktiv wird. So kann sich der Gesetzgeber durch angeforderte Berichte Informationen zu den Wirkungen von in Kraft befindlichen Gesetzen verschaffen und zugleich die GFA-Methodik nutzen. Dadurch kann der Gesetzgeber seine Beobachtungen sachgerechter bewerten.

Der Gesetzgeber hat es über dieses Instrument der Berichterstattung in der Hand, ein Gesetzescontrolling durch gezielte Anfragen und Aufträge in Gang zu

---

749 *Brocker*, Parlamentarische Gesetzesfolgenabschätzung, in: Responsive Regulierung, 2002, S. 137.

750 *Brocker*, Parlamentarische Gesetzesfolgenabschätzung, in: Responsive Regulierung, 2002, S. 138.

751 *Bräunlein*, Integration der Gesetzesfolgenabschätzung, 2004, S. 193.

752 Vgl. *Bräunlein*, Integration der Gesetzesfolgenabschätzung, 2004, S. 59; *Grimm/Brocker*, ZG 1999, S. 61.

setzen, sich mit den Ergebnissen der Evaluation zu befassen und dabei die in der Exekutive vorhandenen Möglichkeiten für seine Beobachtungszwecke zu verwerten. Um die Gefahr einer Abhängigkeit von der Exekutive zu vermeiden, gilt es weitere Ansätze für die Durchführungsphase der retrospektiven GFA auf der Legislativebene aufzuzeigen.

(b) Methoden der empirischen Sozialforschung und Evaluationsforschung

Der Gesetzgeber kann die Durchführungsphase der retrospektiven GFA mit Methoden der empirischen Sozialforschung und der Evaluationsforschung selbst in Angriff nehmen[753]. Ein klassisches Beispiel für die Datenerhebung mit Hilfe der empirischen Sozialforschung ist die Felduntersuchung.

Felduntersuchungen ermöglichen Erkenntnisgewinne über Gesetzeswirkungen[754]. Im Zusammenhang mit der retrospektiven GFA ist bei einer Feldforschung besonders auf die Festlegung des Zeitpunkts und der Technik der Datenerhebung zu achten[755]. Dies müsste der Gesetzgeber schon in der ersten Phase der retrospektiven GFA, der bereits erörterten Konzeptionsphase[756], berücksichtigen.

Die Einwände, die den Methoden der empirischen Sozialforschung entgegengebracht werden, lassen sich auch bei der gesetzgeberischen Datenerhebung innerhalb der retrospektiven GFA nicht umgehen.

Die Problematik von Feldforschungen im strafrechtlichen Bereich ist bereits bei der Erörterung der Beobachtungspflicht hinsichtlich der lebenslangen Freiheitsstrafe erkennbar gewesen. Das als Vorteil von Feldforschungen vorgebrachte Kriterium ihrer tendenziell höheren Validität – beispielsweise aufgrund des Verbleibens der Probanden in ihrer Alltagsumgebung und der dadurch bedingten „natürlicheren" Reaktion[757] – ist bei Untersuchungen im Vollzug, die bei der Beobachtung von Wirkungen langen Freiheitsentzugs naturgemäß anstehen, angreifbar[758].

Dies ist lediglich ein Beispiel aus der kriminologischen Forschung, das stellvertretend für die allgemeinen Probleme des Erkenntnisgewinns mit den Methoden der empirischen Sozial- und Humanwissenschaften steht[759]. Es ist bei Evaluationsstudien, die der Durchführung einer retrospektiven GFA dienen[760], ebenfalls zu berücksichtigen.

---

753 *Konzendorf*, Universitas 1999, S. 960 ohne weitere Gedanken zu den Methoden.
754 *Böhret/Konzendorf*, Handbuch GFA, 2001, S. 266 f.
755 Vgl. *Böhret/Konzendorf*, Handbuch GFA, 2001, S. 266 f.
756 Vgl. oben VIII., 1., a), ee), (1), S. 167 ff.
757 Vgl. *Schnell/Hill/Esser*, Methoden, 2005, S. 226.
758 Vgl. dazu *Eisenberg*, Kriminologie, 2005, § 19 Rdnr. 7.
759 Vgl. auch *Eisenberg*, Kriminologie, 2005, § 12 Rdnr. 4 ff.
760 *Konzendorf*, Universitas 1999, S. 960.

Die Erfolgskontrolle und Wirkungsforschung kommt ohne eine Evaluationsforschung, die auch synonym für die erwähnten Methoden benutzt wird[761], freilich nicht aus. Die Evaluationsforschung beinhaltet die systematische Anwendung empirischer Forschungsmethoden zur Bewertung des Konzepts, der Anwendung und der Wirksamkeit sozialer Interventionsprozesse[762] und ist wesentlicher Bestandteil einer retrospektiven GFA[763]. Die Angreifbarkeit der Methoden empirischer Sozialforschung darf angesichts der Bedeutung einer Wirkungskontrolle nicht zu deren Ablehnung führen.

Der Vorwurf, die Nutzung von Evaluierungsforschung für die Politikberatung erzeuge eine Vermengung von analytischer Absicht, reformwilliger Positionierung und „legitimatorischen Interessen“[764], ist vielleicht nicht vollständig zu widerlegen. Auf die besonderen Probleme der gesetzgeberischen Wirkungskontrolle wurde bereits an verschiedenen Stellen eingegangen[765]. Indes sollte dieser Vorwurf nicht zu einem Untätigbleiben führen, sondern zu einer Optimierung des Vorgehens bei Evaluationsstudien. Wenn das Ziel eines Evaluationsprojekts darin besteht, die Wirkung einer Intervention möglichst genau zu beurteilen, ist eine Annäherung an dieses Ziel unter Berücksichtigung der methodischen Umsetzbarkeit der Fragestellung und der ethischen Verantwortung der Akteure erreichbar[766]. Besteht bei der Nutzung der Evaluationsergebnisse zudem die Einsicht, dass die Bewertung relativ bleibt und sich Einflüsse auf die Aussageergebnisse nicht vollständig kontrollieren lassen, sind wesentliche Voraussetzungen für eine Evaluationsforschung erfüllt[767].

Damit die Methoden der empirischen Sozialforschung im Rahmen einer parlamentarischen GFA zur Anwendung kommen können, ist möglicherweise ein institutionalisiertes Gremium innerhalb des Parlaments, das sich der empirischen Forschung als Aufgabe annimmt, sinnvoll. Dieser Aspekt wird im Anschluss an die Beschreibung der letzten Phase der retrospektiven GFA erörtert werden.

(3) Letzte Phase der retrospektiven GFA

Im letzten Abschnitt der retrospektiven GFA, der so genannten Auswertungsphase, wird schließlich versucht, die in der Durchführungsphase gewonnenen

761 Vgl. *Häder*, Empirische Sozialforschung, 2006, S. 359.
762 *Häder*, Empirische Sozialforschung, 2006, S. 359.
763 Vgl. *Böhret/Konzendorf*, Handbuch GFA, 2001, S. 266 f.; *Konzendorf*, Universitas 1999, S. 960.
764 *Schnell/Hill/Esser*, Methoden, 2005, S. 45.
765 Vgl. allein oben VIII., 1., a), dd), S. 165 f.
766 *Häder*, Empirische Sozialforschung, 2006, S. 361 f.
767 Vgl. *Häder*, Empirische Sozialforschung, 2006, S. 361.

Informationen zu verarbeiten[768]. Die Verarbeitung geschieht durch eine vergleichende Bewertung der Regelungen auf Basis der Analyse der Durchführungsphase sowie aus der Dokumentation der Evaluation mit Vorschlägen bzw. Empfehlungen.

(a) Vergleichende Bewertung

Nach der Analyse der erhobenen Daten für den Vergleichsfall wird eine Bewertung durchgeführt, indem vergleichende Aussagen zu dem jeweiligen Prüfkriterium formuliert werden[769].

Für die gesetzgeberische retrospektive GFA wurde an einer früheren Stelle der Soll-Ist Vergleich empfohlen[770]. Bei dieser Vergleichsart wäre in der Auswertungsphase beispielsweise für das Prüfkriterium der Zweckerreichung die Antwort auf die Frage zu formulieren, ob die Sollwerte mit der Regelung erreicht wurden und ob sich das im Gesetz angenommene Wirkungsmodell als zutreffend erweist[771].

(b) Dokumentation

Nach der Beantwortung der Bewertungsfragen sind die Bewertungsergebnisse schließlich dokumentarisch niederzulegen. An dieser Stelle hat der Gesetzgeber auch Vorschläge und Empfehlungen zur möglichen Nachbesserung der Regelung anzubringen[772]. Die Empfehlung kann natürlich auch darin bestehen, die Regelung unverändert fortbestehen zu lassen.

(4) Zwischenthesen

Die retrospektive GFA ist für die Erfüllung der gesetzgeberischen Beobachtungspflicht geeignet. Ihre Methodik gibt dem Gesetzgeber die Möglichkeit, die Wirkungen seiner Gesetze systematisch zu beobachten und zu bewerten.

Es stellt sich indes die Frage, ob der Gesetzgeber die retrospektive GFA ohne eine institutionelle Konstituierung der Wirkungskontrolle durchführen kann. Der Gesetzgeber ist nach den bisherigen Ausführungen dauerhaft zur Beobachtung seines Produkts verpflichtet. Er muss dieser Verpflichtung jedoch nicht nur methodisch, sondern auch institutionell nachkommen können. Gerade wenn die Beobachtungspflicht des Gesetzgebers extensiv verstanden wird, stellt sich die Frage, ob nicht eine Institutionalisierung der GFA notwendig ist, um die Beobachtungspflicht erfüllen zu können.

---

768 *Böhret/Konzendorf*, Handbuch GFA, 2001, S. 271 ff.
769 *Böhret/Konzendorf*, Handbuch GFA, 2001, S. 271.
770 Vgl. oben VIII., 1., a), ee), (1), (b), S. 168.
771 Vgl. *Böhret/Konzendorf*, Handbuch GFA, 2001, S. 272.
772 *Böhret/Konzendorf*, Handbuch GFA, 2001, S. 273.

ff) Institutionalisierung der GFA

Es ist weitestgehend anerkannt, dass die GFA Bestandteil der Wirkungsforschung zum Recht ist. Dies ist auch an der Institutionalisierung der exekutiven GFA in der GGO erkennbar[773]. Doch diese Verankerung bestätigt erneut das festgestellte Ungleichgewicht zwischen legislativer und exekutiver GFA, da die Institutionalisierung der GFA in der GGO aufgrund des Exekutivbezugs der Regelung[774] eine legislative Anbindung nicht ermöglicht. Mangels eines GFA-Gesetzes oder einer direkten Verankerung in der Verfassung[775] fehlt nicht nur die rechtliche Institutionalisierung der parlamentarischen GFA, sondern auch die organisatorische, was den Rückstand der parlamentarischen gegenüber der exekutiven GFA erkennen lässt.

Wenn die retrospektive GFA als notwendiges Instrument für die Beobachtungspflicht des Gesetzgebers verstanden wird[776] und der Gesetzgeber tatsächlich selbst der ex-post-Beobachtung nachkommen soll, bedarf es allein wegen der erörterten methodischen Besonderheiten einer Einbindung innerhalb des Parlaments. Falls es die Möglichkeit eines institutionalisierten, parlamentarischen Beobachtungsorgans für die retrospektive „Produktbeobachtung", GFA oder Wirkungskontrolle gibt, ist diese wichtiger Bestandteil einer effektiven Wahrnehmung der gesetzgeberischen Beobachtungspflicht. Mit den nun folgenden Ausführungen wird deswegen das Ziel verfolgt, verschiedene Möglichkeiten für eine parlamentarische Form der organisatorischen Institutionalisierung sowie deren Vor- und Nachteile aufzuzeigen.

(1) Durch Ausschüsse

Denkbar ist die Einrichtung eines ständigen Parlamentsausschusses, der ausschließlich für die GFA zuständig ist. Die retrospektive GFA könnte dann durch eine eigenständige Gesetzesevaluation vollzogen und die Beobachtungspflicht des Gesetzgebers damit wahrgenommen werden[777].

773 Vgl. allein §§ 43 I Nr. 5, 44 GGO. Weitere Nachweise bei *Schuppert*, ZG 2003 (Sonderheft), S. 25 ff. Die Verankerung in der GGO ist zwar eine rechtliche, jedoch keine gesetzliche. Zu den Vor- und Nachteilen einer rechtlichen GFA-Institutionalisierung durch Gesetz vgl. die Übersicht bei *Böhret/Konzendorf*, Handbuch GFA, 2001, S. 319.

774 *Böhret/Konzendorf*, Handbuch GFA, 2001, S. 319.

775 Zu den Möglichkeiten und Vor- und Nachteilen der rechtlichen GFA-Institutionalisierung vgl. *Böhret/Konzendorf*, Handbuch GFA, 2001, S. 319 f.

776 So auch *Brocker*, Parlamentarische Gesetzesfolgenabschätzung, in: Responsive Regulierung, 2002, S. 138.

777 *Böhret/Konzendorf*, Handbuch GFA, 2001, S. 324.

Mit der Verortung der retrospektiven GFA auf der Ausschussebene könnte das Parlament seine Beobachtungspflicht selbständig und „in eigener Regie“ erfüllen[778]. Zudem wäre insbesondere der finanzielle Aufwand gering, da zwar gegebenenfalls höhere Aufwandsentschädigungen an Parlamentarier zu leisten sind, jedoch keine Notwendigkeit für gesonderte Stellen bestünde[779]. Als Spezifizierung dieses Institutionalisierungsmodells wird weiterhin vorgeschlagen, in den jeweiligen Parlamentsausschüssen einen Abgeordneten zu bestimmen, der für die Durchführung der GFA zuständig ist[780]. *Bräunlein* empfiehlt die Benennung eines so genannten GFA-Koordinators, der insbesondere die methodischen und organisatorischen Fähigkeiten aufweisen müsse[781].

Der Nachteil könnte eine zu große Belastung der Parlamentarier sein. Diese Belastung dürfte insbesondere den jeweiligen Ausschussbeauftragten beziehungsweise GFA-Koordinator treffen, falls solche benannt sind. Zudem ist dieses Modell unter Umständen wegen des verfassungsrechtlichen Diskontinuitätsprinzips, das der Einrichtung und Bewahrung der Methodenkompetenz zur GFA entgegenstehen könnte, Restriktionen unterworfen[782].

(2) Durch ein „Büro für GFA“

Die Institutionalisierung ist für den Gesetzgeber nicht nur zur effektiven Wahrnehmung der Beobachtungspflicht von Bedeutung, sondern auch, um im Bereich der GFA die Defizite gegenüber der Exekutive auszugleichen. Die Empfehlung an das Parlament, „die Kompetenz für die Gesetzesfolgenabschätzung nicht allein der Exekutive zu überlassen“, verbindet *Wagner* mit dem Vorschlag, ein Büro für GFA mit interdisziplinärem Mitarbeiterstab im deutschen Bundestag einzurichten[783]. Er betont dabei neben der Pflicht des Gesetzgebers zur Berücksichtigung der Konsequenzen seiner Rechtsetzung das berechtigte Interesse des Parlaments an den Folgen der von ihm beschlossenen Gesetze[784]. Diesem Interesse könnte mit einem von *Wagner* so genannten Büro für GFA entsprochen werden[785]. Das Büro soll die

778 *Bräunlein*, Integration der Gesetzesfolgenabschätzung, 2004, S. 308 f.
779 Vgl. auch *Böhret/Konzendorf*, Handbuch GFA, 2001, S. 324.
780 *Böhret/Konzendorf*, Handbuch GFA, 2001, S. 324; *Brocker*, in: Voran, Heft 5 (6/97), S. 52.
781 *Bräunlein*, Integration der Gesetzesfolgenabschätzung, 2004, S. 309 f. mit weiteren Vorschlägen.
782 *Böhret/Konzendorf*, Handbuch GFA, 2001, S. 324.
783 *Wagner*, ZRP 1999, S. 486; *ders.*, in: Politik und Verwaltung, 1998, S. 428.
784 *Wagner*, ZRP 1999, S. 482, 486.
785 Vgl. *Wagner*, ZRP 1999, S. 486.

Beobachtung der Gesetzesfolgen möglichst unabhängig, aber für den Bundestag durchführen. Dafür gilt es, in dem Büro einen „angemessenen interdisziplinären Mitarbeiterstab" einzurichten[786].

Obgleich Kostenargumente die Beobachtungspflicht des Gesetzgebers nicht aushöhlen dürfen, ist der mit diesem Ansatz verbundene organisatorische und finanzielle Mehraufwand erheblich[787]. Der Gesetzgeber kann hier nicht – im Unterschied zur erstgenannten Institutionalisierungsmöglichkeit – auf vorhandene Möglichkeiten zurückgreifen, da es zunächst einer zusätzlichen Einrichtung des GFA-Büros bedarf. Der Institutionalisierungsvorschlag ist ohnehin Bürokratisierungs- und Finanzierungseinwänden ausgesetzt, auf die in einem gesonderten Punkt einzugehen ist. Folglich dürfte eine Erweiterung vorgegebener parlamentarischer Strukturen eine realistischere Aussicht auf Erfolg haben als die Implementierung gänzlich neuer Strukturen durch ein Büro für GFA.

(3) Schaffung einer Evaluationseinheit im Wissenschaftlichen Dienst

Als Institutionalisierungsmodell für die legislative Anbindung der GFA kommt weiterhin die Schaffung einer Abteilung oder eines Referats im Wissenschaftlichen Dienst in Betracht.

Im Bundestag befinden sich wissenschaftliche Fachdienste mit Wissenschaftlern, die Informationen und Gutachten für Parlamentarier er- und ausarbeiten[788]. Diese zeichnen sich grundsätzlich durch parteipolitische Neutralität aus, bei der die beratende Wissensvermittlung Vorrang genießt[789]. Die Beauftragung der wissenschaftlichen Dienste für die Wahrnehmung der GFA wäre dabei kein grundsätzlich neues Modell, sondern, da die Beauftragung bereits teilweise stattfindet, eine Erweiterung[790]. So könnte der wissenschaftliche Dienst im Auftrag des Parlaments die GFA durchführen. Modulspezifisch für die gesetzgeberische Beobachtungspflicht, d. h. retrospektiv, wäre die GFA auf Anfrage durch eine Gesetzesevaluation auf der Basis von Ressortinformationen zu vollziehen[791].

---

786 *Wagner*, ZRP 1999, S. 486.

787 Vgl. auch *Brocker*, Parlamentarische Gesetzesfolgenabschätzung, in: Responsive Regulierung, 2002, S. 140.

788 Vgl. *Blum*, Wege zu besserer Gesetzgebung, Gutachten I für den 65. DJT, 2004, S. 135.

789 *Blum*, Wege zu besserer Gesetzgebung, Gutachten I für den 65. DJT, 2004, S. 136.

790 *Bräunlein*, Integration der Gesetzesfolgenabschätzung, 2004, S. 193; *Brocker*, in: Voran, Heft 5 (6/97), S. 52 f., 54; *Unkelbach*, Die Institutionalisierung, 1998, S. 33 ff.

791 *Böhret/Konzendorf*, Handbuch GFA, 2001, S. 321; *Unkelbach*, Die Institutionalisierung, 1998, S. 34.

Möglicher Nachteil dieses Modells ist dessen von parteipolitischen Erwägungen abhängige unterschiedliche Akzeptanz. Solche Erwägungen begünstigen die Behinderung einer fraktionsübergreifenden Nutzung[792]. Andererseits kann man diesem Einwand die erwähnte und zumindest nicht widerlegte parteipolitische Neutralität des Wissenschaftlichen Dienstes entgegenhalten. Dass die Mitarbeiter des Wissenschaftlichen Dienstes an Gesetzesberatungen der Ausschüsse nicht teilnehmen und sich nicht als Institution für Gesetzgebungshilfe, sondern für Informationsbeschaffung im Rahmen parlamentarischer Gesetzgebung begreifen, untermauert deren unparteiischen Charakter[793]. Insbesondere müssten bei diesem Institutionalisierungsmodell keine neuen Einheiten geschaffen werden[794], was Argumentationsansätze, die auf finanziellen Bedenken beruhen, entkräftet.

Der Rückgriff auf die Wissenschaftlichen Dienste und deren Strukturen würde neben finanziellen Vorteilen bedeuten, dass die dort vorhandenen Erfahrungen bezüglich Darstellung und Aufbereitung komplizierter Materien letztlich dem Gesetzgeber zu Gute kämen. Für das Ziel, die Beobachtung der Gesetzeswirkungen durch den Gesetzgeber in Gang zu bringen, ist das ein nicht unwesentlicher Gesichtspunkt.

(4) Weitere Gedanken und die eigene Position zur Institutionalisierung

Die Institutionalisierungsmodelle der GFA bieten die Möglichkeit, die Beobachtungspflicht organisatorisch zu strukturieren und dadurch ihre Verbindlichkeit zu demonstrieren. Doch gerade wegen dieses weiteren Stückes Verrechtlichung bestehen gegenüber den Ansätzen zur systematisierten und institutionalisierten Überprüfung auch Zweifel. Dabei sind mehr als die Verrechtlichung, Institutionalisierung oder Systematisierung an sich deren befürchtete Wirkungslosigkeit Bedenken ausgesetzt. Wenn es keine absolut wirksamen Gesetze gibt und die Effektivität, Effizienz sowie die Wirkung von Gesetzen häufig schwer überprüfbar sind, so ist es zunächst berechtigt, die Frage nach der Sinnhaftigkeit einer institutionalisierten Überprüfung zu stellen. Eine weitere Verrechtlichung der Überprüfung scheint überflüssig, da sie Gefahr läuft, wirkungslos zu sein[795].

Doch trotz der Schwierigkeiten, die mit einer weiteren Verrechtlichung einhergehen können, ist eine ausgedehnte und institutionell gesicherte Beobachtungspflicht

---

792 *Böhret/Konzendorf*, Handbuch GFA, 2001, S. 321.

793 *Blum*, Wege zu besserer Gesetzgebung, Gutachten I für den 65. DJT, 2004, S. 137; *Schick/Hahn*, Wissenschaftliche Dienste, 2000, S. 38.

794 *Bräunlein*, Integration der Gesetzesfolgenabschätzung, 2004, S. 305.

795 Vgl. *Beyme*, Der Gesetzgeber, 1997, S. 368.

des Gesetzgebers nicht entbehrlich. Warum sollten die Schwierigkeiten bei der institutionalisierten Überprüfung diese zum „technokratischen Traum“ machen und sie als demokratietheoretisch nicht wünschenswert klassifizieren[796]? Die Zweifel an einer Institutionalisierung beziehen sich auf ein wissenschaftliches Grundsatzproblem: die Möglichkeit, methodisch rechtstatsächliche, gesellschaftliche oder soziale Entwicklungen erfassen, Erkenntnisse gewinnen und diese verwerten zu können. Dieses Problem scheint sich bei einer politischen Wirkungskontrolle, die sich bei der Beobachtung durch den Gesetzgeber nicht ganz vermeiden lassen wird, zu verstärken. Dabei ist der befürchtete Einfluss individueller Vorstellungen der Beobachtenden auf die Ergebnisse einer Wirkungsforschung kein spezifisches Problem der Beobachtung von Gesetzeswirkungen, sondern betrifft zunächst jedes Forschungsvorhaben. Während bei der gesetzgeberischen Beobachtung insbesondere politische Abhängigkeiten[797] zu befürchten sein dürften, stellen institutionelle Verknüpfungen, die einen Einfluss auf Erkenntnisprozesse haben können, eine grundsätzliche Schwierigkeit bei Forschungsvorhaben dar. Hier sind nochmals exemplarisch die Forschungsergebnisse zu den Auswirkungen längeren Freiheitsentzugs zu nennen. Wissenschaftliche Objektivität in ihrer reinsten Form existiert möglicherweise nicht, und so dürfte auch die Beobachtung der Folgen einer lebenslangen Freiheitsstrafe von wertenden Grundannahmen abhängen. Der Beobachtende, der einen lebenslangen Freiheitsentzug grundsätzlich, politisch und individuell ohne eine Wirkungskontrolle für eine sinnvolle Reaktion hält, dürfte einer Vorprägung genauso ausgesetzt sein wie derjenige, der eine lebenslange Freiheitsstrafe von vornherein als dem eigenen Menschenbild widersprechend empfindet.

Die institutionelle Einbindung in Organisationen wie dem Parlament kann dieses Problem verschärfen. Die Zweifel, ob durch eine Institutionalisierung „nicht mehr gerudert als gesteuert“[798] wird, dürfen trotzdem nicht zu einer grundsätzlichen Ablehnungshaltung nach dem Prinzip „nothing works“ führen. Wenn die Beobachtungspflicht des Gesetzgebers als Möglichkeit für eine bessere[799] Strafgesetzgebung bestehen soll, ohne stets auf externe Kontrolle, beispielsweise durch die Exekutive, Verbände oder Interessengruppierungen[800] angewiesen zu sein, ist eine Institutionalisierung notwendig. Die Institutionalisierungsmodelle der legislativen GFA, die auf eine eigenständige Wahrnehmung durch den Gesetzgeber

796 Vgl. hingegen *Beyme*, Der Gesetzgeber, 1997, S. 368.
797 Vgl. statt vieler *Jutzi*, ZPol 1998, S. 1353.
798 *Beyme*, Der Gesetzgeber, 1997, S. 360.
799 Der Verzicht auf absolute Ansprüche ist kein Kompromiss, sondern realistisch.
800 *Schröder*, Zur Erfolgskontrolle der Gesetzgebung, in: Jahrbuch für Rechtssoziologie und Rechtstheorie, 1972 Band 3, S. 276.

unter Nutzbarmachung existierender Strukturen setzen, zeigen, dass ein kooperativer Ansatz vielversprechend ist, weil die Beobachtung der Gesetzeswirkungen im Strafrecht ohne wissenschaftliche Analysen und ministerielle Erfahrungen nicht zu bewältigen sein dürfte.

Die beschriebenen Modelle einer organisatorischen Einbindung der GFA in der Legislative bieten einen konkreten, technischen Ansatz zur rechtssoziologisch seit längerem geforderten Institutionalisierung der Beobachtung von Gesetzeswirkungen[801]. Der Gesetzgeber hat damit die Möglichkeit, seine Beobachtungspflicht weitestgehend „aus eigener Kraft“ zu erfüllen[802].

Die Institutionalisierungsmodelle, die keine neuen Einrichtungen voraussetzen, sondern an bestehende parlamentarische Strukturen anknüpfen, entziehen den finanziellen Bedenken bereits weitestgehend die Grundlage. Dennoch wird kurz auf diesen Einwand, der die Diskussion um die Beobachtungs- und Nachbesserungspflicht des Gesetzgebers begleitet, eingegangen.

Die ablehnende Haltung gegenüber einer umfassenden GFA basiert zu einem wesentlichen Teil auf Kostengesichtspunkten und führt zu einem restriktiven Verständnis. Diesem restriktiven Verständnis zu Folge ist die gesamte GFA aus Kostengründen nicht in jedem Einzelfall, sondern lediglich bei „wichtigen Vorhaben“ mit „großer Wirkungsbreite oder Folgenwirkung“ anzuwenden[803]. Neben der Frage, wie die Wichtigkeit der Regelungsbereiche und deren Wirkungsbreite zu definieren ist und ob diese im Bereich des Strafrechts nicht stets zu bejahen wäre, sind zweifelnde Gedanken an der Kostenargumentation aus folgenden Gründen angebracht.

Wirtschaftliche Aspekte einer institutionalisierten gesetzgeberischen Beobachtungspflicht auszublenden, wäre falsch. Eine ökonomische Betrachtungsweise ist für eine realistische Einschätzung der Umsetzbarkeit von Vorhaben essentiell. Zudem ist die Vermeidung unnötiger Kosten inzwischen als Qualitätskriterium der Gesetzgebung anerkannt[804]. Trotzdem darf die Wirkungskontrolle gerade im strafrechtlichen Bereich nicht an Kostengründen scheitern. Interessant ist, dass in anderen Bereichen, die keine zum Strafrecht vergleichbare Grundrechtsintensität haben,

---

801 Die Forderung einer formalisierten Rückmeldung über die Anwendung von Rechtsnormen erheben beispielsweise *Noll*, Gesetzgebungslehre, 1973, S. 146 oder *Ryffel*, Bedingende Faktoren, in: Jahrbuch für Rechtssoziologie und Rechtstheorie, 1972 Band 3, S. 237.

802 *Bräunlein*, Integration der Gesetzesfolgenabschätzung, 2004, S. 308 f.; *Hadamek*, ZG 2001, S. 383.

803 So *Grimm/Brocker*, ZG 1999, S. 60.

804 *Kleemann/Gebert*, ZG 2009, S. 151.

die Institutionalisierung im Zusammenhang mit Gesetzgebungsakten weniger problematisch zu sein scheint. Exemplarisch ist hier der Nationale Normenkontrollrat (NKR) zu nennen. Der NKR hat die Aufgabe, als unabhängige Beratungs- und Kontrolleinrichtung unterstützend bei der Reduzierung der durch Rechtsetzungsakte verursachten Kosten auf der Grundlage des Standardkosten-Modells[805] tätig zu sein. Entgegen der ursprünglichen Absicht ist der NKR nicht mit der Aufgabe betraut, Gesetze hinsichtlich ihrer inhaltlichen Qualität zu prüfen[806].

Man mag es widersprüchlich nennen, dass der institutionalisierten GFA einerseits das Kostenargument entgegengehalten, andererseits gerade zur Bürokratiekostenreduzierung ein kostenintensiver Kontrollrat als Beobachtungsgremium ins Leben gerufen wird. Wenn zur Reduzierung von Gesetzgebungskosten die Institutionalisierung von Beobachtungsgremien notwendig und möglich ist, dann dürfte das erst recht für eine **inhaltliche** Qualitätskontrolle der Gesetze gelten.

Der NKR sollte nach der ursprünglichen Absicht der Koalitionsfraktionen des Jahres 2005 auch mit der Aufgabe betraut sein, Gesetzesvorhaben allgemein auf ihre Erforderlichkeit zu prüfen und auf die Einhaltung der Prinzipien von „guter Gesetzgebung" zu achten[807]. Diese Idee, die zu einer prospektiven Überprüfung der Gesetze vor der ex-post-Beobachtung geführt hätte, ist zu Recht wegen verfassungsrechtlichen Bedenken bloße Absicht geblieben[808]. Indes bedeutet das nicht, dass die parlamentarische Kontrolle an sich verfehlt ist. Die inhaltliche Überprüfung als Aufgabe besteht weiterhin und der Gesetzgeber kann sie ohne verfassungsrechtliche Zweifel ausführen. Zur systematischen Beobachtung von Gesetzen im Hinblick auf ihre wirtschaftlichen Folgen scheinen Kapazitäten zu bestehen. Solche müssten erst recht für die inhaltliche Beobachtung eingeräumt werden. Kostenaspekte sind zu bedenken, sollten eine Institutionalisierung jedoch nicht aufhalten.

---

805 Ein Modell zur monetären Einschätzung und Darstellung von Bürokratiekosten, die bei der Erfüllung von Informationspflichten entstehen, vgl. *Kleemann/Gebert*, ZG 2009, S. 153 FN 11.

806 *Kleemann/Gebert*, ZG 2009, S. 155.

807 Koalitionsvertrag zwischen CDU, CSU und SPD vom 11. November 2005, S. 62. Abrufbar unter http://www.cdu.de/doc/pdf/05_11_11_Koalitionsvertrag.pdf (zuletzt aufgerufen am 15. Oktober 2012).

808 Vgl. *Kleemann/Gebert*, ZG 2009, S. 155. Verfassungsrechtlich problematisch wäre gewesen, dass der NKR nach der ursprünglichen Absicht der Koalitionsfraktionen die Gesetze hätte inhaltlich überprüfen können, obwohl der NKR als Sachverständigengremium keine politische Legitimation besitzt.

Die dargestellten Institutionalisierungsmodelle[809] sind inhaltlich alle geeignet, die GFA organisatorisch in das Parlament einzubinden. Optimal sind jedoch die Modelle, die keinen erheblichen finanziellen Mehraufwand bedeuten und auf bereits vorhandene parlamentarische Strukturen zurückgreifen. Damit sind die Institutionalisierung durch Ausschüsse oder durch die Schaffung einer Evaluationseinheit im Wissenschaftlichen Dienst[810] empfehlenswerter als die Institutionalisierung durch ein Büro für GFA[811]. Denn die beiden erstgenannten Modelle würden an ohnehin bestehende Einrichtungen anknüpfen, während ein Büro für GFA neu geschaffen werden müsste.

gg) Zwischenthesen

Über die Notwendigkeit, Parlamente stärker als bisher in den Prozess der GFA einzubinden, besteht wohl Einvernehmen[812]. Für die Beobachtungspflicht des Gesetzgebers ist dieses Ergebnis unumgänglich. Die Beobachtungspflicht führt zudem zur Unverzichtbarkeit einer institutionalisierten ex-post-Kontrolle. Die verfassungsrechtliche Prognosepflicht und die Dringlichkeit, „Nachhaltigkeit und Akzeptanz gesetzgeberischen Handelns zu gewährleisten"[813], machen die institutionalisierte Beobachtung besonders wertvoll. Dass die institutionalisierte Qualitätskontrolle zumindest bei der Kostenüberprüfung funktioniert, belegt das als Erfolg gewertete NKR-Modell[814]. Um die Beobachtungspflicht wahrnehmen zu können, ist eine legislative Anbindung, die die parlamentarische Kontrolle erst organisatorisch möglich macht, nicht vermeidbar. Die konsequente GFA durch den Gesetzgeber ist in der Praxis lediglich dann gewährleistet, wenn die maßgeblichen Mechanismen institutionalisiert werden[815].

Die bisher fehlende systematische Beobachtung und Nachkontrolle gesetzgeberischer Maßnahmen als Skandal zu bezeichnen[816], lässt eine Differenzierung vermissen. Dennoch ist die Empörung in Anbetracht der Bedeutung der gesetzgeberischen Beobachtungspflicht nachvollziehbar. Der Gesetzgeber muss seiner Beobachtungspflicht nachkommen. Zur Wahrnehmung der Beobachtungspflicht

809 Vgl. oben VIII., 1., a), ff), S. 174 ff.
810 Vgl. oben VIII., 1., a), ff), (1) und (3), S. 174, 176.
811 Vgl. oben VIII., 1., a), ff), (2), S. 175.
812 *Grimm*, ZRP 2000, S. 89.
813 *Bräunlein*, Integration der Gesetzesfolgenabschätzung, 2004, S. 192.
814 Vgl. *Krings*, ZG 2009, S. 241.
815 *Brocker*, Parlamentarische Gesetzesfolgenabschätzung, in: Responsive Regulierung, 2002, S. 139.
816 So *Lüdemann/Ohlemacher*, Soziologie der Kriminalität, 2002, S. 172.

ist die retrospektive GFA ein gutes Instrumentarium, das durch eine institutionalisierte Anbindung an die Legislative funktionieren könnte. Dabei sind die aufgezeigten Vorschläge lediglich optional zu verstehen: Auch hier steht dem Gesetzgeber erneut eine gewisse Freiheit zu. Über die Frage der genauen Ausgestaltung der eigentlich nicht disponiblen parlamentarischen GFA kann der Gesetzgeber im Rahmen seiner Parlamentsautonomie entscheiden[817].

b) Prospektive Maßnahmen für retrospektive Beobachtung

Die retrospektive GFA ist der Bestandteil des „Gesamtsystems GFA", der für die Beobachtungspflicht des Gesetzgebers unmittelbare Bedeutung erlangt. Die Beobachtungspflicht bezieht sich, wie die retrospektive GFA, auf bereits existierende Regelungen. Beide beinhalten damit eine ex-post-Kontrolle. Indes wurde bereits bei der erstmaligen Erwähnung der GFA als Möglichkeit zur Wahrnehmung der Beobachtungspflicht auf die Bedeutung von Vorfeldmaßnahmen hingewiesen: Die GFA ist als Konzept bei vollständiger Anwendung in allen Phasen, d. h. der prospektiven, begleitenden und der retrospektiven, erfolgreich[818]. Die im Folgenden dargestellten Vorfeldmaßnahmen sind nicht nur als GFA-spezifische, sondern der eigentlichen Beobachtung vorgeschaltete zu verstehen. Diese Maßnahmen, die die Beobachtung im besten Fall wesentlich erleichtern, können als prospektive Maßnahmen bezeichnet werden. Dass die Beobachtungspflicht erst bei bereits existierenden Gesetzen relevant wird, macht Vorfeldmaßnahmen nicht obsolet, im Gegenteil: Auch bei bereits existierenden Gesetzen können prospektive Maßnahmen vor der eigentlichen Kontrolle die Erfüllung der Beobachtungspflicht fördern.

aa) Begründungspflicht und Ermittlungspflicht

Der zu Beginn der Bearbeitung aufgestellte Maßstab für die Beobachtung der Gesetzeswirkungen kam ohne die Erörterung einer teilweise geforderten Begründungspflicht

817 Vgl. *Brocker*, Parlamentarische Gesetzesfolgenabschätzung, in: Responsive Regulierung, 2002, S. 139.

818 Ausführlich zu Möglichkeiten der prospektiven Gesetzesfolgenabschätzung *Konzendorf*, Universitas 1999, S. 955 ff. *Konzendorf* erachtet die „politischen Absichten" als Bewertungsmaßstab im Rahmen der prospektiven GFA, vgl. *Konzendorf*, Universitas 1999, S. 955; vgl. auch *Deckert*, Folgenorientierung, 1995, S. 160. Die politischen Absichten bilden letztlich auch die Grundlage für den Gesetzeszweck, sodass der Gesetzgeber auch prospektiv zu fragen aufgefordert ist: Was ist bezweckt und wie kann dieser Zweck erreicht werden?

des Gesetzgebers[819] nicht aus. Möglichst ausführliche Begründungen für gesetzgeberische Akte würden die Beobachtung zur Beantwortung der Frage, ob erwünschte oder unerwünschte Folgen eingetreten sind, erleichtern. Für die retrospektive GFA gehört die Zweckermittlung ohnehin unabdingbar zur Kontrolle: Der erste Schritt für die Beobachtung der Gesetzesfolgen ist die theoretische Konzeption, die unter anderem die Festlegung des Prüfungsmaßstabs[820] enthält. Zentrales Prüfkriterium innerhalb dieses Maßstabs ist die Zielerreichung. Die Bestimmung dieses Prüfkriteriums erfolgt durch eine Festlegung der Gesetzeszwecke.

Die Offenlegung gesetzgeberischer Motive als prospektive Maßnahme vor der eigentlichen Beobachtung würde dem Gesetzgeber bei der Wahrnehmung seiner Beobachtungspflicht dienen. In diesen Zusammenhang gehört auch die so genannte Ermittlungspflicht des Gesetzgebers vor dem eigentlichen Gesetzgebungsprozess. Die Ermittlungspflicht verlangt vom Gesetzgeber, dass dieser Entstehungsbedingungen des regelungsbedürftigen Bereichs und mögliche Folgen der in Betracht gezogenen gesetzlichen Regelung ermitteln soll[821].

Weder die Begründung von Gesetzen noch die Ermittlung ihrer Zielsetzungen sind Bestandteil der Beobachtungspflicht an sich, sondern Vorfeldmaßnahmen. Doch das hier zugrunde gelegte Verständnis der Beobachtungspflicht führt dazu, dass sich die Pflicht des Gesetzgebers zur Beobachtung auch auf künftige Regelungsbereiche erstreckt. Folglich ist die Bedeutung von Maßnahmen vor Verabschiedung eines Gesetzes nicht zu unterschätzen. Die Befürwortung einer institutionalisierten und umfassenden retrospektiven Beobachtung von Gesetzeswirkungen ist ebenfalls daran geknüpft, dass diese Kontrolle erst durch eine „gute Vorarbeit" realistisch ist: Eine Bestimmung und Begründung erwünschter und unerwünschter Gesetzesfolgen bildet den ersten Schritt für eine ex-post Kontrolle und erleichtert die Erfolgs- beziehungsweise Misserfolgskontrolle. Prospektive Maßnahmen begünstigen damit den retrospektiven Erfolg. Dies gilt insbesondere für das Strafrecht. Hier besteht eine gesteigerte Begründungspflicht für Sanktionsnormen, weil strafrechtliche Sanktionierung einen über einfache Verhaltensverbote deutlich hinausgehenden Eingriff in Grundrechte darstellt[822].

Die Rechtsprechung des Bundesverfassungsgerichts zur Beobachtungs- und Nachbesserungspflicht des Gesetzgebers im Strafrecht liefert mit der Entscheidung

819 Gefordert z.B. von *Lücke*, Begründungszwang und Verfassung, 1987, S. 111; *Redeker/Karpenstein*, NJW 2001, S. 2825 ff.; *Smeddinck*, Integrierte Gesetzesproduktion, 2006, S. 226 ff.

820 Vgl. *Böhret/Konzendorf*, Handbuch GFA, 2001, S. 256 ff.

821 *Eisenberg*, Kriminologie, 2005, § 23 Rdnr. 39.

822 *Hörnle*, Grob anstößiges Verhalten, 2005, S. 31.

zum Jugendstrafvollzug ein gutes Beispiel für die Erheblichkeit der prospektiven Begründung und Ermittlung. Das Beobachtungserfordernis stand in jenem Fall für das Gericht bereits vor der Existenz des Gesetzes fest[823]. Die eingehende Zweckbestimmung und die Definition unerwünschter Nebenfolgen im Vorfeld wären für die anschließende Erfüllung der Beobachtungspflicht hilfreich gewesen.

Das entscheidende Argument für eine Begründungspflicht ist, dass inhaltlich unklare Normen Anwendungshindernisse und Schwierigkeiten bei der Suche nach dem Zweck verursachen[824]. Um diesen Schwierigkeiten entgegentreten zu können, sind bereits während der Gesetzesproduktion prospektive Maßnahmen notwendig[825]. Durch die Offenlegung seiner Motive nimmt der Gesetzgeber einen wesentlichen Teil seiner Beobachtungspflicht vorweg. Denn der Gesetzgeber setzt mit der Wahrnehmung einer Begründungspflicht die gesetzgeberischen Zwecke und dadurch auch den Maßstab seiner Beobachtungspflicht im Vorfeld fest.

bb) Normative Entkriminalisierung

Das Strafrecht ist die letzte staatliche Möglichkeit, um einem Fehlverhalten zu begegnen. Wenn es zu seinem Einsatz kommt, sind andere Pfade häufig bereits erfolglos beschritten worden. Dennoch besteht die gesetzgeberische Tätigkeit im Strafrecht nur zu einem geringen Teil in der Entkriminalisierung von Verhalten. Meistens ergänzt oder verbessert der Gesetzgeber bereits existierende Normen und passt diese an den sozialen Wandel an, ohne zu entkriminalisieren[826]. Bisweilen werden auch größere Komplexe neu inkriminiert, z. B. in der Wirtschafts- und Umweltkriminalität[827]. Dabei sind entkriminalisierende Maßnahmen nicht notwendigerweise mit Unsicherheit oder fehlender Ordnung in Verbindung zu bringen. Vielmehr kann die Reduktion des Strafrechts für den Gesetzgeber eine Möglichkeit sein, den Beobachtungsgegenstand zu präzisieren und die Erfüllung beziehungsweise Nicht-Erfüllung gesetzgeberischer Absichten zu überprüfen. Daher wird im Folgenden Abschnitt erörtert, inwiefern die normative Entkriminalisierung eine Option für den Gesetzgeber sein kann.

823 Vgl. BVerfGE 116, 69, 91.

824 Vgl. *Smeddinck*, Integrierte Gesetzesproduktion, 2006, S. 226.

825 Vgl. *Smeddinck*, Integrierte Gesetzesproduktion, 2006, S. 368 ff. mit Möglichkeiten für die Erarbeitung in Sondergremien.

826 *Eisenberg*, Kriminologie, 2005, § 23 Rdnr. 45.

827 Vgl. *Rüppel*, Privatisierung des Strafvollzugs, 2010, S. 170 f.

(1) Begriff der normativen Entkriminalisierung

Der Begriff der normativen Entkriminalisierung umfasst nicht nur die „echte" Entkriminalisierung, bei der die jeweilige Norm ersatzlos gestrichen wird[828]. Vielmehr sind auch die Entkriminalisierung mit zivil- oder verwaltungsrechtlichen Ersatzreaktionen und die Entkriminalisierung durch Abgabe an das Ordnungswidrigkeitenrecht vom Begriff der normativen Entkriminalisierung umfasst[829].

Die Entkriminalisierung ohne Ersatzsanktion kommt äußerst selten vor[830]. Bekannte Beispiele für diese radikale Form der Entkriminalisierung sind die ersatzlose Streichung der Straftatbestände zum Ehebruch, zur Sodomie und zu homosexuellen Handlungen unter Erwachsenen im Jahr 1969[831]. Diese Beispiele sind auf eine Anpassung des Strafrechts an veränderte Wert- und Moralvorstellungen in der Gesellschaft über Familie und Sexualität zurückzuführen[832].

Bei der normativen Entkriminalisierung mit zivil- oder verwaltungsrechtlichen Ersatzreaktionen wird der gestrichene Straftatbestand durch eine zivil- oder vewaltungsrechtliche Regelung ersetzt[833]. Ein Beispiel[834] für diese Form der normativen Entkriminalisierung ist das 4. Gesetz zur Reform des Strafrechts aus dem Jahre 1973. Mit diesem Gesetz entfiel die Strafbarkeit gewisser Formen der Pornographie[835], die allerdings durch das Gesetz über die Verbreitung jugendgefährdender Schriften weiterhin rechtlich missbilligt werden.

Die Entkriminalisierung durch Abgabe an das Ordnungswidrigkeitenrecht bedeutet, dass unerwünschtes Verhalten nicht durch das Strafrecht sanktioniert, sondern durch das Ordnungswidrigkeitenrecht geahndet wird. Ein Beispiel hierfür ist die Entkriminalisierung des Verkehrsstrafechts durch das EGOWiG im Jahre 1968[836]. Leichtere Verkehrsverstöße wurden durch diese Form der normativen Entkriminalisierung in Ordnungswidrigkeiten umgewandelt, während die schwereren Verstöße und die fahrlässigen Erfolgsdelikte im StGB belassen wurden[837].

---

828 Vgl. *Rüppel*, Privatisierung des Strafvollzugs, 2010, S. 174.

829 *Rüppel*, Privatisierung des Strafvollzugs, 2010, S. 174 f.

830 *Rüppel*, Privatisierung des Strafvollzugs, 2010, S. 174; *Schöch*, in: FS Schüler-Springorum, 1993, S. 248.

831 1. Gesetz zur Reform des Strafrechts vom 25. Juni 1969, vgl. BGBl I 1969, S. 645 ff.

832 *Schöch*, in: FS Schüler-Springorum, 1993, S. 248.

833 *Rüppel*, Privatisierung des Strafvollzugs, 2010, S. 174.

834 Beispiel nach *Rüppel*, Privatisierung des Strafvollzugs, 2010, S. 174.

835 Vgl. BGBl I 1973, S. 1725 ff.

836 Vgl. BGBl I 1968, S. 503 ff.

837 *Schöch*, in: FS Schüler-Springorum, 1993, S. 249.

(2) Nutzen für die Beobachtungs- und Nachbesserungspflicht des Gesetzgebers

Die Abschaffung von Tatbeständen ist nicht die einzige Möglichkeit einer normativen Entkriminalisierung. Letztere ist vielmehr als ein Konzept zu verstehen, das auf der Suche nach weniger einschneidenden Maßnahmen den gegenwärtigen Zustand analysiert und das Strafrecht als Reaktion auf begrenztes, aber sanktionswürdiges Unrecht betrachtet.

Durch die Begrenzung erfährt das Strafrecht gleichzeitig eine Aufwertung[838]. Denn die Beschränkung des Strafrechts auf einen Kernbereich bedeutet auch, dass dem Strafrecht eine größere Ausstrahlungswirkung im Bereich der Sozialkontrolle zukommt[839]. Es scheint nur auf den ersten Blick widersprüchlich, die Beschränkung des Strafrechts durch Entkriminalisierung als Aufwertung des Strafrechts zu verstehen. Denn die Restriktion ist ein effektives Mittel, um das Strafrecht mit Verständlichkeit und der Möglichkeit der praktikablen Normanwendung zu gestalten[840].

Folgende Erwägungen machen eine Beschränkung des Strafrechts auf „scharf konturiertes Unrecht"[841] interessant:

- Die auf Kernunrecht begrenzte Reaktion eines freiheitlich rechtsstaatlichen Strafrechts führt zu einer Besinnung auf den Ultima-Ratio-Grundsatz, der wegen des Versuchs eines flächendeckenden Rechtsgüterschutzes mit Hilfe des Strafrechts abhanden zu kommen droht[842]. Beispielsweise müsste eine normative Entkriminalisierung symbolische Regelungsbereiche weitestgehend minimieren[843].
- Die Präzisierung der Gesetzeszwecke fördert deren Strukturierung und die Wirksamkeitskontrolle durch Beobachtung.
- Der Versuch der normativen Entkriminalisierung bildet das passende Ergänzungsstück zum In dubio pro libertate-Prinzip, das wegen der tendenziellen

838 Vgl. Albrecht/Hassemer/Voß (Hrsg.), Rechtsgüterschutz durch Entkriminalisierung, 1992, S. 7 ff.; *Rüppel*, Privatisierung des Strafvollzugs, 2010, S. 184.

839 *Rüppel*, Privatisierung des Strafvollzugs, 2010, S. 184.

840 *Rüppel*, Privatisierung des Strafvollzugs, 2010, S. 184.

841 Nicht veröffentlichte schriftliche Äußerung von *Albrecht* zur Strafzumessung bei Aufklärungs- und Präventionshilfe (Kronzeugenregelung, BT-Ds 16/6268) vom 24. März 2009, S. 13. In diese Richtung auch *Hörnle*, Grob anstößiges Verhalten, 2005, S. 40.

842 Vgl. *Rüppel*, Privatisierung des Strafvollzugs, 2010, S. 180 ff.

843 Nicht veröffentlichte schriftliche Äußerung von *Albrecht* zur Strafzumessung bei Aufklärungs- und Präventionshilfe (Kronzeugenregelung, BT-Ds 16/6268) vom 24. März 2009, S. 12 f. *Albrecht* befürwortet einen „Heckenschnitt" bei „leerlaufenden" symbolischen Akten.

Entwicklung zu einem In dubio pro securitate-Grundsatz der Gefahr einer Zurückdrängung ausgesetzt ist.

Wenn der Gesetzgeber den Qualitätsmaßstab der Rationalität und Widerspruchsfreiheit justizieller Wirklichkeitserfassung als Anspruch an sich selbst erachtet, dürfen grobe Unsicherheiten und Zweifel bei der Suche nach Lösungen für soziale Problembereiche nicht durch strafrechtliche Regulierung überdeckt werden[844]. Der Mangel dieses Anspruchs kann zur Mangelhaftigkeit der Regelung in Gestalt einer fehlenden Übereinstimmung mit der Wirklichkeit und fehlender oder nicht akzeptabler Zwecksetzungen führen. Eine „Qualitätskontrolle" durch Beobachtung kann in einem Fall, in dem ein Qualitätsmaßstab weder tatsächlich existiert noch theoretisch definiert ist, schwerlich stattfinden.

Die normative Entkriminalisierung dient der Präzisierung des Beobachtungsmaßstabs, weil sich der Gesetzgeber bei der Kontrolle mit einem umgrenzten Bereich beschäftigen muss. Dies führt neben einer Vereinfachung der Wahrnehmung der Beobachtungspflicht zu mehr Effektivität.

cc) Zwischenthesen zur Bedeutung prospektiver Maßnahmen

Eine Begründungs- und Ermittlungspflicht sowie Ansätze zur normativen Entkriminalisierung können dem Gesetzgeber bei der Erfüllung seiner Beobachtungspflicht nützlich sein. Während eine Begründungspflicht den Gesetzgeber zu einer Offenlegung seiner Motive und damit zur Festlegung der Gesetzeszwecke bringt, können entkriminalisierende Ansätze zu einer Präzisierung und Umgrenzung des Beobachtungsgegenstandes beitragen.

Prospektive Maßnahmen sind keine direkten Optionen zur Wahrnehmung der Beobachtungspflicht, sondern bedeutsame Hilfsmaßnahmen. Im Folgenden soll die Suche nach den Möglichkeiten des Gesetzgebers, seiner Beobachtungspflicht nachzukommen, fortgesetzt werden. Neben der retrospektiven GFA bestehen unter Umständen noch weitere Wege der Pflichterfüllung.

c) Beobachtung unter Rückgriff auf Erfahrungen des Auslands

Der Vergleich ist eine Grundform wissenschaftlicher Methode[845]. Mit Hilfe von Vergleichsprozessen Erkenntnisse zu suchen und dabei über nationalstaatliche

---

844 Vgl. *Böllinger*, KritJ 1994, S. 408 f.

845 Vgl. insbesondere *Durkheim*, Die Regeln der soziologischen Methode, 1965, S. 205, 208, 214 ff.

Grenzen hinauszugehen, um erhoffte theoretische und methodische Anregungen zu erhalten, gilt heute als Selbstverständlichkeit[846].

Insbesondere durch den anhaltenden „Trend" zu einer Annäherung der Strafrechtssysteme in Europa und in der Europäischen Union hat sich das kriminologische Interesse an Beobachtungen unter Rückgriff auf Erfahrungen im Ausland verstärkt. Im Zusammenhang mit der Beobachtungspflicht des Gesetzgebers kommt drei Bereichen eine große Bedeutung zu, wenn es um vergleichende Untersuchungen geht: Dem Bereich der Drogenpolitik, dem der Medienöffentlichkeit in Gerichtsverhandlungen und dem der Strafvollzugsforschung[847].

aa) Die Bedeutung von Erfahrungen des Auslands

Die vergleichende Forschung über Erfahrungen des Auslands liefert nach Ansicht des Bundesverfassungsgerichts einen der „sichersten Anhaltspunkte" dafür, die Auswirkungen eines Gesetzes abschätzen zu können[848]. Dementsprechend hat das Bundesverfassungsgericht dem Gesetzgeber empfohlen, zur Erfüllung der Beobachtungspflicht Erfahrungen des Auslands zu berücksichtigen[849].

So wird dem Gesetzgeber im Minderheitsvotum der Bundesverfassungsgerichtsentscheidung zu § 169 S. 2 GVG vorgehalten, er habe es unterlassen, „die Probleme der Medienöffentlichkeit näher zu überprüfen" und dabei „die Änderungen im Medienbereich zu analysieren"[850]. Dabei hätten nach Ansicht der Richter „nicht nur die Veränderungen der Medienrealität, sondern auch die Erfahrungen mit der Öffnung von Gerichtsverhandlungen für Hörfunk und Fernsehen, die in vielen westlichen Industriestaaten vorliegen, beispielsweise in Frankreich, Norwegen, Belgien, Spanien, Israel und Australien" Anlass zur Überprüfung gegeben[851]. „Erfahrungen aus dem Ausland" seien vom Gesetzgeber jedoch „nicht ausgewertet" worden[852].

---

846 *Albrecht*, Vergleichende Kriminologie, in: Handbuch der Kriminologie I, 2007, S. 255.

847 Vgl. *Albrecht*, Vergleichende Kriminologie, in: Handbuch der Kriminologie I, 2007, S. 270 ff.; *Dünkel*, Strafvollzugsforschung, in: Handbuch der Kriminologie II, 2009, S. 145 ff..

848 BVerfGE 50, 290, 334 (Mitbestimmungsurteil); vgl. auch *Hillenkamp*, in: FS Eisenberg, 2009, S. 310.

849 Vgl. BVerfGE 88, 203, 295 (Schwangerschaftsabbruch); 90, 145, 194 (Cannabis); 103, 44, 77 ff. (Medienöffentlichkeit).

850 BVerfGE 103, 44, 78.

851 BVerfGE 103, 44, 77.

852 BVerfGE 103, 44, 78.

In der so genannten Cannabis-Entscheidung erinnert das Bundesverfassungsgericht daran, dass der Gesetzgeber „angesichts der dargestellten offenen kriminalpolitischen und wissenschaftlichen Diskussion über die vom Cannabiskonsum ausgehenden Gefahren und den richtigen Weg ihrer Bekämpfung...die Auswirkungen des geltenden Rechts unter Einschluss der Erfahrungen des Auslands zu beobachten und zu überprüfen“ habe[853]. Der Gesetzgeber werde dabei „insbesondere einzuschätzen haben, ob und inwiefern die Freigabe von Cannabis zu einer Trennung der Drogenmärkte führen und damit zur Eindämmung des Betäubungsmittelkonsums insgesamt beitragen kann oder ob umgekehrt nur die strafbewehrte Gegenwehr gegen den Drogenmarkt insgesamt und die sie bestimmende organisierte Kriminalität hinreichenden Erfolg“ verspreche[854]. Die kritische Auseinandersetzung mit der „angenommenen Überlegenheit des deutschen Weges“[855] wäre beispielsweise allein wegen der in den Niederlanden (noch[856]) praktizierten Trennung der Märkte angezeigt gewesen[857]. Die Trennung der Märkte bezweckt durch Freigabe so genannter weicher Drogen die Gefahr der Verleitung zu härteren Drogen durch Dealer zu bekämpfen[858].

Zur Berücksichtigung von Erfahrungen des Auslands im Bereich der Strafvollzugsforschung hat sich das Bundesverfassungsgericht nicht geäußert. Hier hat sich allerdings der Europarat bereits 1976 in der Empfehlung No. (76) 2 über „The treatment of long-term prisoners“[859], 1982 in der Empfehlung No. R (82) 17 über “Custody and treatment of dangerours prisoners”[860] und 2003 mit der Empfehlung No. R (2003) 23 über “The administration of long-term and life imprisonment”[861] mit so genannten Langzeitgefangenen befasst. So formuliert der Europarat in der Empfehlung No. R (2003) 23 über „The administration of long-term and life

853 BVerfGE 90, 145, 194.

854 BVerfGE 90, 145, 194.

855 *Hillenkamp*, in: FS Eisenberg, 2009, S. 317.

856 In den Niederlanden wird eine rege Diskussion über eine Verschärfung der Drogenpolitik geführt, vgl. http://www.uni-muenster.de/NiederlandeNet/aktuelles/archiv/2012/maerz/0301haschisch.shtml (zuletzt aufgerufen am 15. Oktober 2012).

857 Vgl. *Hillenkamp*, in: FS Eisenberg, 2009, S. 317.

858 Vgl. *Hillenkamp*, in: FS Eisenberg, 2009, S. 317 mit weiteren Nachweisen.

859 http://www.epea.org/index.php?option=com_wrapper&Itemid=288 (zuletzt aufgerufen am 15. Oktober 2012).

860 https://wcd.coe.int/wcd/com.instranet.InstraServlet?command=com.instranet.CmdBlobGet&InstranetImage=601654&SecMode=1&DocId=676430&Usage=2 (zuletzt aufgerufen am 15. Oktober 2012).

861 https://wcd.coe.int/wcd/ViewDoc.jsp?id=75267&Site=CM (zuletzt aufgerufen am 15. Oktober 2012).

imprisonment" unter anderem auch das Ziel „damaging effects of life and long-term imprisonment" entgegenzuwirken und anhand von „evaluative research" die Effektivität von Programmen zu messen.

Die Auseinandersetzung mit Erfahrungen des Auslands ist eine wichtige Methode, um alternative Wege des (straf-) rechtlichen Umgangs mit Regelungsproblemen zu berücksichtigen. Zudem bieten Erfahrungen des Auslands die überaus bedeutsame Möglichkeit, potenzielle Wirkungen und Gefahren von gesetzlichen Regelungen schon im Vorfeld zu erkennen und dementsprechend reagieren zu können. Damit kommt der Auseinandersetzung mit Erfahrungen des Auslands insbesondere im Rahmen prospektiver Überlegungen eine wichtige Rolle zu. Innerhalb der prospektiven Überlegungen können Erfahrungen des Auslands mit Regelungen, die der beabsichtigten deutschen Regelung ähneln oder gar entsprechen, wichtige Informationen zur Regelungsnotwendigkeit und Entwicklung von Alternativen liefern. Denn die Regelungsnotwendigkeit und Alternativen dazu werden ermittelt, indem auf der Grundlage verschiedener Zukunftsszenarien das Zielerreichungspotential sowie sonstige Folgen, auch die einer Nichtregelung der Materie, untersucht werden[862]. In diesem Zusammenhang bietet sich die Einbeziehung von bereits gemachten ausländischen Erfahrungen an.

bb) Grenzen des Erkenntnisgewinns

Erfahrungen aus dem Ausland können zu einem erheblichen Erkenntnisgewinn führen. Indes ist dieser Erkenntnisgewinn nicht grenzenlos.

Eine Grenze des Erkenntnisgewinns ist die möglicherweise fehlende Vergleichbarkeit der Erfahrungen. Denn für die Vergleichbarkeit genügt die Ähnlichkeit der gesetzlichen Regelung unter Umständen nicht. Auch die jeweiligen gesellschaftlichen, sozialen und politischen Verhältnisse dürfen dem Vergleich nicht entgegenstehen. Annahmen, die auf Rechtsvergleichung bauen, wird regelmäßig der Hinweis auf unterschiedliche gesellschaftliche Rahmenbedingungen entgegengehalten[863].

Internationale Erfahrungen als Vergleichsmaßstab heranzuziehen, führt nach Ansicht der Kritiker nicht zwangsläufig und nicht regelmäßig zu faktisch greifbaren und umsetzbaren Alternativen, da im Ausland gemachte Erfahrungen im Kontext der dortigen gesellschaftlichen und sozialen Zustände zu würdigen sind[864]. Diese Zustände sind in der Regel nicht identisch, sondern bestenfalls mit der nationalen Situation vergleichbar.

862 *Bräunlein*, Integration der Gesetzesfolgenabschätzung, 2004, S. 31.
863 *Hörnle*, Grob anstößiges Verhalten, 2005, S. 30.
864 *Hörnle*, Grob anstößiges Verhalten, 2005, S. 30.

Auch das Bundesverfassungsgericht weist auf die fehlende Vergleichbarkeit als ein wesentliches Problem der Beobachtung unter Rückgriff auf Auslandserfahrungen hin. In seiner zweiten Entscheidung zum Schwangerschaftsabbruch betont das Gericht, dass ein Rückgriff des Gesetzgebers auf Erfahrungen im Ausland mangels gesicherter Vergleichbarkeit nur eingeschränkt möglich sei[865]. Andererseits stellt das Bundesverfassungsgericht an späterer Stelle fest, dass Einrichtungen, die sich auf die Durchführung von Schwangerschaftsabbrüchen spezialisieren und ihre Tätigkeit hauptsächlich auf Abbrüche ausrichten, eine Gefahr für den Schutz ungeborenen menschlichen Lebens darstellen könnten[866]. Hier schlägt das Gericht vor, die Erfahrungen Frankreichs mit der Begrenzung von Anzahl und Vergütung von Schwangerschaftsabbrüchen zu betrachten[867].

Dieses Dilemma ist kennzeichnend für die Problematik des internationalen Vergleichs. Kann eine Beobachtung durch die Einbeziehung von und den Rückgriff auf Auslandserfahrungen brauchbare Erkenntnisse liefern? Von welchem „Ausland" ist dabei auszugehen? Zählt hierzu nur der „Westen" oder gar nur Europa, weil nur hier ein gemeinsamer kultureller, rechtlicher, gesellschaftlicher oder moralischer Grundkonsens herrscht?

Die Schwierigkeit ist nicht nur auf die Diversität gesellschaftlicher und sozialer Zustände beschränkt. Sie setzt sich als methodisches Problem fort, beispielsweise wenn es um Vergleiche auf der Basis kriminalstatistischer Daten geht. Internationale Vergleiche, die auf kriminalstatistischen Daten beruhen, bedürfen zumindest vergleichbarer Erhebungs- und Darstellungsmethoden[868]. Eine derartige Vergleichbarkeit kann hauptsächlich dann hergestellt werden, wenn ein gemeinsames Instrumentarium des Erkenntnisgewinns existiert.

Strukturen, die die systematische Sammlung von Informationen über Art und Weise der europäischen bzw. internationalen Strafrechtspraxis und deren Veröffentlichung begünstigen, sind zwar vorhanden. Sie existieren jedoch noch nicht in einer Intensität und Ausprägung, die eine befriedigende Übersicht über die Praxis[869] aller Mitgliedstaaten des Europarats ermöglicht[870].

---

865 Vgl. BVerfGE 88, 203, 263.

866 BVerfGE 88, 203, 294.

867 Vgl. BVerfGE 88, 203, 295.

868 *Hofer*, Kriminalitätsvergleich, in: Handbuch der Kriminologie II, 2009, S. 129.

869 Beispielsweise die der lebenslänglichen Freiheitsstrafe in Europa.

870 So bereits *Jonge*, der eine gemeinsame, europäische Lösung für die lebenslange Freiheitsstrafe als „europäisches Problem" fordert, vgl. *Jonge*, Lebenslänglich: Ein europäisches Problem, in: Lebenslange Freiheitsstrafe, 1993, S. 73 ff.

cc) Fazit

Für die Beobachtungspflicht des Gesetzgebers ist der Blick in das Ausland eine wichtige Anregung. Denn im Rahmen seiner Beobachtungspflicht soll der Gesetzgeber Folgen und Nebenfolgen seines Produkts ermitteln. Erfahrungen im Ausland können mögliche Alternativen aufzeigen oder als Warnung fungieren, wenn ein Regelungsbereich im Ausland mit Folgen verbunden war, die der deutsche Gesetzgeber vermeiden möchte.

Der Gesetzgeber kann und soll bei Erfüllung seiner Beobachtungspflicht Entwicklungen im Ausland berücksichtigen und dortige Erfahrungen wahrnehmen. Er soll jedoch auch die Frage nach der Vergleichbarkeit als Grenze des Erkenntnisgewinns stellen. Nur dann kann er die Erfahrungen des Auslands für die Wahrnehmung seiner Beobachtungspflicht nutzen und seinen Kontrollauftrag durch vergleichende Erwägungen erleichtern.

d) Beobachtung anhand experimenteller Gesetze

Das Experiment, dem bereits begrifflich das Element der Ungewissheit innewohnt, ist im Forschungsbereich nicht wegzudenken. So unverzichtbar das Experiment als wissenschaftliche Methode ist, so wirkt es zumindest im Zusammenhang mit Gesetzen und Gesetzgebung ungewohnt, gar fremd. Das gilt in besonderer Weise für „strafgesetzgeberisches Experimentieren“[871]. Bei der Vorstellung von Gesetzen als Experimenten entstehen unverzüglich verfassungsrechtliche Bedenken[872]: Darf der Gesetzgeber Gesetze, gar Strafgesetze, ausprobieren?

Für die Wahrnehmung der Beobachtungspflicht sind so genannte experimentelle Gesetze eine interessante Option. Dabei ist vorab festzuhalten, dass ein experimentelles Gesetz keine Beobachtungsmöglichkeit im Sinne einer Handlungsvorgabe an den Gesetzgeber bietet: Die Beobachtung eines experimentellen Gesetzes müsste ebenfalls mit der entsprechenden Methodik, beispielsweise der retrospektiven GFA, erfolgen. Das experimentelle Gesetz könnte vielmehr eine Beobachtungsbasis schaffen, die einen passenden Umgang mit Unsicherheitslagen ermöglicht. Durch die Zuschreibung des Experimentcharakters könnte eine Flexibilität geschaffen und bei Gesetzen mit zahlreichen prognostischen Elementen eine Endgültigkeit zunächst vermieden werden. Das experimentelle Gesetz als Beobachtungsmöglichkeit ist in diesem Zusammenhang zu verstehen. Die Klärung der

---

871 *Marxen*, GA 1985, S. 533.

872 *Mastronardi*, LeGes 1998, S. 82.

Frage, ob experimentelle Gesetze für die Wahrnehmung der Beobachtungspflicht des Gesetzgebers in Betracht kommen, setzt neben der begrifflichen Klärung des Gesetzesexperiments die Erörterung der Zulässigkeit strafgesetzgeberischen Experimentierens voraus. Dementsprechend wird im Anschluss an die Definition des Gesetzesexperiments erörtert, ob der Strafgesetzgeber überhaupt experimentieren darf.

aa) Definition experimenteller Gesetze

Experimentelle Züge tragen zahlreiche Gesetze, ohne Gesetzesexperiment zu sein. Das besondere Merkmal des Gesetzesexperiments ist seine Befristung, seine begrenzte Geltungsdauer[873]. Auf einer vorläufigen Grundlage bildet sich die endgültige Gesetzesform durch das Experiment erst heraus[874]. Bedingung für die Endgültigkeit des Gesetzes ist seine Bewährung. Experimentelle Gesetze sind folglich Gesetze, die mit einem Vorbehalt versehen sind. Der Vorbehalt kommt mit der Befristung zum Ausdruck, wobei die Geltungsbeschränkung auch mit einem anderen Ereignis verknüpft werden könnte, beispielsweise mit dem Erreichen einer bestimmten Zahl von Gesetzesanwendungen[875].

Die Gelegenheit für die gesetzgeberische Beobachtung und damit für seine Beobachtungspflicht lässt sich aus dieser zeitlichen Bewährungsphase des Gesetzes ableiten. Denn die Bewährung des Gesetzes ist lediglich mittels Erhebung und Auswertung der durch das experimentelle Gesetz geschaffenen Anwendungsfolgen feststellbar[876].

Experimentelle Gesetze lassen sich mithin definieren als Gesetze,

- die bei einer Unsicherheit über die Gesetzeswirkungen mit ihrer Erprobung eine bessere Grundlage für die dauerhafte Entscheidung des Gesetzgebers schaffen sollen,
- zur Erreichung dieses Zwecks verbindliches Recht für einen befristeten Zeitraum setzen sowie
- mittels systematischer Erhebung und Auswertung der Erfahrungen zu einem Erkenntnisprozess führen[877].

---

873 Vgl. *Bussmann*, ius.full 2006, S. 49; *Marxen*, GA 1985, S. 536 f.

874 *Marxen*, GA 1985, S. 537.

875 *Marxen*, GA 1985, S. 538.

876 Vgl. *Bussmann*, ius.full 2006, S. 49; *Mastronardi*, LeGes 1998, S. 82.

877 Vgl. *Mastronardi*, LeGes 1998, S. 82.

Diese Inhaltsbestimmung erklärt die Forderung nach Gesetzesexperimenten in Zusammenhang mit Reformbestrebungen, deren tatsächliche Auswirkungen für den Gesetzgeber schwer vorhersehbar sind. So wurde der Reform der §§ 218 ff. StGB ebenfalls ein Experimentiercharakter zugeschrieben, der in der Verpflichtung der Ärzte, einen straflosen Schwangerschaftsabbruch nach § 218a StGB an das Statistische Bundesamt zu melden, zum Ausdruck käme[878]. Mangels Vorhersehbarkeit der praktischen Auswirkungen scheint ein Gesetz auf Probe, das durch Anwendung und Wirkungskontrolle zu testen ist, naheliegend. Folglich ist das Gesetzesexperiment nah bei den Vorschlägen zur Effektivitätssteigerung und Effektivitätsprognose anzusiedeln.

Das Gesetzesexperiment ist wegen seiner fehlenden Endgültigkeit geeignet, am gesellschaftlichen Wandel durch flexible Anpassung teilzuhaben[879]. Zudem ist es in Anbetracht der Willkürgefahr positiver Rechtsetzung und dem fehlenden Absolutheitsanspruch des Rechts eine Alternative. Die Suche nach einem wissenschaftlichen Konzept, das den Gewissheitsverlust auffängt oder zumindest abmildert, führt zum Gesetzesexperiment. Denn dieses räumt seine zunächst begrenzte Reichweite und die mangelnde absolute Gültigkeit von vornherein ein[880].

Die experimentelle Gesetzgebung beruht auf dem Grundgedanken, dass sich beim jeweiligen Vorhaben selbst durch eine sorgfältige Informationsgewinnung die Unsicherheit über die Wirkungsweise eines Gesetzes nicht beseitigen lässt[881]. Diese Unsicherheit über die (Neben-)Folgen von Gesetzen ist den an der Rechtsprechung des Bundesverfassungsgerichts orientierten strafrechtlichen Regelungsbereichen immanent. Hervorzuheben ist hier das Betäubungsmittelstrafrecht, welches „Regelungen auf Probe" besonders zugänglich sein könnte[882].

bb) Zulässigkeit experimenteller Gesetze

Die verfassungsrechtliche Unzulässigkeit von Kriminalisierungs- und Bestrafungsexperimenten bedarf nur einer kurzen Begründung. Strafgesetzgeberische Akte, die die Handlungsfreiheit des Bürgers belasten, stufen den Betroffenen zum

878 So *Marxen*, GA 1985, S. 540.
879 *Marxen*, GA 1985, S. 542.
880 Vgl. *Marxen*, GA 1985, S. 542.
881 *Bussmann*, ius.full 2006, S. 49.
882 Vgl. *Bussmann*, ius.full 2006, S. 49 zur Situation in der Schweiz. Dort wurde 1998 eine befristete Grundlage für die ärztliche Verschreibung von Heroin geschaffen, die bis zum Inkrafttreten einer engültigen Regelung im Rahmen einer Reform des Betäubungsmittelstrafrechts, längstens aber bis Ende 2009, Gültigkeit beanspruchen sollte.

bloßen Objekt der legislativen Regelungsmacht herab, wenn die Notwendigkeit für den Einsatz strafrechtlicher Mittel nicht auf sicherer Basis zu bejahen ist[883]. Das berechtigte und in dieser Arbeit befürwortete Effektivitätsbegehren kann eine Objektstellung des Betroffenen nicht legitimieren. Der Bürger würde zum staatlichen Testobjekt degradiert, wenn er als Versuchsperson in einem kriminalisierenden Gesetzesexperiment für staatliche Effektivitätsziele fungierte[884]. Der Rückgriff auf die soziale Wirklichkeit bei der Gesetzgebung ist zwar unerlässlich. Indes würden die auf jener sozialen Wirklichkeit basierenden Feststellungen im Rahmen eines Kriminalisierungsexperiments nicht vorausgesetzt, sondern erst getestet[885]. Damit fände die Erprobung auf Kosten der Betroffenen statt.

Sind jedoch auch entkriminalisierende Gesetzesexperimente „zugunsten des Straftäters“ Bedenken ausgesetzt, oder ist eine Unterscheidung angebracht?

Marxen lehnt eine Differenzierungsnotwendigkeit und damit die Zulässigkeit des entkriminalisierenden Gesetzesexperiments ab[886]. Das Hauptargument gegen das Entkriminalisierungsexperiment sei der Opferschutz[887]. Gleich ob es um die Bestrafung oder Entkriminalisierung gehe, die experimentelle Strafgesetzgebung führe stets zu einer Statusminderung Betroffener. Im Falle der Entkriminalisierung sei das Opfer das eigentliche Objekt gesetzgeberischer Experimente[888]. Insbesondere aus dem Gedanken des Rechtsgüterschutzes leitet *Marxen* seine verneinende Position gegenüber entkriminalisierenden Gesetzesexperimenten ab und nennt hierfür beispielhaft die erste Bundesverfassungsgerichtsentscheidung zum Schwangerschaftsabbruch. Das Bundesverfassungsgericht hat in jener Entscheidung ein verfassungsrechtliches Pönalisierungsgebot für besonders hochrangige Rechtsgüter angenommen[889]. In seiner Entscheidung kritisierte das Gericht das entkriminalisierende Gesetzesvorhaben, das es zu überprüfen hatte, dahingehend, dass „Experimente [...] bei dem hohen Wert des zu schützenden Rechtsgutes nicht zulässig“ seien[890]. Daraus schließt *Marxen*, dass auch eine nur versuchsweise Rücknahme des Rechtsgüterschutzes im Bereich von Pönalisierungsgeboten unzulässig sei[891].

883 *Marxen*, GA 1985, S. 548; *Voß*, Symbolische Gesetzgebung, 1989, S. 166 f.
884 *Voß*, Symbolische Gesetzgebung, 1989, S. 167.
885 *Voß*, Symbolische Gesetzgebung, 1989, S. 167.
886 *Marxen*, GA 1985, S. 550.
887 *Marxen*, GA 1985, S. 550.
888 *Marxen*, GA 1985, S. 550.
889 BVerfGE 39, 1 ff.
890 BVerfGE 39, 59 f.
891 *Marxen*, GA 1985, S. 550.

Unabhängig davon, was man von einem aus verfassungsrechtlichen Gründen bestehenden Pönalisierungsgebot halten mag[892], könnte die Auffassung *Marxens* auch für den Bereich der Bagatellkriminalität entkriminalisierungsfeindlich sein[893]. Denn *Marxen* verneint die Zulässigkeit des entkriminalisierenden Experimentes nicht nur im Bereich von Pönalisierungsgeboten, die er als zusätzliches Argument nennt, sondern grundsätzlich[894]. Dem Vorwurf der Entkriminalisierungsfeindlichkeit tritt er jedoch entgegen und betont, dass dem Strafgesetzgeber nur das Experiment verwehrt sei, nicht etwa die Entkriminalisierung[895]. Nur das Gesetzesexperiment als Form der wissenschaftlichen Kontrolle des Gesetzgebers lehne er ab[896]. Die Argumentation *Marxens*, dass lediglich das Experiment, nicht die endgültige Entkriminalisierung verwehrt sei, deckt sich nicht vollständig mit seinem Hauptargument, dem Opferschutz. Sollte eine experimentelle Entkriminalisierung den Opferschutz beeinträchtigen, so müsste dies wohl erst recht für die endgültige Entkriminalisierung gelten. Auf diese Inkompatibilität kommt es jedoch kaum an, da die Ablehnung des Entkriminalisierungsexperiments aus Gründen des Opferschutzes nicht überzeugt. Das Entkriminalisierungsexperiment mindert den Status des Opfers nicht. Das Opfer wird im Rahmen eines Entkriminalisierungsexperiments nicht verdinglicht, es ist nicht bloßes Objekt gesetzgeberischer Effektivitätswünsche. Denn eine mögliche Beeinträchtigung des Opfers wird – im Unterschied zum pönalisierenden Gesetzesexperiment, wo eine Beeinträchtigung des Täters gerade das Mittel des Versuchs darstellt – nicht angestrebt. Wenn es zu einer Beeinträchtigung als Nebenfolge des Gesetzesexperiments kommt, kann das Experiment unter Umständen abgebrochen werden[897]. Soll der fragmentarische Charakter des Strafrechts mehr darstellen als ein wohlklingendes Bekenntnis, sind gesetzgeberische Entkriminalisierungsexperimente zu begrüßen und damit verbundene Beeinträchtigungen zumutbar[898].

Lüdemann bezeichnet die Abwehrhaltung gegen Experimente im Strafrecht als „verlogen", da der Gesetzgeber eigentlich stets experimentiere[899]. Alte und neue gesetzliche Maßnahmen und Sanktionen würden „ausgetestet", ohne dass eine

---

892 Eine aussagekräftige Kritik findet sich in der abweichenden Meinung der Richterin *von Brüneck* und des Richters *Simon*, BVerfGE 39, 68 ff., 73 ff.

893 So auch *Voß*, Symbolische Gesetzgebung, 1989, S. 167.

894 Vgl. *Marxen*, GA 1985, S. 550.

895 Vgl. *Marxen*, GA 1985, S. 550.

896 *Marxen*, GA 1985, S. 552.

897 So auch *Voß*, Symbolische Gesetzgebung, 1989, S. 167.

898 Vgl. *Voß*, Symbolische Gesetzgebung, 1989, S. 167.

899 *Lüdemann/Ohlemacher*, Soziologie der Kriminalität, 2002, S. 172.

Erfolgskontrolle durch Beobachtung stattfindet, was ein „Skandal“ sei[900]. In der Tat basieren nicht-experimentelle Gesetze ebenfalls auf einer Tatsachengrundlage, die nicht statisch ist, sondern dem Wandel unterliegt. Falls der Gesetzgeber weder die zu berücksichtigenden Rechtstatsachen genau kennt, noch die Auswirkungen der Regelung verlässlich abschätzen kann, bietet sich die Wirkungskontrolle anhand eines experimentellen Gesetzes an.

Die Zulässigkeit des Entkriminalisierungsexperiments ist nicht derart zu verstehen, dass für eine bestimmte Dauer ein Straftatbestand abgeschafft wird. Vielmehr könnte für befristete Zeit die auf der unsicheren Tatsachengrundlage beruhende, alternative Regelung, die weniger strafintensiv ist, getestet werden. Die Anwendung solch eines entkriminalisierenden Experiments ließe dem Gesetzgeber keine andere Möglichkeit als die Beobachtung, da mit dem Ablauf des Experiments eine Entscheidung getroffen werden müsste, die auf den Erkenntnissen des „Probelaufs“ beruht.

Diesen Grundgedanken weist die Idee einer Erfolgskontrolle durch Zeitgesetze ebenfalls auf: Durch die Befristung des Gesetzes soll die Erfolgskontrolle und die parlamentarische Auseinandersetzung mit den Ergebnissen „erzwungen“ werden[901]. Das Zeitgesetz einerseits und das experimentelle Gesetz andererseits unterscheiden sich jedoch trotz des in beiden enthaltenen Befristungselements.

e) Beobachtung durch Zeitgesetz

Das Zeitgesetz ist ebenfalls befristet. Der (feine) Unterschied zwischen dem experimentellen Gesetz und dem Zeitgesetz besteht darin, dass ein Zeitgesetz ein „gewöhnliches“ Gesetz ist, das sich grundsätzlich in nichts von einem unbefristeten Gesetz unterscheidet und das allein zur Förderung einer Erfolgskontrolle befristet wird[902]. Das experimentelle Gesetz geht weiter, weil der Gesetzgeber bei diesem die zu berücksichtigenden Rechtstatsachen und die Auswirkungen der Regelung nicht klar erkennen kann. Diese Kenntnisse soll er sich durch eine versuchsweise, deswegen befristete Anwendung des Gesetzes erst verschaffen[903]. Im Falle von Zeitgesetzen ist ein grundsätzlich als endgültig gedachtes Gesetz Kontrollgegenstand, während im Fall von experimentellen Gesetzen der Vorbereitungscharakter und das prognostische Element überwiegen. Kein Zeitgesetz in diesem Sinne ist ein Gesetz, das zu einem festgesetzten Termin außer Kraft tritt, weil

900 *Lüdemann/Ohlemacher*, Soziologie der Kriminalität, 2002, S. 172.
901 *Kindermann*, Zeitgesetz, in: Rationalisierung der Gesetzgebung, 1984, S. 141.
902 *Kindermann*, Zeitgesetz, in: Rationalisierung der Gesetzgebung, 1984, S. 141 f.
903 *Kindermann*, Zeitgesetz, in: Rationalisierung der Gesetzgebung, 1984, S. 142.

von vornherein feststeht, dass der Regelungsbedarf nur vorübergehend ist und das Gesetz zu einem absehbaren Zeitpunkt überflüssig werden wird[904].

Der besondere Vorteil des Zeitgesetzes ist, dass dieses keine besonderen verfassungsrechtlichen Probleme aufwirft. Der im Rahmen von experimenteller Strafgesetzgebung diskutierte Einwand einer Instrumentalisierung der Menschen lässt sich gegen das nur für Evaluationszwecke befristete Gesetz nicht erheben[905].

Das Zeitgesetz drängt den Gesetzgeber, gewissenhaft und konstant Erfahrungen mit dem Gesetz zu sammeln[906]. Ein Zeitgesetz könnte der Praxis, Gesetze entweder ohne hinreichende Anhaltspunkte zu ändern oder aber ohne jede Beobachtung unverändert bestehen zu lassen, ein Ende bereiten. Es besteht ein Druck zur Beobachtung, jedoch kein unverhältnismäßiger.

Die an der Rechtsprechung des Bundesverfassungsgerichts orientierte Darstellung verdeutlichte hinsichtlich der Beobachtungspflicht des Gesetzgebers eines: Der Gesetzgeber kommt dieser Pflicht faktisch nicht hinreichend nach. In Anbetracht dieser Vernachlässigung sind Zeitgesetze angemessen und geeignet, die gesetzgeberische Beobachtungspflicht wahrzunehmen[907].

f) Zusammenfassung der Möglichkeiten

Der Gesetzgeber hat Möglichkeiten, seiner Beobachtungspflicht nachzukommen. Die retrospektive GFA durch Berichte der Regierung oder Methoden der empirischen Sozial- und Evaluationsforschung ist eine Option, durch die der Gesetzgeber seine Beobachtungspflicht erfüllen kann. Eine Institutionalisierung der GFA durch Ausschüsse oder eine Evaluationseinheit im Wissenschaftlichen Dienst könnte dem Gesetzgeber den notwendigen organisatorischen Rahmen bieten und die effektive Wahrnehmung der Beobachtungspflicht fördern.

---

904 Beispielhaft hierfür ist das Gesetz zur Umsetzung eines Maßnahmenpakets zur Stabilisierung des Finanzmarktes (Finanzmarktstabilisierungsgesetz) vom 17. Oktober 2008, BGBl I S. 1982, zu nennen, das den § 19 II InsO befristet neugefaßt hat. Der bisherige Wortlaut soll am 1. Januar 2014 wieder in Kraft treten. Die uspründliche Befristung bis zum 31. Dezember 2009 ist durch Art. 1 des Gesetzes zur Erleichterung der Sanierung von Unternehmen vom 24. September 2009, BGBl I S. 3151, bis zum 31. Dezember 2013 verlängert worden.

905 *Kindermann*, Zeitgesetz, in: Rationalisierung der Gesetzgebung, 1984, S. 143.

906 Vgl. *Kindermann*, Zeitgesetz, in: Rationalisierung der Gesetzgebung, 1984, S. 143.

907 So auch *Kindermann*, Zeitgesetz, in: Rationalisierung der Gesetzgebung, 1984, S. 143 f. Dagegen *Göbel*, Probleme der Regelungsform und der Institutionalisierung, in: Gesetzgebungspraxis und Gesetzgebungslehre, 1983, S. 80.

Neben der Institutionalisierung bieten prospektive Maßnahmen wie die präzise Offenlegung der gesetzgeberischen Ziele durch eine Begründungspflicht des Gesetzgebers oder eine normative Entkriminalisierung Ansätze, die dem Gesetzgeber die Erfüllung seiner Beobachtungspflicht erleichtern.

Zudem ist die Berücksichtigung von Erfahrungen des Auslands eine wichtige Option für die Wahrnehmung der Beobachtungspflicht. Erfahrungen im Ausland können mögliche Alternativen aufzeigen oder als Warnung dienen, wenn ein Regelungsbereich im Ausland mit Folgen verbunden war, die der deutsche Gesetzgeber vermeiden möchte.

Der Gesetzgeber kann darüberhinaus mit experimentellen Gesetzen und durch Zeitgesetze seiner Unsicherheit im Hinblick auf Tatsachen entsprechen. Aufgrund des sowohl experimentellen als auch Zeitgesetzen innewohnenden Befristungselements wäre der Gesetzgeber angehalten, die Wirkungen des Gesetzes zu beobachten und anschließend über dessen weiteres Schicksal zu entscheiden.

2. Zur Erfüllung der Nachbesserungspflicht

Die Wahrnehmung der Beobachtungspflicht sollte im Idealfall gültige und verlässliche Beobachtungsergebnisse hervorbringen. Diese Ergebnisse können den Gesetzgeber entweder in seiner gesetzgeberischen Entscheidung bestätigen, da der jeweilige Regelungsbereich den mit ihm bezweckten Erfolg herbeizuführen vermag und keine unerwünschten, verfassungswidrigen Nebenfolgen entstehen. Oder aber der Erkenntnisprozess führt zu dem Ergebnis – zu dem freilich eine reflektierende, mutig-selbstkritische Haltung des Gesetzgebers gehört -, dass das Gesetz seinen Zweck nicht erfüllt, unerwünschte Nebenfolgen hat und nicht aufrechtzuerhalten ist. Der Gesetzgeber müsste dann einen Fehlschlag seiner Prognose einräumen[908]. Das ist die Situation, in der dem Gesetzgeber eine Nachbesserungspflicht erwächst.

a) Möglichkeiten der Gesetzesnachbesserung

Der Gesetzgeber kann seiner Nachbesserungspflicht auf folgende Arten nachkommen:

aa) Nachbesserung durch Aufhebung, Ersetzung oder Ergänzung

Die Nachbesserung eines Gesetzes impliziert dessen Veränderung. Der Gesetzgeber kann die Norm aufheben und ersetzen. Ferner kann er sie ersatzlos abschaffen

908 *Steinberg*, Der Staat 1987, S. 167.

oder das Gesetz beibehalten und lediglich ergänzen[909]. Denkbar ist jedoch auch die Nachbesserung durch eine Ersetzung beziehungsweise Änderung der dem Gesetz zugrunde liegenden Prognose[910].

bb) Nachbesserung durch Erlass einer bisher nicht bestehenden Regelung

Ist die Nachbesserung wegen einer bislang überhaupt nicht bestehenden Regelung und damit einer Gesetzeslücke angezeigt, so besteht die Nachbesserung im Erlass einer entsprechenden gesetzlichen Regelung. Denn wenn der verfassungswidrige Zustand darauf beruht, dass eine notwendige Regelung nicht existiert, so kann durch Nichtigerklärung dieses gesetzgeberischen Unterlassens kein verfassungsmäßiger Rechtszustand herbeigeführt werden[911].

cc) Die Bedeutung der GFA

In der Situation, in der der Gesetzgeber seine Nachbesserungspflicht zu erfüllen hat, kommen die dargestellten Grundsätze der GFA[912] erneut zum Tragen. Denn besteht die Notwendigkeit zur Nachbesserung, so bietet es sich an, die Vorstellungen zur neuen Regelung mit den Instrumenten der prospektiven und begleitenden GFA[913] zu konkretisieren und zu verbessern[914].

b) Beispiele aus der Rechtsprechung des Bundesverfassungsgerichts

Trotz der geäußerten Kritik an dem bislang nicht befriedigenden Umgang des Gesetzgebers mit seiner Beobachtungs- und Nachbesserungspflicht gibt es auch Beispiele aus der strafrechtlichen Rechtsprechung des Bundesverfassungsgerichts, die zu einer Gesetzeskorrektur durch den Gesetzgeber führten.

---

909 *Mayer*, Die Nachbesserungspflicht, 1996, S. 164.

910 *Steinberg*, Der Staat 1987, S. 167. Wenn eine Modifikation der Prognose aufgrund tatsächlicher Umstände und zudem eine Anpassung des Gesetzeszwecks stattfindet, besteht kein Nachbesserungsbedarf am Gesetz selber, da die Nachbesserungssituation aufgehoben ist. Indes müsste der Gesetzgeber das Gesetz konsequenterweise am Maßstab der neuen Grundlage weiter beobachten.

911 *Mayer*, Die Nachbesserungspflicht, 1996, S. 160.

912 Vgl. oben VIII., 1., a), S. 159 ff.

913 Vgl. oben VIII., 1., a), bb), S. 160 f.

914 *Böhret/Konzendorf*, Handbuch GFA, 2001, S. 313.

aa) Strafrestaussetzung bei lebenslanger Freiheitsstrafe

Die Einfügung des § 57a StGB durch das 20. StRÄndG vom 8. Dezember 1981[915] ist ein anschauliches Beispiel für eine derartige Gesetzeskorrektur.

Mit der Einführung des § 57a StGB berücksichtigte der Gesetzgeber eine Vorgabe des Bundesverfassungsgerichts. Das Bundesverfassungsgericht hielt die Vollstreckung der lebenslangen Freiheitsstrafe zwar für verfassungsgemäß[916], allerdings nur sofern dem Verurteilten die konkrete Chance verbleibe, durch eine Strafrestaussetzung wieder in Freiheit leben zu können. Die Voraussetzungen für eine Strafrestaussetzung waren zum Entscheidungszeitpunkt jedoch nicht gesetzlich geregelt, worauf das Bundesverfassungsgericht den Gesetzgeber hinwies. Das Gnadenrecht war zu jener Zeit die einzige Möglichkeit für den Verurteilten, eines Tages wieder in Freiheit leben zu können. Das Bundesverfassungsgericht stellte jedoch fest, dass das Institut der Begnadigung und das damit zusammenhängende Verfahren für eine Annahme einer Aussicht auf Freiheit nicht genügten[917]. Seit dem 1. Mai 1982 ist die Aussetzung der Vollstreckung des Restes einer lebenslangen Freiheitsstrafe gesetzlich geregelt.

Durch die Einführung des § 57a StGB hat der Gesetzgeber den Hinweis des Bundesverfassungsgerichts nicht lediglich zur Kenntnis genommen, sondern in Gesetzesform gegossen. Die Gründe des Gerichts, auf die Notwendigkeit einer gesetzlichen Regelung der Strafrestaussetzung bei einer lebenslangen Freiheitsstrafe zu bestehen, sind bereits erwähnt worden[918]: Ein mit der Menschenwürde vereinbarer lebenslanger Freiheitsentzug könne lediglich bei einer tatsächlichen Aussicht auf erneute Teilhabe an der Freiheit vorliegen, wofür die Gnadenpraxis alleine nicht ausreiche. Die Dimension der Menschenwürde genügte dem Gericht zwar nicht, um der lebenslangen Freiheitsstrafe eine Unvereinbarkeit mit der Verfassung zu bescheinigen, wohl aber, die Notwendigkeit der gesetzlichen Regelung einer Strafrestaussetzung bei der lebenslangen Freiheitsstrafe festzustellen.

bb) Schaffung der Jugendstrafvollzugsgesetze

Ein weiteres Beispiel für eine Korrekturtätigkeit des Gesetzgebers, die wegen der Rechtsprechung des Bundesverfassungsgerichts zustande kam, ist die Schaffung der Jugendstrafvollzugsgesetze.

---

915 Vgl. BGBl I 1981, S. 1329.
916 Vgl. oben VI., 1., a), S. 68 ff.
917 BVerfGE 45, 187, 245.
918 Vgl. oben VI., 1., a), S. 68 ff.

Im Jahr 2006 entschied das Bundesverfassungsgericht, dass der Jugendstrafvollzug einer eigenen gesetzlichen Grundlage bedarf[919] und setzte dem Gesetzgeber eine Übergangsfrist zur Schaffung dieser Grundlage, die mit dem Ablauf des Jahres 2007 endete[920]. Die Beendigung des für verfassungswidrig erklärten Zustands einer Quasi-Nichtregelung führte dazu, dass zum 1. Januar 2008 aufgrund der Föderalismusreform[921] sechzehn Länder-Jugendstrafvollzugsgesetze in Kraft traten.

Die Korrekturtätigkeit des Gesetzgebers im Hinblick auf den Jugendstrafvollzug ist ein Beispiel dafür, dass die Schließung einer (verfassungswidrigen) Gesetzeslücke ebenfalls eine Form der Nachbesserung ist. Die Nachbesserungshandlung besteht dann in dem Erlass der entsprechenden Regelung.

919 BVerfGE 116, 69, 80 ff.

920 BVerfGE 116, 69, 93.

921 Streichung des Strafvollzugs aus dem Katalog der konkurrierenden Gesetzgebung durch das Gesetz zur Änderung des Grundgesetzes vom 28. August 2006, BGBl I, S. 2035.

IX. Schlussbetrachtung

Der Beobachtungs- und Nachbesserungspflicht des Gesetzgebers kommt eine erhebliche rechtspolitische Bedeutung zu. Kein Lebensbereich ist von gesellschaftlichen, sozialen, kulturellen, wissenschaftlichen oder technischen Veränderungen und Entwicklungen ausgenommen, auch nicht unsere Rechtsordnung. Die Beobachtungs- und Nachbesserungspflicht des Gesetzgebers ist daher notwendig, um die Verfassungskonformität von Regelungen durch eine Anpassung des Rechts an die tatsächlichen Gegebenheiten zu gewährleisten: Das geltende Recht ist nur dann verfassungsgemäß, wenn es an die tatsächlichen Zustände in der Gesellschaft gekoppelt ist.

Die Notwendigkeit der Beobachtungs- und Nachbesserungspflicht steht seit Beginn der Arbeit fest und wird durch die Erkenntnisse dieser Untersuchung gestützt. Insbesondere die Dynamik der Entwicklung im Bereich des Strafrechts erfordert eine umfassende Haftung des Gesetzgebers für sein Produkt, das Gesetz.

Die Existenzberechtigung einer Regelung hängt von der ihr zugrunde liegenden Tatsachengrundlage ab. Zu der Haftung des Gesetzgebers gehört deswegen die Pflicht des Gesetzgebers, die Wirkungen seines Produkts unter Berücksichtigung sämtlicher dynamischer Prozesse zu beobachten und bei Bedarf Korrekturen vorzunehmen.

Die Beobachtungs- und Nachbesserungspflicht ist für den Gesetzgeber in vielerlei Hinsicht eine Herausforderung. Als eine nicht ausdrücklich kodifizierte Pflicht ist sie aus der Verfassung abzuleiten. Eine richterliche Ausgestaltung erhält die Beobachtungs- und Nachbesserungspflicht des Gesetzgebers zwar durch die Judikatur des Bundesverfassungsgerichts. Doch eine alleinige Orientierung an der Rechtsprechung kann der Relevanz der gesetzgeberischen Pflicht nicht gerecht werden. Der Gesetzgeber ist vielmehr angehalten, sein Produkt dauerhaft im Auge zu behalten. Für den Gesetzgeber ist das freilich eine schwierige Aufgabe. Nicht nur, dass der Pflichtenkreis des Gesetzgebers kaum umgrenzt werden kann. Um die Beobachtungs- und Nachbesserungspflicht tatsächlich erfüllen zu können und die bestehenden Defizite im Bereich der legislativen Beobachtung von Gesetzeswirkungen zu beheben, sind zahlreiche Arbeitsschritte vorzunehmen. Diese bedeuten nicht zuletzt organisatorischen und finanziellen Aufwand.

Der Gesetzgeber hat seiner Beobachtungs- und Nachbesserungspflicht mit einer reflektierten und objektiven Herangehensweise zu entsprechen. Dabei wird er mit der Schwierigkeit konfrontiert, das eigene Produkt einer sachlich-neutralen Qualitäts- und Wirksamkeitskontrolle zu unterziehen. Hinzu tritt oftmals der Einfluss politischer Kräfte. Die Abgeordneten des deutschen Bundestags sind zwar nach Art. 38 I 2 GG als Vertreter des ganzen Volkes an Aufträge und Weisungen nicht gebunden und nur ihrem Gewissen unterworfen. Sie sind letztlich jedoch zumindest von Wahlerfolgen abhängig und können sich dem Einfluss politischer Kräfte kaum entziehen.

Zu den Herausforderungen, die speziell den Gesetzgeber betreffen, treten die grundsätzlichen Schwierigkeiten bei der Beobachtung von Gesetzeswirkungen und der Rechtstatsachenforschung. Insbesondere im Hinblick auf den Maßstab, der in dieser Bearbeitung für die Beobachtung von Gesetzeswirkungen niedergelegt wurde, ist die Vorstellung von einer absoluten Zweckerreichung durch Gesetze illusorisch[922]. Die Befürwortung einer umfassenden Beobachtungs- und Nachbesserungspflicht des Gesetzgebers bedeutet jedoch keine Hingabe an eine Illusion. Denn selbst wenn sich keine absoluten Erkenntnisse gewinnen und keine absoluten Lösungen formulieren lassen, bleibt die Optimierung der Gesetze als Ziel bestehen. Die Beobachtungs- und Nachbesserungspflicht des Gesetzgebers kann einen wesentlichen Beitrag zur Gewährleistung von „gutem Recht" leisten. Schwierigkeiten, die mit der Pflichterfüllung verbunden sind, sollten deswegen nicht zu einer resignativen Ablehnung der Pflicht führen.

Die Tatsache, dass die Beobachtung von Gesetzeswirkungen mit zahlreichen Problemen verbunden ist, sollte kein Argument gegen, sondern für eine weitergehende Beobachtung sein. Wenn erkannt wird, dass absolute Erkenntnisse nicht zu gewinnen und mit Hilfe der Wirkungsforschung oftmals allenfalls „Tendenzaussagen" möglich sind[923], ist der erste Schritt für eine kritisch-reflektierte Beobachtung von Gesetzeswirkungen getan. Gerade wegen der Schwierigkeiten ist eine professionalisierte Handhabung in Gestalt einer systematischen, institutionalisierten Beobachtung von Gesetzeswirkungen zu befürworten[924].

Schließlich ist folgende abschließende Überlegung zum Umgang mit der Beobachtungs- und Nachbesserungspflicht wesentlich: Die Beobachtungs- und Nachbesserungspflicht ist zur Gewährleistung unantastbarer Prinzipien unserer

---

922 Deutliche Worte bei *Hassemer*, APuZ 7/2010, S. 6: „Jeder kriminologisch einigermaßen Bewanderte weiß doch, dass das Postulat der Zielerreichung das Vertrösten auf den Sankt Nimmerleinstag ist."

923 *Schulze-Fielitz*, Gesetzgebungslehre, in: Rechtssoziologie am Ende des 20. Jahrhunderts, 2000, S. 173.

924 So auch *Schulze-Fielitz*, Gesetzgebungslehre, in: Rechtssoziologie am Ende des 20. Jahrhunderts, 2000, S. 173.

Rechtsordnung von durchschlagender Bedeutung. Dass beispielsweise die Menschenwürdegarantie als das wertvollste Institut in einem Rechtsstaat manifestiert sein muss, ist für jeden Demokraten eine Selbstverständlichkeit. Doch was die Menschenwürde ausmacht und welche Regelungsfolgen die Menschenwürde gefährden können, ist nicht selbstverständlich und kann dem Wandel unterliegen. Regelungen, die den Anschein erwecken, keine Gefahr für die Menschenwürde des Betroffenen zu sein, können nicht vorhergesehene und zweckwidrige faktische Folgen haben, die letztlich doch eine Gefahr darstellen. Das folgende Zitat aus der Entscheidung des Bundesverfassungsgerichts zur Verfassungsmäßigkeit der lebenslangen Freiheitsstrafe verdeutlicht diese Überlegung: „Das Urteil darüber, was der Würde des Menschen entspricht, kann daher nur auf dem jetzigen Stande der Erkenntnis beruhen und keinen Anspruch auf zeitlose Gültigkeit erheben“[925].

Dieses Zitat bezieht sich auf die Würde des Menschen, ist aber im Ergebnis auf alle Rechtsgüter übertragbar: Was einmal als rechtens bewertet wird, muss nicht immer rechtens bleiben. Einen Anspruch auf zeitlose Gültigkeit hat keine Regelung. Es ist deswegen die unvermeidbare Aufgabe des Gesetzgebers, sein Produkt zu beobachten und Erkenntnisse über dessen Wirkungen zu sammeln.

925 BVerfGE 45, 187, 229.

X. Zusammenfassende Thesen

1. Die Grundlagen der Beobachtungs- und Nachbesserungspflicht des Gesetzgebers

- Die rechtliche Grundlage der Beobachtungs- und Nachbesserungspflicht ist nicht aus der Bindungswirkung verfassungsgerichtlicher Entscheidungen abzuleiten. Aus der Bindung des Gesetzgebers nur an die verfassungsmäßige Ordnung, Art. 20 III GG, ergibt sich, dass die Rechtsgrundlage für gesetzgeberische Pflichten in der Verfassung selbst festgemacht werden muss.
- Die Beobachtungs- und Nachbesserungspflicht ist aus dem Prinzip der Gewaltenteilung herzuleiten. Die rechtliche Grundlage der Beobachtungs- und Nachbesserungspflicht des Gesetzgebers beruht auf dem Prinzip der Gewaltenteilung in Verbindung mit der Verfassungsbindung des Gesetzgebers gem. Art. 20 III GG.
- Eine Nachbesserung der Gesetzeslage, die angetrieben wird von der Vorstellung eines „besseren Gesetzes“, ist nur erreichbar, wenn die Zielrichtung der zu beobachtenden und nachzubessernden Regelung feststeht.
- Die „Beobachtung“ als sozialwissenschaftliche Methode beinhaltet das Registrieren der für einen Forschungszusammenhang relevanten Sachverhalte.
- Der Begriff der Nachbesserung umfasst eine nachträgliche Korrektur. Sie enthält ein zeitliches Element. Die Nachträglichkeit der Korrektur bedeutet, dass sie auf einen eigentlich bereits abgeschlossenen Sachverhalt ex-post erfolgt.
- Der Gesetzgeber kann die Nachbesserungssituation, die ihn nach dem Konzept der Nachbesserungspflicht zur Korrektur der Regelung verpflichtet, ohne vorherige Beobachtung des Gesetzes und dessen Konsequenzen nicht feststellen.
- Der Gesetzgeber ist zur Beobachtung verpflichtet und hat eine mögliche Nachbesserung an den Beobachtungsergebnissen auszurichten.
- Für die Wahrnehmung der Beobachtungs- und Nachbesserungspflicht ist eine Sensibilisierung der politischen Öffentlichkeit wesentlich. Diese Sensibilisierung fördert die Aktivität des Gesetzgebers und damit die Erfüllung der gesetzgeberischen Pflicht.

2. Der Gesetzgeber als Pflichtadressat

- Der Gesetzgeber als Adressat der Beobachtungs- und Nachbesserungspflicht kann nicht als homogenes, sondern muss als heterogenes Gebilde verstanden werden.
- Abgeordnete als politische Willensträger können nicht Sachkundige in sämtlichen als regelungsbedürftig erachteten Lebensbereichen sein.
- Das Parlament ist Gesetzgeber und kein Gesetzesmacher.
- Der Gesetzgeber trägt eine große Verantwortung, wenn er sich trotz des fragmentarischen Charakters strafrechtlicher Regulierung für eine solche entscheidet.
- Die Verpflichtung des Gesetzgebers zur Beobachtung und Nachbesserung seines eigenen Produkts ist nicht unproblematisch. Sie kann aber aufgrund der starken Identifikation des Gesetzgebers mit dem eigenen Produkt das Ziel einer Gesetzesoptimierung auch fördern.
- Die Beobachtungs- und Nachbesserungspflicht des Gesetzgebers ist nicht als Einschränkung des politischen Entscheidungsspielraums, sondern als Erweiterung der Kompetenzen des Gesetzgebers zu verstehen.
- Die Beobachtungs- und Nachbesserungspflicht gefährdet die Einschätzungsprärogative des Gesetzgebers nicht. Sie ist gerade Ausdruck der Anerkennung und Ergänzung des gesetzgeberischen Spielraums.
- Beim Erlass von Straftatbeständen werden dem Gesetzgeber kaum Grenzen gesetzt.
- Ein politisches System, das Lösungsansätze für gesellschaftliche Probleme mit Aussicht auf Erfolg bieten soll, setzt ein Bewusstsein für die Folgen politischer Entscheidungen voraus. Dieses Bewusstsein ist das Gegenstück zur großen gesetzgeberischen Freiheit bei Zwecksetzungen und der prognostischen Festlegung von Regelungsbedürftigem.
- Optimal im Sinne der Beobachtungs- und Nachbesserungspflicht ist die Situation, in der der Gesetzgeber die Korrektur autonom und aufgrund eigener Erkenntnisprozesse in Gang setzt.

3. Die Sinnhaftigkeit der Beobachtungs- und Nachbesserungspflicht

- Die kriminalpolitische und strafrechtliche Bedeutung der Beobachtungs- und Nachbesserungspflicht ist aus dem Wandel von Bedingungen und Wirkungen einer Regelung abzuleiten.

- Eine ratio der Beobachtung ist die Vermeidung zweck- und verfassungswidriger Gesetzeszustände. Damit verbunden sind die Fragen, ob die Regelung per Strafgesetz möglicherweise nicht mehr sinnvoll ist und ob sie dem gesetzgeberischen Schutzkonzept tatsächlich dient.
- Die Beobachtung von Gesetzeswirkungen soll zur Optimierung von Rechtsetzungsakten beitragen. Diese Funktion entfaltet bei Strafgesetzen eine besondere Tragweite und ist neben einer verfassungsrechtlichen Dimension auf die tatsächliche Wirksamkeit der Rechtsetzungsakte ausgerichtet.
- Die Beobachtungs- und Nachbesserungspflicht des Gesetzgebers soll und kann helfen, die Gesetzeslage an gesellschaftliche Entwicklungen anzupassen.

4. Die Bedeutung der Judikatur des Bundesverfassungsgerichts

- Das Bundesverfassungsgericht griff den Gedanken der Gesetzesoptimierung durch gesetzgeberische Beobachtung und Nachbesserung erstmals in der Werkverkehrsentscheidung 1963 auf. Eine Pflicht zur Nachbesserung erwähnte das Bundesverfassungsgericht wörtlich in der Fluglärmentscheidung aus dem Jahre 1981. Dennoch sind Regelungsbereiche, in denen eine Beobachtung und Nachbesserung angebracht sein könnte, nicht allein anhand der wörtlichen Erwähnung einer Beobachtungs- und Nachbesserungspflicht in den Entscheidungen des Bundesverfassungsgerichts zu bestimmen. Dies gilt schon deshalb, weil eine eindeutige Terminologie in der Judikatur des Bundesverfassungsgerichts nicht existiert.
- Das Bundesverfassungsgericht kann dem Gesetzgeber keine Pflichten auferlegen, die sich nicht aus der bestehenden Rechtsordnung herleiten lassen.
- Die Bezugnahme auf die Beobachtungs- und Nachbesserungspflicht des Gesetzgebers bietet dem Bundesverfassungsgericht eine Möglichkeit zur Vermeidung kompromissloser Würdigungen von Regelungen, die auf einer unsicheren Tatsachengrundlage basieren und deren tatsächliche Wirkung schwierig zu prognostizieren ist. Das Bundesverfassungsgericht kann bei brisanten Regelungsbereichen die Aufrechterhaltung des gesetzlichen Zustands um ein „aber" ergänzen und unter Verweis auf die Pflicht des Gesetzgebers legitimieren.
- Die Beobachtungs- und Nachbesserungspflicht des Gesetzgebers im Strafrecht mahnte das Bundesverfassungsgericht unter anderem in seiner Entscheidung zur lebenslangen Freiheitsstrafe, zum Schwangerschaftsabbruch, zum Cannabis-Verbot, zur Sicherungsverwahrung, zur Medienöffentlichkeit im Gerichtssaal,

zum GPS-Verfahren und zur Erforderlichkeit eines Jugendstrafvollzugsgesetzes an. All diese Entscheidungen sind von der bezweckten Anpassung der Gesetzeslage an gesellschaftliche, soziale oder technische Entwicklungen, vom möglichen Wandel rechtstatsächlicher Grundlagen und von der Protektion schützenswerter oder als schützenswert etikettierter Güter betroffen.

- Das Bundesverfassungsgericht wendet bei der Frage nach der Zwecktauglichkeit eines Gesetzes einen eingeschränkten Prüfungsmaßstab an und gewährt dem Gesetzgeber große Freiräume für die Einschätzung.
- Ein Grund für die stark eingeschränkte Kontrolle strafrechtlich-gesetzgeberischer Entscheidungen ist die soziologische Bedeutung strafrechtlicher Normen. Das Bundesverfassungsgericht vermeidet eine Beanstandung von Gesetzen, bei denen die Auseinandersetzung mit der Legislative zu deutlich erkennbar wäre und gebraucht die Beobachtungs- und Nachbesserungspflicht als Korrektiv für die eigene Zurückhaltung.
- Für die Beobachtungs- und Nachbesserungspflicht des Gesetzgebers sind einzelne Bundesverfassungsgerichtsentscheidungen von maßgeblicher Bedeutung. Das bedeutet aber nicht, dass die Beobachtungs- und Nachbesserungspflicht des Gesetzgebers auf die durch das Gericht festgelegten Bereiche beschränkt ist.
- Die Beobachtungs- und Nachbesserungspflicht des Gesetzgebers hätte mangels einer ausdrücklichen Kodifizierung ohne ihre Erwähnung und Ausprägung durch das Bundesverfassungsgericht kaum eine tatsächliche Bedeutung erlangt. Die alleinige Fokussierung auf die Bereiche, in denen das Gericht den Gesetzgeber tatsächlich an seine Pflicht erinnert, geht jedoch nicht weit genug.
- Die Akzeptanz der Beobachtungs- und Nachbesserungspflicht lediglich in den Bereichen, die vom Bundesverfassungsgericht mit der Pflicht versehen wurden, birgt die Gefahr des Übersehens wesentlicher Entwicklungen in sich. Dies kann die Existenz und Anwendung von wenig tragbaren, ihren Zweck nicht erfüllenden oder einen nicht mehr tolerierbaren Zweck enthaltenden Regelungen zur Folge haben.

5. Die Reichweite der Beobachtungs- und Nachbesserungspflicht

- Bei eingriffsintensiven Normen ist eine ständige Beobachtungspflicht durch den Gesetzgeber geboten.
- Der Umfang der Beobachtungs- und Nachbesserungspflicht kann nicht einzelfallbezogen und einseitig vom Bundesverfassungsgericht festgelegt werden,

weil dadurch das Bundesverfassungsgericht entgegen rechtsstaatlichen Maßstäben faktisch Pflichtgeber wäre. Die Beobachtungs- und Nachbesserungspflicht ist in der Verfassung selbst enthalten.

- Es überzeugt nicht, dass ausschließlich die Regelungen, die wegen kaum steuerbarer Umstände dem Bundesverfassungsgericht zur Kontrolle vorgelegt werden und für die vom Gericht eine Beobachtungs- und Nachbesserungspflicht angenommen wird, von der Pflicht des Gesetzgebers zur weiteren Überprüfung betroffen sind.
- Das Bundesverfassungsgericht bekommt lediglich einen punktuellen Ausschnitt der Rechtsordnung zur Überprüfung vorgelegt. Hinsichtlich der Regelungsbereiche, deren Vorlage aus formalen oder anderen Gründen scheitert, kann das Bundesverfassungsgericht naturgemäß keine Beobachtungs- und Nachbesserungspflicht des Gesetzgebers erwähnen.
- Für Regelungen, die dem Wandel rechtstatsächlicher Grundlagen und der Unsicherheit prognostischer und kriminalpolitischer Wertungen unterworfen sind, ist die Beobachtungs- und Nachbesserungspflicht des Gesetzgebers als dauerhafte Pflicht zu verstehen. Je größer die Ungewissheit und je bedeutender das Rechtsgut ist, desto stärker ist die Beobachtung des Regelungsbereichs auszurichten.
- Die Strafbarkeit des Geschwisterinzests und die §§ 264, 264a und § 265 StGB sind Beispiele dafür, dass die Beobachtungs- und Nachbesserungspflicht nicht nur im Bezug auf die durch das Bundesverfassungsgericht festgelegten Bereiche Sinn macht. Die Frage, ob diese Regelungen auf einer legitimierbaren Zwecksetzung im Strafrecht beruhen und ob der jeweilige Tatbestand die mit ihm verfolgten Zwecke fördert, kann durch eine Beobachtung beantwortet werden. Die Gefahr einer Verfassungswidrigkeit von Regelungen wegen ihrer Zielsetzung selbst oder der Unmöglichkeit einer Zielerreichung durch das Gesetz wird durch die Kontrolle der Gesetzesqualität zumindest verringert.
- Die Notwendigkeit, legislative Akte an wandlungsbedingte Veränderungen der Rechtswirklichkeit anzupassen, sollte den Gesetzgeber dauerhaft beschäftigen, falls seine gesetzgeberischen Produkte nicht losgelöst von der Wirklichkeit und ohne Zielerreichungspotenzial existieren sollen.

6. Der Maßstab für die Beobachtungs- und Nachbesserungspflicht

- Es gehört zum Verantwortungsbereich des Gesetzgebers, dass Gesetze verfassungsrechtlich und tatsächlich wirksam sind.
- Der Maßstab, an dem die tatsächliche Wirksamkeit einer Regelung zu messen ist, ist der mit der Regelung verfolgte Zweck.

- Die tatsächliche Wirksamkeit einer Norm kann nicht anhand ihrer Befolgung oder Nichtbefolgung gemessen werden. Die Nichtbefolgung einer Norm muss weder zwangsweise ihre Notwendigkeit noch ihre Überflüssigkeit bedeuten. Auch von der Befolgung von Normen darf nicht auf die Wirksamkeit geschlossen werden, da die Normkonformität andere, außerhalb der Regelungswirkung liegende Ursachen haben kann.
- Bei der Bestimmung des Gesetzeszwecks zur Erlangung eines Wirksamkeitsmaßstabs lässt sich nicht allein auf allgemeine Zielvorstellungen abstellen. Die Zweckermittlung, die als Wirksamkeitsindex verstanden wird, kann nur anhand der Absichten zur jeweiligen Regelung durchgeführt werden.
- Trotz der Schwierigkeiten bei der Ermittlung gesetzgeberischer Zwecke bietet dieser Maßstab Klarheit: Ein Gesetz ist wirksam, wenn es die mit ihm bezweckten Folgen entfaltet und unerwünschte Nebenfolgen ausbleiben.
- Der Gesetzeszweck selbst kann wie seine Tatsachengrundlage der Dynamik und dem Wandel unterworfen sein. Dynamik und Wandel lassen weder den Gesetzeszweck, noch dessen verfassungsrechtliche Legitimation unberührt.
- Die Beobachtung durch den Gesetzgeber muss an den Zwecken des von der Beobachtungspflicht betroffenen Regelungsbereichs und an der Vermeidung zweckwidriger Folgen orientiert sein.
- Wünschenswert ist eine umfassende und den Eingriffscharakter der Regelungen berücksichtigende Ausrichtung der Beobachtungs- und Nachbesserungspflicht. Sämtliche Zwecke eines Regelungsbereichs sind als Beobachtungsmaßstab heranzuziehen. Es darf keine einseitige Schutzrichtung festgelegt werden. Vielmehr muss die Kontrolle des gesetzgeberischen Schutzkonzepts in alle Richtungen verfassungsrechtlicher Unwägbarkeiten und Zweckverfehlungen orientiert sein.

7. Möglichkeiten und Hilfen zur Pflichterfüllung

- Neben der Beobachtungs- und Nachbesserungspflicht erscheint eine Ermittlungspflicht, die sich auf die gegenwärtige Erscheinung und den Entstehungszusammenhang eines regelungsbedürftigen Bereichs richtet, sinnvoll. Derartige Maßnahmen erleichtern eine spätere Beobachtung der Gesetzeswirkungen.
- Die interdisziplinär ausgerichtete Wirkungserforschung von Regelungsbereichen anhand der GFA zielt auf die Erfassung und Bewertung von Gesetzesfolgen. Die Grundsätze der GFA bieten eine Möglichkeit, die Beobachtungspflicht wahrzunehmen.

- Zur Verwirklichung der an die GFA gestellten Anforderungen wird zwischen drei Modulen der GFA unterschieden: der prospektiven, der begleitenden und der retrospektiven GFA.
- Die retrospektive GFA dient zur Ermittlung bereits eingetretener Gesetzesfolgen. Sie kann durch eine ex-post-Evaluierung die Bewährung, die Zweckerreichung sowie die Haupt- und Nebenfolgen von Regelungsbereichen nachprüfen. Je nach dem Ergebnis der retrospektiven GFA ergibt sich entweder die Korrekturbedürftigkeit oder die Tauglichkeit einer Regelung.
- Die ex-post-Analyse durch eine retrospektive GFA ist eine Option für die gesetzgeberische Beobachtungspflicht. Der Gesetzgeber kann die methodischen Grundlagen der retrospektiven GFA zur Wahrnehmung seiner Beobachtungspflicht verwenden.
- Die Bedeutung der prospektiven und begleitenden GFA für die effektive Wahrnehmung der Beobachtungspflicht ist neben der retrospektiven nicht zu unterschätzen. Prospektive, zeitlich vorgeschaltete Maßnahmen, mit deren Hilfe gegenwärtige und zu erwartende Umstände eines Regelungsbereichs ermittelt werden, fördern und vereinfachen die retrospektive Beobachtung durch den Gesetzgeber.
- Die retrospektive GFA lässt erkennen, ob bestimmte Absichten mit der Regelung erreicht werden oder aber nicht beabsichtigte Folgen eintreten.
- Eine GFA durch den Gesetzgeber selbst, besonders die retrospektive GFA, wird kaum durchgeführt. Die Zuständigkeit für eine ex-post-Überprüfung von Gesetzen wird weitestgehend der Exekutive übertragen.
- Der Gesetzgeber kann seine Beobachtungspflicht durch eine retrospektive GFA erfüllen, indem er eigene Informationen beschafft oder sich Informationen nutzbar macht, die auf der Exekutivebene erlangt werden.
- Mit der Verpflichtung der Regierung zu regelmäßigen Berichten über die Praxisbewährung von Gesetzen kann der Gesetzgeber ein Gesetzescontrolling etablieren und damit Korrektur- oder Reformbedürfnisse erkennen. Das Gesetzescontrolling umfasst die wirkungsorientierte Beobachtung von Rechtsetzungs- und Vollzugsprozessen. Um die Gefahr einer Abhängigkeit von der Exekutive zu vermeiden, ist diese Möglichkeit als Ergänzung und nicht als alleinige Option einer ex-post-Kontrolle zu begreifen.
- Wesentlicher Bestandteil einer retrospektiven GFA ist die Evaluationsforschung, die die systematische Anwendung empirischer Forschungsmethoden zur Bewertung des Konzepts, der Anwendung und der Wirksamkeit sozialer Interventionsprozesse beinhaltet.
- Wenn der Gesetzgeber persönlich eine ex-post-Beobachtung seines Produkts vornehmen soll, bedarf es einer organisatorischen Einbindung innerhalb des

Parlaments. Ein institutionalisiertes, parlamentarisches Beobachtungsorgan ist wichtiger Bestandteil einer effektiven Wahrnehmung der gesetzgeberischen Beobachtungspflicht. Der Gesetzgeber hat damit die Möglichkeit, seine Beobachtungspflicht weitestgehend aus eigener Kraft zu erfüllen.

- Die institutionalisierte Beobachtung ist zur Gewährleistung von Nachhaltigkeit und Akzeptanz gesetzgeberischen Handelns bedeutend. Die konsequente GFA durch den Gesetzgeber ist in der Praxis lediglich dann möglich, wenn die maßgeblichen Mechanismen institutionalisiert werden.
- Sowohl eine Begründungspflicht als auch Ansätze zur normativen Entkriminalisierung können dem Gesetzgeber bei der Erfüllung seiner Beobachtungspflicht nützlich sein. Während eine Begründungspflicht den Gesetzgeber zu einer Offenlegung seiner Motive und damit zur Festlegung der Gesetzeszwecke bringt, können entkriminalisierende Ansätze zu einer Präzisierung und Umgrenzung des Beobachtungsgegenstandes beitragen.
- Der Gesetzgeber kann und soll bei der Erfüllung seiner Beobachtungspflicht Entwicklungen im Ausland berücksichtigen und dortige Erfahrungen registrieren. Dadurch kann er die Erfahrungen des Auslands für die Wahrnehmung seiner Beobachtungspflicht nutzen und seinen Kontrollauftrag durch vergleichende Erwägungen erleichtern. Dabei muss der Gesetzgeber die Vergleichbarkeit als Voraussetzung und Grenze des Erkenntnisgewinns im Auge behalten.
- Experimentelle Gesetze sind eine zusätzliche Möglichkeit für die Wahrnehmung der Beobachtungspflicht. Das besondere Merkmal des Gesetzesexperiments ist seine begrenzte Geltungsdauer.
- Die Gelegenheit für die gesetzgeberische Beobachtung lässt sich aus der zeitlichen Bewährungsphase eines experimentellen Gesetzes ableiten. Denn die Bewährung des Gesetzes ist lediglich mittels Erhebung und Auswertung der durch das experimentelle Gesetz geschaffenen Anwendungsfolgen feststellbar.
- Das Gesetzesexperiment ist wegen seiner fehlenden Endgültigkeit geeignet, am gesellschaftlichen Wandel durch flexible Anpassung teilzuhaben. Kriminalisierungs- und Bestrafungsexperimente sind dabei unzulässig.
- Das Zeitgesetz, das vom experimentellen Gesetz zu unterscheiden ist, drängt den Gesetzgeber, gewissenhaft und konstant Erfahrungen mit dem Gesetz zu sammeln.
- Der Unterschied zwischen dem experimentellen Gesetz und dem Zeitgesetz besteht darin, dass ein Zeitgesetz ein „gewöhnliches“ Gesetz ist, das sich grundsätzlich in nichts von einem unbefristeten Gesetz unterscheidet und das allein zur Förderung einer Erfolgskontrolle befristet wird. Bei Zeitgesetzen ist ein als endgültig gedachtes Gesetz Kontrollgegenstand, während im Fall von experimentellen Gesetzen der Vorbereitungscharakter und das prognostische Element überwiegen.

- Wenn die Beobachtung der Gesetzeswirkungen zum Ergebnis führt, dass das Gesetz seinen Zweck nicht erfüllt, unerwünschte Nebenfolgen hat und nicht aufrechtzuerhalten ist, muss der Gesetzgeber den Fehlschlag seiner Prognose einräumen. Das ist die Situation, aus der dem Gesetzgeber die Nachbesserungspflicht erwächst.
- Die Nachbesserung eines Gesetzes impliziert dessen Veränderung. Der Gesetzgeber kann die Norm aufheben und ersetzen. Er kann sie ersatzlos abschaffen oder das Gesetz beibehalten und lediglich ergänzen. Denkbar ist auch die Nachbesserung durch eine Ersetzung beziehungsweise Änderung der dem Gesetz zugrunde liegenden Prognose.

8. Schwierigkeiten im Rahmen der Pflichterfüllung

- Eine gesetzgeberische Erfolgskontrolle durch Beobachtung findet weder in den Regelungsbereichen, in denen das Bundesverfassungsgericht die Beobachtungs- und Nachbesserungspflicht ausdrücklich angemahnt hat, noch in anderen Regelungsbereichen in befriedigendem Maße statt.
- Prognosen über die soziale Wirklichkeit sind gekennzeichnet durch Unabwägbarkeiten. Absolute Erkenntnisse bleiben unerreichbar.
- Eine Erfolgskontrolle kriminalpolitischer Zielsetzungen durch Beobachtung ist trotz der Schwierigkeiten bei ihrer tatsächlichen Umsetzung vorzunehmen.
- Die Beobachtungs- und Nachbesserungspflicht darf keiner Instrumentalisierung durch Partikularinteressen unterliegen. Eine Einseitigkeit der Beobachtungsrichtung ist zu vermeiden.
- Die Beobachtungs- und Nachbesserungspflicht des Gesetzgebers ist im Zusammenhang mit symbolischem Recht, das mehr auf die symbolische Demonstration der Unerwünschtheit bestimmter Verhaltensweisen als auf tatsächliche Wirksamkeit ausgerichtet ist, zu würdigen.
- Das Strafrecht ist in besonderer Weise von der Problematik symbolischer Gesetze betroffen. Die lebenslange Freiheitsstrafe, der Schwangerschaftsabbruch und das Cannabis-Verbot sind prägnante Beispiele, die als Ausdruck eines symbolischen Appells an das Rechtsempfinden der Bevölkerung unabhängig von einer tatsächlichen Wirksamkeit verstanden werden. Die Erfüllung der Beobachtungs- und Nachbesserungspflicht in Regelungsbereichen, die nicht auf tatsächliche Wirksamkeit ausgerichtet sind, ist schwierig.
- Symbolische Strafrechtsnormen umfassen Strafvorschriften, die primär nicht zur Entfaltung zielgerichteter Schutzwirkungen gedacht sind und sich durch eine Positionierung zu Werten oder der Hervorhebung als schädlich etikettierter

Handlungen auszeichnen. Dieses Vorgehen dient zumeist politischen und weltanschaulichen Gruppierungen. Die damit suggerierte Handlungsfähigkeit, Aktivität und Kompetenz des Gesetzgebers sind bedeutende Faktoren politischer Machtausübung.

- Eine symbolische Dimension strafrechtlicher Regelungsbereiche ist nicht zu leugnen. Die Straftheorie der positiven Generalprävention zeigt, dass die Übergänge zwischen symbolischer und nicht-symbolischer Gesetzgebung fließend sein können. Die Ziele der positiven Generalprävention, die Bestandskraft der Rechtsordnung zu manifestieren, den Bürgern die Vertrauenswürdigkeit jener Ordnung zu demonstrieren und diese Rechtsordnung dadurch zu stärken, enthalten eine symbolische Dimension.
- Der positiv-generalpräventive Leitgedanke einer Bewahrung und Kräftigung des Vertrauens in die Rechtsordnung ist ein anerkannter Zweck von Strafe. Symbolisches Strafrecht ist mithin tatsächlich existent.
- Mit symbolischen Problemlösungen steigt die Gefahr der Reduzierung der strafrechtlichen Aussagekraft in Bereichen, in denen das Strafrecht tatsächlich notwendig ist.
- Symbolische Gesetze sind nicht grundsätzlich beobachtungsuntauglich. Eine Beobachtung symbolischer Gesetze kann durchgeführt werden, wenn symbolische Effektivität, die einer empirischen Überprüfung zugänglich ist, als Zweck anerkannt wird.
- Die symbolische Bedeutung der Norm muss ihre instrumentelle Bedeutung nicht ausschließen. Sie kann sie ergänzen.
- Gesetzgebung ist Politik. Symbolische Gesetze sind Ausfluss symbolischer Politik.
- Es besteht grundsätzlich die Gefahr eines Desinteresses des Gesetzgebers an den Konsequenzen seines politischen Handelns. Das gilt insbesondere dann, wenn es um Rechtsetzungsakte symbolischer Natur geht, die die Handlungsfähigkeit des Gesetzgebers demonstrieren sollen. Denn diese Demonstration kommt auch ohne die Beobachtung der Gesetzeswirkungen aus.

Literaturverzeichnis

Albrecht, Hans-Jörg — Vergleichende Kriminologie, in: Schneider, Hans Joachim (Hrsg.), Internationales Handbuch der Kriminologie, Band 1, Berlin 2007, S. 255–288.

Albrecht, Peter-Alexis
Hassemer, Winfried
Voß, Michael (Hrsg.) — Rechtsgüterschutz durch Entkriminalisierung, Vorschläge der Hessischen Kommission „Kriminalpolitik" zur Reform des Strafrechts, Baden-Baden 1992.

Albrecht, Peter-Alexis — Schriftliche Äußerung vom 24. März 2009 zur Anhörung des Rechtsausschusses des Deutschen Bundestages zum Gesetzentwurf der Bundesregierung für ein Gesetz zur Änderung des Strafgesetzbuches – Strafzumessung bei Aufklärungs- und Präventionshilfe (Drucksache 16/6268). Nicht veröffentlicht.

Appel, Ivo — Verfassung und Strafe, Berlin 1997.

Arbeitsgruppe „Alternativen zur Freiheitsstrafe" — Arnoldshainer Thesen zur Abschaffung der Freiheitsstrafe , in: Zeitschrift für Evangelische Ethik 1990, S. 218–294.

Augsberg, Ino
Augsberg, Steffen — Prognostische Elemente in der Rechtsprechung des Bundesverfassungsgerichts, in: VerwArch 2007, S. 290–316.

Badura, Peter — Die verfassungsrechtliche Pflicht des gesetzgebenden Parlaments zur „Nachbesserung" von Gesetzen, in: Staatsorganisation und Staatsfunktionen im Wandel, Festschrift für Kurt Eichenberger, Basel 1982, S. 481–492.

Baratta, Alessandro — Jenseits der Strafe – Rechtsgüterschutz in der Risikogesellschaft, in: Strafgerechtigkeit, Festschrift für Arthur Kaufmann zum 70. Geburtstag, Heidelberg 1993, S. 393–416.

Baumeister, Peter — Das Rechtswidrigwerden von Normen, Berlin 1996.

Beauvoir, Simone de — Das andere Geschlecht. Sitte und Sexus der Frau. Übersetzung von Rechel-Mertens, Eva und Montfort, Fritz, Hamburg 1968.
Die Originalausgabe erschien 1949 bei Libraire Gallimard, Paris.

Bender, Rolf — Gesetzgebungslehre – ein neuer Zweig der Rechtswissenschaft?, in: ZRP 1976, S. 132–135.

Bennefeld-Kersten, Katharina — Ausgeschieden durch Suizid – Selbsttötungen im Ge fängnis, Lengerich 2009.

Beyme, Klaus von — Der Gesetzgeber – Der Bundestag als Entscheidungszentrum, Opladen 1997.

Blankenburg, Erhard — Rechtssoziologie und Rechtswirksamkeitsforschung, in: Empirische Rechtsforschung zwischen Wissenschaft und Politik, Tübingen 1984, S. 45–69.

Blum, Peter — Wege zu besserer Gesetzgebung – sachverständige Beratung, Begründung, Folgeabschätzung und Wirkungskontrolle, Gutachten I zum 65. Deutschen Juristentag, Bonn 2004.

Bock, Wolfgang / *Mährlein*, Christoph — Die lebenslange Freiheitsstrafe in verfassungsrechtlicher Sicht, in: ZRP 1997, S. 376–381.

Böhret, Carl — Zuerst testen – dann verabschieden: Erfahrungen mit der Prüfung von Gesetzentwürfen, in: ZG 1992, S. 193–216.

Böhret, Carl / *Konzendorf*, Götz — Handbuch Gesetzesfolgenabschätzung (GFA), Baden-Baden 2001.

Böllinger, Lorenz — Grenzenloses symbolisches Strafrecht, in: KritJ 1994, S. 405–420.

Bräunlein, Tobias — Integration der Gesetzesfolgenabschätzung ins Politisch-Administrative System der Bundesrepublik Deutschland, Frankfurt am Main 2004.

Bresser, Paul H. — Stellungnahme zu Haftschäden durch den Vollzug der lebenslangen Freiheitsstrafe. Dokumentiert in: Jescheck, Hans-Heinrich/Triffterer, Otto (Hrsg.), Ist die lebenslange Freiheitsstrafe verfassungswidrig?: Dokumentation über die mündliche Verhandlung vor dem Bundesverfassungsgericht am 22. und 23. März 1977, Baden-Baden 1978, S. 15–24.

Brocker, Lars — Institutionalisierung einer Gesetzesfolgenabschätzung, in: voran, Schriften zur Verwaltungsmodernisierung in Rheinland-Pfalz, Heft 5 (06/97), Gesetzesfolgenabschätzung, S. 51–54.

Brodocz, André / *Schäller*, Steven — Hinter der Blende der Richterbank, in: Vorländer, Hans (Hrsg.), Die Deutungsmacht der Verfassungsgerichtsbarkeit, Wiesbaden 2006, S. 235–257.

Brohm, Winfried — Die Funktion des BVerfG – Oligarchie in der Demokratie?, in: NJW 2001, S. 1–10.

Burghart, Axel — Die Pflicht zum guten Gesetz, Berlin 1996.

Bussmann, Werner — Gesetzesevaluation und experimentelle Gesetzgebung, in: ius.full 2006, S. 42–52.

Choi, Yooncheol — Die Pflicht des Gesetzgebers zur Beseitigung von Gesetzesmängeln, Hamburg 2002.

Codex Iuris Canonici — Codex des kanonischen Rechtes, Lateinisch-deutsche Ausgabe, herausgegeben im Auftrag der Deutschen und der Berliner Bischofskonferenz und anderen, Kevelaer 1983.

Deckert, Martina Renate — Folgenorientierung in der Rechtsanwendung, München 1995.

Dreher, Eduard — Richterliche Aussetzung des Strafrestes auch bei lebenslanger Freiheitsstrafe?, in: Festschrift für Richard Lange zum 70. Geburtstag, Berlin 1976, S. 323–345.

Driendl, Johannes — Zur Notwendigkeit und Möglichkeit einer Strafgesetzgebungswissenschaft in der Gegenwart, Tübingen 1983.

Duden — Das große Wörterbuch der deutschen Sprache, Band 2: Bedr – Eink, 3. Auflage, Mannheim 1999.
Das große Fremdwörterbuch, 4. Auflage, Mannheim 2007.

Dünkel, Frieder
Schüler-Springorum, Horst — Strafvollzug als Ländersache? Der „Wettbewerb der Schäbigkeit“ ist schon im Gange!, in: ZfStrVo 2006, S. 145–150.

Dünkel, Frieder — International vergleichende Strafvollzugsforschung, in: Schneider, Hans Joachim (Hrsg.), Internationales Handbuch der Kriminologie, Band 2, Berlin 2009, S. 145–226.

Durkheim, Emile — Die Regeln der soziologischen Methode, 2. Auflage, Herausgegeben und eingeleitet von René König, Neuwied und Berlin 1965.

Duttge, Gunnar
Bernau, Henning — Thesen zum neuen Schwangerschaftskonfliktgesetz, in: ZfL 2009, S. 42–47.

Düx, Heinz — Sexualstraftaten und Sicherungsverwahrung – Abschied vom rechtsstaatlichen Strafverfahren?, in: ZRP 2006, S. 82–85.

Ehrlich, Eugen — Recht und Leben – Gesammelte Schriften zur Rechtstatsachenforschung und zur Freirechtslehre, Berlin 1967.

Eisele, Michaela — Subjektive öffentliche Rechte auf Normerlaß, Berlin 1999.

Eisenberg, Ulrich — Kriminologie, 6. Auflage, München 2005.

Ellwanger, Dieter — Schwangerschaftsabbrüche – Verfahrenswege zur Erfüllung der verfassungsrechtlichen Beobachtungspflicht, in: ZfL 2007, S. 86–89.

Endriß, Rainer — Anmerkung zu BVerfG, Beschluss vom 29. Juni 2004–2 BvL 8/02, in: StraFo 2004, S. 312–313.

Engisch, Karl — Einführung in das juristische Denken, 11. Auflage, Stuttgart 2010.

Epping, Volker — Grundrechte, 5. Auflage, Berlin und Heidelberg 2012.

Erman — Bürgerliches Gesetzbuch, Handkommentar, Band II, 13. Auflage, Köln 2011.

Fischer, Thomas — Strafgesetzbuch, 59. Auflage, München 2012.

Fischer, Torben
Lorenz, Matthias N. (Hrsg.) Lexikon der „Vergangenheitsbewältigung“ in Deutschland, Bielefeld 2007.

Friedman, Lawrence M. Einige Bemerkungen über eine allgemeine Theorie des rechtsrelevanten Verhaltens, in: Rehbinder, Manfred/ Schelsky, Helmut (Hrsg.), Jahrbuch für Rechtssoziologie und Rechtstheorie, Band 3, Düsseldorf 1972, S. 206–223.

Führ, Martin Qualitätsstandards für die Gesetzesfolgenabschätzung, in: Hensel, Stephan/ Bizer, Kilian/ Führ, Martin/ Lange, Joachim (Hrsg.), Gesetzesfolgenabschätzung in der Anwendung – Perspektiven und Entwicklungstendenzen, Baden-Baden 2010.

Garrn, Heino Rechtswirksamkeit und faktische Rechtsgeltung – Ein Beitrag zur Rechtssoziologie, in: ARSP 1969, S. 161–181.

Geerds, Detlev Wirtschaftsstrafrecht und Vermögensschutz, Lübeck 1990.

Göbel, Ludwig Probleme der Regelungsform und Institutionalisierung, in: Böhret, Carl (Hrsg.), Gesetzgebungspraxis und Gesetzgebungslehre, Speyer 1983, S. 77–87.

Goffman, Erving Asyle. Über die soziale Situation psychiatrischer Patienten und anderer Insassen (aus dem Amerikanischen von Nils Lindquist), Frankfurt am Main 1973.

Gössel, Karl Heinz
Dölling, Dieter Strafrecht Besonderer Teil 1, 2. Auflage, Heidelberg 2004.

Grimm, Dieter Grundrechte und soziale Wirklichkeit, in: Hassemer, Winfried/ Hoffmann-Riem, Wolfgang/ Limbach, Jutta (Hrsg.), Grundrechte und soziale Wirklichkeit, Baden-Baden 1982, S. 39–76.

Grimm, Christoph
Brocker, Lars Die Rolle der Parlamente im Prozeß der Gesetzesfolgenabschätzung, in: ZG 1999, S. 58–67.

Grimm, Christoph Gesetzesfolgenabschätzung – Möglichkeiten und Grenzen – aus der Sicht des Parlaments, in: ZRP 2000, S. 87–91.

Grün, Maleika — Methode für eine prospektive Gesetzesfolgenabschätzung, in: voran, Schriften zur Verwaltungsmodernisierung in Rheinland-Pfalz, Heft 5 (06/97), Gesetzesfolgenabschätzung, S. 9–16.

Gusfield, Joseph R. — Symbolic Crusade, Status Politics and the American Temperance Movement, Illinois 1963.

Häder, Michael — Empirische Sozialforschung – Eine Einführung, Wiesbaden 2006.

HK-GS — Gesamtes Strafrecht, Handkommentar, Dölling, Dieter/Duttge, Gunnar/Rössner, Dieter (Hrsg.), 2. Auflage, Baden-Baden 2011.

Hassemer, Winfried — Das Symbolische am symbolischen Strafrecht, in: Festschrift für Claus Roxin zum 70. Geburtstag, Berlin 2001, S. 1001–1019.

Hattenhauer, Hans (Hrsg.) — Allgemeines Landrecht für die Preußischen Staaten von 1794, Textausgabe, Frankfurt am Main 1970.

Heinz, Wolfgang — Defizite des bestehenden kriminalstatistischen Systems in Deutschland: Einführung und Überblick, in: Dessecker, Axel/Egg, Rudolf (Hrsg.): Kriminalstatistiken im Lichte internationaler Erfahrungen. KUP Kriminologie und Praxis, Band 57, Wiesbaden 2009, S. 17–72.

Hermes, Georg
Walther, Susanne — Schwangerschaftsabbruch zwischen Recht und Unrecht, in: NJW 1993, S. 2337–2347.

Herzog, Felix — Gesellschaftliche Unsicherheit und strafrechtliche Daseinsvorsorge, Heidelberg 1991.

Hill, Hermann — Bemühungen zur Verbesserung der Gesetzgebung, in: ZG 1993, S. 1–11.

Hille, Saskia — Besondere Schuldschwere bei lebenslanger Freiheitsstrafe, Anmerkung zu BGH Beschluss vom 22.11.1994, in: NStZ 1995, S. 227–228.

Hillenkamp, Thomas — Zur Beobachtungs- und Nachbesserungspflicht des Gesetzgebers im Strafrecht, in: Festschrift für Ulrich Eisenberg, München 2009, S. 301–320.

Hobe, Konrad — Umsetzung kriminalpolitischer Zielsetzungen im Gesetzgebungsverfahren, in: Grimm, Dieter/ Maihofer, Werner (Hrsg.), Jahrbuch für Rechtssoziologie und Rechtstheorie, Band 13, Opladen 1988, S. 185–193.

Hoerster, Norbert — „Wirksamkeit", „Geltung" und „Gültigkeit" von Normen. Ein empiristischer Definitionsvorschlag, in: Mayer-Maly, Dorothea / Simons, Peter M. (Hrsg.), Das Naturrechtsdenken heute und morgen: Gedächtnisschrift für René Marcic, Berlin 1983, S. 585–596.

Hofer, Hanns von — Der internationale Kriminalitätsvergleich mit Hilfe der Statistik, in: Schneider, Hans Joachim (Hrsg.), Internationales Handbuch der Kriminologie, Band 2, Berlin 2009, S. 121–144.

Hofmann, Hans — Von der Deregulierung zur Rückführung der Staatsaufgaben – Gesetzesfolgenabschätzung und Gesetzescontrolling als politische Steuerungselemente, in: ZG 1999, S. 44 -57.

Höland, Arnim — Zum Stand der Gesetzesevaluation in der Bundesrepublik Deutschland, in: ZG 1994, S. 372–379.

Hörnle, Tatjana — Grob anstößiges Verhalten, Frankfurt am Main 2005.

Hotz, Reinhold — Methodische Rechtssetzung – eine Aufgabe der Verwaltung, Zürich 1983.

Hufen, Friedhelm — Staatsrecht II – Grundrechte, 3. Auflage, München 2011.

Huster, Stefan — Die Beobachtungspflicht des Gesetzgebers, in: ZfRS 2003, S. 3–26.

HWSt — Handbuch Wirtschaftsstrafrecht, 3. Auflage, Heidelberg 2012.

Jescheck, Hans-Heinrich
Triffterer, Otto (Hrsg.) — Ist die lebenslange Freiheitsstrafe verfassungswidrig?: Dokumentation über die mündliche Verhandlung vor dem Bundesverfassungsgericht am 22. und 23. März 1977, Baden-Baden 1978.

Jescheck, Hans-Heinrich
Weigend, Thomas — Lehrbuch des Strafrechts Allgemeiner Teil, 5. Auflage, Berlin 1996.

Jonge, Gerard de — Lebenslänglich: Ein europäisches Problem braucht eine europäische Lösung, in: Komitee für Grundrechte und Demokratie e. V. (Hrsg.), Lebenslange Freiheitsstrafe: Ihr geltendes Konzept, ihre Praxis, ihre Begründung, Köln 1993, S. 71–83.

Jutzi, Siegfried — Gesetzgebungslehre: Zwischenbilanz eines neuen Forschungszweigs, in: ZPol 1998, S. 1335–1370.

Kaiser, Günther — Stellungnahme zur Frage: Wie ist beim Mord die präventive Wirkung der lebenslangen Freiheitsstrafe einzuschätzen? Dokumentiert in: Jescheck, Hans-Heinrich/Triffterer, Otto (Hrsg.), Ist die lebenslange Freiheitsstrafe verfassungswidrig?: Dokumentation über die mündliche Verhandlung vor dem Bundesverfassungsgericht am 22. und 23. März 1977, Baden-Baden 1978, S. 115–124.

Kanzler, Hans-Joachim — Die Gesetzesbegründung im Steuerrecht, in: FR 2007, S. 525–533.

Karpen, Ulrich — Gesetzgebungs-, Verwaltungs- und Rechtsprechungslehre, Baden-Baden 1989.

Kaufmann, Armin — Die Dogmatik der unechten Unterlassungsdelikte, 2. Auflage, Göttingen 1988.

Kindermann, Harald — Erfolgskontrolle durch Zeitgesetz, in: Schäffer, Heinz/Triffterer, Otto (Hrsg.), Rationalisierung der Gesetzgebung, Baden-Baden 1984, S. 133–150.

Kinzig, Jörg — Das Recht der Sicherungsverwahrung nach dem Urteil des EGMR in Sachen M gegen Deutschland, in: NStZ 2010, S. 233–239.

Kinzig, Jörg / *Steinhilber*, Benjamin — Lebenslange Freiheitsstrafe: Zwischen Mindestverbüßungsdauer und Dauerverwahrung, in: Pollähne, Helmut/ Rode, Irmgard (Hrsg.), Probleme unbefristeter Freiheitsentziehungen, Münster 2010, S. 43–66.

Kischel, Uwe — Die Begründung: zur Erläuterung staatlicher Entscheidungen gegenüber dem Bürger, Tübingen 2003.

Kleemann, Georg
Gebert, Alexander
Die Einbindung des Nationalen Normenkontrollrates in das Gesetzgebungsverfahren des Bundes, in: ZG 2009, S. 151–166.

Kleiber, Dieter
Kovar, Karl-Artur
Auswirkungen des Cannabiskonsums, Stuttgart 1998.

Kleiber, Dieter
Soellner, Renate
Cannabiskonsum, Weinheim 1998.

Klein, Eckart
Grundrechtliche Schutzpflicht des Staates, in: NJW 1989, S. 1633–1640.

Koch, Detlef
Produkthaftung – zur Konkurrenz von Kaufrecht und Deliktsrecht, Berlin 1995.

Köck, Wolfgang
Gesetzesfolgenabschätzung und Gesetzgebungsrechtslehre, in: VerwArch 2002, S. 1–21.

Köhne, Michael
Verfassungsmäßigkeit der lebenslangen Freiheitsstrafe 25 Jahre nach BVerfGE 45, 187 ff., in: JR 2003, S. 5–9.

König, Alexandra
Produktsicherheitsgesetz und Produkthaftung, Köln 2003.

Konzendorf, Götz
Gesetzesfolgenabschätzung, in: Universitas 1999, S. 952–963.

Krebs, Rainer
Die effektive Norm unter Berücksichtigung ihres Normzieles, in: Schäffer, Heinz/Triffterer, Otto (Hrsg.), Rationalisierung der Gesetzgebung, Baden-Baden 1984, S. 121–132.

Krings, Günter
Die Nachhaltigkeitsprüfung in der Gesetzesfolgenabschätzung, in: ZG 2009, S. 237–244.

Krüger, Uwe
Der Adressat des Rechtsgesetzes – Ein Beitrag zur Gesetzgebungslehre, Berlin 1969.

Kubink, Michael
Strafen und ihre Alternativen im zeitlichen Wandel, Berlin 2002.

Kühl, Kristian
Strafrecht – Allgemeiner Teil, 7. Auflage, München 2012.

Kutscha, Martin — Überwachungsmaßnahmen von Sicherheitsbehörden im Fokus der Grundrechte, in: LKV 2008, S. 481–486.

Lagodny, Otto — Strafrecht vor den Schranken der Grundrechte, Tübingen 1996.

Larenz, Karl / *Canaris*, Claus-Wilhelm — Methodenlehre der Rechtswissenschaft, 3. Auflage, Berlin 1995.

Laubenthal, Klaus — Strafvollzug, 6. Auflage, Berlin 2011.

Lehne, Werner — Symbolische Politik mit dem Strafrecht – Versuch einer Reinterpretation des Diskurses um symbolisches Strafrecht, in: KrimJ 1994, S. 210–224.

Leidig, Guido — Gesetzgebung und Effizienz, in: Rechtstheorie und Gesetzgebung, Festschrift für Robert Weimar, Frankfurt am Main 1986, S. 231–258.

Leipziger Kommentar — Strafgesetzbuch, Band 1, §§ 1–31 und Band 2, §§ 32–55, 12. Auflage, Berlin 2006.

Lücke, Jörg — Begründungszwang und Verfassung, Tübingen 1987.

Lüdemann, Christian / *Ohlemacher*, Thomas — Soziologie der Kriminalität, Theoretische und empirische Perspektiven, München 2002.

Maihofer, Werner — Die gesellschaftliche Funktion des Rechts, in: Lautmann, Rüdiger/ Maihofer, Werner/ Schelsky, Helmut (Hrsg.), Jahrbuch für Rechtssoziologie und Rechtstheorie, Band 1, Bielefeld 1970, S. 11–36.

Maiwald, Manfred — Dogmatik und Gesetzgebung im Strafrecht der Gegenwart, in: Behrends, Okko/ Henckel, Wolfram (Hrsg.), Gesetzgebung und Dogmatik, Göttingen 1989, S. 120–137.

Malek, Klaus — Betäubungsmittelstrafrecht, 3. Auflage, München 2008.

Marxen, Klaus — Strafgesetzgebung als Experiment?, in: GA 1985, S. 533–552.

Mastronardi, Philippe — Gesetzgebungsstrategie bei Unsicherheit: Umgang mit unbestimmten Zielen und Wirkungen, in: LeGes 1998, S. 69–92.

Mathiesen, Thomas: Gefängnislogik – Über alte und neue Rechtfertigungsversuche, Bielefeld 1989.

Maunz, Theodor / *Dürig*, Günter: Grundgesetz, Kommentar, Band I Texte Art. 1–5, Lieferung 39, München 2001.

Mayer, Christian: Die Nachbesserungspflicht des Gesetzgebers, Baden-Baden 1996.

Mengel, Hans-Joachim: Gesetzgebung und Verfahren, Berlin 1997.

Meßerschmidt, Klaus: Gesetzgebungsermessen, Berlin 2000.

Meyer-Goßner, Lutz: Strafprozessordnung, 55. Auflage, München 2012.

Miersch, Matthias: Der sogenannte référé législatif: eine Untersuchung zum Verhältnis Gesetzgeber, Gesetz und Richteramt seit dem 18. Jahrhundert, Baden-Baden 2000.

Möllers, Martin H. W.: Die „Einkesselung“ des EGMR durch BVerfG und BGH bei der nachträglichen Anordnung der Sicherungsverwahrung – „Präventionshaft“ als Instrument grenzenloser Sicherheit?, in: ZRP 2010, S. 153–156.

Montesquieu, Charles de: Vom Geist der Gesetze. Eingeleitet und herausgegeben von Forsthoff, Ernst, 2. Auflage 1992 – photomechanischer Nachdruck der Erstauflage Tübingen/Laupp 1951. Das Original „De l’Esprit des Lois“ erschien erstmals 1748.

MünchKommBGB: Münchener Kommentar zum Bürgerlichen Gesetzbuch, Band 5 (§§ 705–853 BGB), 5. Auflage, München 2009.

MünchKommStGB: Münchener Kommentar zum Strafgesetzbuch, Band 3 (§§ 185–262 StGB), Band 4 (§§ 263–358 StGB), Band 5 (Nebenstrafrecht I), München 2003, 2006 und 2007.

Nagel, Peter: Problemaffinität und Problemvergessenheit – Eine Betrachtung zur Beobachtungspflicht des Gesetzgebers, in: DÖV 2010, S. 268–275.

Nagler, Johannes: Der heutige Stand der Lehre von der Rechtswidrigkeit, in: Festschrift für Karl Binding zum 4. Juni 1911, Band 2, Leipzig 1911, S. 273–385.

Naucke, Wolfgang — Gesetzlichkeit und Kriminalpolitik: Abhandlungen zum Strafrecht und zum Strafprozessrecht, Frankfurt am Main 1999.

Noll, Peter — Gründe für die soziale Unwirksamkeit von Gesetzen, in: Rehbinder, Manfred/ Schelsky, Helmut (Hrsg.), Jahrbuch für Rechtssoziologie und Rechtstheorie, Band 3, Düsseldorf 1972, S. 259–269.

NK-StGB — Nomos Kommentar Strafgesetzbuch, Band 2, 3. Auflage, Baden-Baden 2010.

Ossenbühl, Fritz — Kontrolle von Tatsachenfeststellungen und Prognoseentscheidungen, in: Starck, Christian (Hrsg.), Bundesverfassungsgericht und Grundgesetz I, Tübingen 1976.

Ostendorf, Heribert — NK-Jugendgerichtsgesetz, 8. Auflage, Baden-Baden 2009.

Otto, Harro — Recht auf eigenen Tod? Strafrecht im Spannungsverhältnis zwischen Lebenserhaltungspflicht und Selbstbestimmung, Gutachten in: Verhandlungen des 56. Deutschen Juristentages, Band I, Gutachten, München 1986, D1 – D 109.

Palandt — Bürgerliches Gesetzbuch, 71. Auflage, München 2012.

Paul, Andreas — Überlegungen zum Cannabisverbot, in: MSchrKrim 2005, S. 273–289.

Pestalozza, Christian — Verfassungsprozeßrecht, 3. Auflage, München 1991.

Peters, Helge
Sack, Fritz — Von mäßiger Fortschrittlichkeit und soziologischer Ignoranz, in: KrimJ 2003, S. 17–29.

Plack, Arno — Plädoyer für die Abschaffung des Strafrechts, München 1974.

Pollähne, Helmut — Internationale Standards gegen föderalen Wildwuchs?, in: StV 2007, S. 553–558.

Raiser, Thomas — Grundlagen der Rechtssoziologie, 5. Auflage, Tübingen 2009.

Ranft, Otfried — Die Rechtsprechung zum sog. Subventionsbetrug, in: NJW 1986, S. 3163–3174.

Redeker, Konrad
Karpenstein, Ulrich
Über Nutzen und Notwendigkeiten, Gesetze zu begründen, in: NJW 2001, S. 2825–2831.

Rixecker, Roland
Müssen Gesetze begründet werden?, in: Rechtsbegründung – Rechtsbegründungen, Günter Ellscheid zum 65. Geburtstag, Baden-Baden 1999, S. 126–134.

Rolinski, Klaus
Lebenslange Freiheitsstrafe und ihr Vollzug, in: Kriminalpolitik und ihre wissenschaftlichen Grundlagen, Festschrift für Hans-Dieter Schwind zum 70. Geburtstag, Heidelberg 2006, S. 635–651.

Roßnagel, Alexander
Nachbesserungspflichten des Gesetzgebers im Atomrecht, in: JZ 1985, S. 714–717.

Roxin, Claus
Strafrecht, Allgemeiner Teil, Band I, 4. Auflage, München 2006.

Rüppel, Sascha
Privatisierung des Strafvollzugs – Rechtliche und praktische Problemstellungen als Chance zur normativen Entkriminalisierung, Frankfurt am Main 2010.

Ryffel, Hans
Bedingende Faktoren der Effektivität des Rechts, in: Rehbinder, Manfred/ Schelsky, Helmut (Hrsg.), Jahrbuch für Rechtssoziologie und Rechtstheorie, Band 3, Düsseldorf 1972, S. 225–246.

Scheerer, Sebastian
Die abolitionistische Perspektive, Kriminologisches Journal 1984, S. 90–111.

Schick, Rupert
Hahn, Gerhard
Wissenschaftliche Dienste des Deutschen Bundestages, Berlin 2000.

Schlaich, Klaus
Korioth, Stefan
Das Bundesverfassungsgericht, 9. Auflage, München 2012.

Schmidt-Eichstaedt, Gerd
Wirkungsforschung im Recht – Unter welchen Voraussetzungen erfüllen Gesetze ihren Zweck?, in: DVBl. 1998, S. 322–326.

Schneider, Hans
Gesetzgebung, 3. Auflage, Heidelberg 2002.

Schneider, Hartmut
Das Haschischverbot, in: StV 2000, S. 230–232.

Schnell, Rainer
Hill, Paul B.
Esser, Elke
Methoden der empirischen Sozialforschung, 7. Auflage, München 2005.

Schöch, Heinz
Entkriminalisierung, Entpönalisierung, Reduktionismus, in: Festschrift für Horst Schüler-Springorum zum 65. Geburtstag, Berlin 1993, S. 245–256.

Schönke, Adolf
Schröder, Horst (Hrsg.)
Strafgesetzbuch, Kommentar, 28. Auflage, München 2010.

Schröder, Heinrich J.
Zur Erfolgskontrolle der Gesetzgebung, in: Rehbinder, Manfred/ Schelsky, Helmut (Hrsg.), Jahrbuch für Rechtssoziologie und Rechtstheorie, Band 3, Düsseldorf 1972, S. 271–288.

Schulze-Fielitz, Helmuth
Theorie und Praxis parlamentarischer Gesetzgebung – besonders des 9. Deutschen Bundestages (1980–1983), Berlin 1988.

Schuppert, Gunnar Folke
Gute Gesetzgebung – Bausteine einer kritischen Gesetzgebungslehre, in: ZG Sonderheft 2003, S. 3–102.

SK-StGB
Systematischer Kommentar zum StGB, Band 2, Besonderer Teil, §§ 201–266b, 8. Auflage, Köln 2012.

Smeddinck, Ulrich
Integrierte Gesetzesproduktion – Der Beitrag der Rechtswissenschaft zur Gesetzgebung in interdisziplinärer Perspektive, Berlin 2006.

SSW-StGB
Strafgesetzbuch Kommentar, Satzger, Helmut/ Schmitt, Bertram/ Widmaier, Gunter (Hrsg.), Köln 2009.

Staudinger
Kommentar zum Bürgerlichen Gesetzbuch mit Einführungsgesetz und Nebengesetzen, Buch 2, Recht der Schuldverhältnisse, §§ 823 E – I, 824, 825 (Unerlaubte Handlungen 1 – Teilband 2), Berlin 2009.

Steinberg, Rudolf
Verfassungsgerichtliche Kontrolle der „Nachbesserungspflicht“ des Gesetzgebers, in: Der Staat 1987, S. 161–186.

Steiner, Udo
Das Bundesverfassungsgericht und die Volksgesundheit, in: MedR 2003, S. 1–7.

Stern, Klaus — Das Staatsrecht der Bundesrepublik Deutschland, Band III, 1. und 2. Halbband, München 1988 und 1994.

Stettner, Rupert — Die Verpflichtung des Gesetzgebers zu erneutem Tätigwerden bei fehlerhafter Prognose, in: DVBl. 1982, S. 1123–1128.

Stratenwerth, Günter / *Kuhlen*, Lothar — Strafrecht Allgemeiner Teil I, Die Straftat, 6. Auflage, München 2011.

Stüwe, Klaus — Der „Gang nach Karlsruhe". Die Opposition im Bundestag als Antragstellerin vor dem Bundesverfassungsgericht, in: ZParl 1997, S. 545–558.

Thurn, John Philipp — Eugenik und Moralschutz durch Strafrecht? – Verfassungsrechtliche Anmerkungen zur Inzestverbotsentscheidung des Bundesverfassungsgerichts, in: KritJ 2009, S. 74–83.

Tiedemann, Klaus — Verfassungsrecht und Strafrecht, Heidelberg 1991.

Ullenbruch, Thomas — Das „Gesetz zur Einführung der nachträglichen Sicherungsverwahrung bei Verurteilungen nach Jugendstrafrecht" – ein Unding?, in: NJW 2008, S. 2609–2615.

Unkelbach, Ingo — Die Institutionalisierung der Gesetzesfolgenabschätzung auf Landesebene, Aachen 1998.

Vogel, Joachim — Strafrechtsgüter und Rechtsgüterschutz durch Strafrecht im Spiegel der Rechtsprechung des Bundesverfassungsgerichts, in: StV 1996, S. 110–115.

Voß, Monika — Symbolische Gesetzgebung – Fragen zur Rationalität von Strafgesetzgebungsakten, Ebelsbach 1989.

Wagner, Hellmut — Gesetzesfolgenabschätzung bei forschungsrelevanten Gesetzen, in: Jann, Werner/König, Klaus/Landfried, Christine/Wordelmann, Peter (Hrsg.), Politik und Verwaltung auf dem Weg in die transindustrielle Gesellschaft, Carl Böhret zum 65. Geburtstag, Baden-Baden 1998, S. 411–432.

Wälde, Thomas W. Juristische Folgenorientierung, Königstein im Taunus 1979.

Wahrig Synonymwörterbuch, 5. Auflage, Gütersloh 2006.

Wank, Rolf Grenzen richterlicher Rechtsfortbildung, Berlin 1977.

Weber, Hartmut-Michael Die Abschaffung der lebenslangen Freiheitsstrafe, Baden-Baden 1999.

Weber, Klaus Betäubungsmittelgesetz, 3. Auflage, München 2009.

Weiß, Norman Spätabtreibungen – Bewährungsprobe für den Rechtsstaat, in: MRM 2002, S. 136–139.

Welzel, Hans Zur Dogmatik der echten Unterlassungsdelikte, insbesondere des § 330c StGB, in: NJW 1953, S. 327–329.

Wersig, Maria Reproduktion zwischen „Lebensschutz", Selbstbestimmung und Technologie, in: Foljanty, Lena/ Lembke, Ulrike (Hrsg.), Feministische Rechtswissenschaft, 2006, S. 143–154.

Wessels, Johannes *Hettinger*, Michael Strafrecht Besonderer Teil 1, 36. Auflage, Freiburg 2012.

Wiesemann, Claudia Wie kann über den Embryo in einer lebensweltlich angemessenen Weise gesprochen werden? Eine Kritik der Debatte um den moralischen Status des Embryos, in: Graumann, Sigrid/ Schneider, Ingrid (Hrsg.), Verkörperte Technik – Entkörperte Frau, Frankfurt am Main 2003, S. 141–151.

Zachariä, Karl Salomo Vierzig Bücher vom Staate, 20. bis 26. Buch, Vierter Theil, Heidelberg 1840.

Zeh, Wolfgang Vollzugskontrolle und Wirkungsbeobachtung als Teilfunktion der Gesetzgebung, in: Grimm, Dieter/ Maihofer, Werner (Hrsg.), Jahrbuch für Rechtssoziologie und Rechtstheorie, Band 13, Opladen 1988, S. 194–210.